任务群思想下

小学语文单元整体设计与课堂实施

（下册）

惠兰　李琴　等编

苏州大学出版社
Soochow University Press

图书在版编目(CIP)数据

任务群思想下小学语文单元整体设计与课堂实施. 下册 / 惠兰等编. --苏州：苏州大学出版社，2023. 10
ISBN 978-7-5672-4576-1

Ⅰ. ①任… Ⅱ. ①惠… Ⅲ. ①小学语文课—课堂教学—教学研究 Ⅳ. ①G623.202

中国国家版本馆 CIP 数据核字(2023)第 195694 号

书　　名：任务群思想下小学语文单元整体设计与课堂实施(下册)

编　　者：惠兰　李琴 等
责任编辑：沈　琴
装帧设计：刘　俊

出版发行：苏州大学出版社(Soochow University Press)
社　　址：苏州市十梓街 1 号　**邮编**：215006
印　　装：苏州市深广印刷有限公司
网　　址：www. sudapress. com
邮　　箱：sdcbs@ suda. edu. cn
邮购热线：0512-67480030
销售热线：0512-67481020

开　　本：787 mm×1 092 mm　1/16　**印张**：16.5　**字数**：382 千
版　　次：2023 年 10 月第 1 版
印　　次：2023 年 10 月第 1 次印刷
书　　号：ISBN 978-7-5672-4576-1
定　　价：59.00 元

小学语文“教学评一体化”研究项目组
成员名单

惠　兰　李　琴　陆凤仙　顾秋红　吴　彧
李鉴茜　周　君　曹　磊　梅　艳　顾　婷
陈文隽　薛　晟　周静怡　陶佳娴　赵　玥
张　丽　殷业凤　陆志军　宋婷婷　杨剑梅
吕　淳　李月虹　钱敏月　陈　希　李文奇
梅佳祺　王静璧　袁平霞　娄婉莹　王　琪
朱　嫣　陈梦常　徐　珺　杨念文　杨　奕
王　飞

序

充满实践智慧的创造

《义务教育语文课程标准(2022年版)》(以下简称"新课标")以学习任务群重组课程内容、重构教学单元、重建语文课堂,为发展学生的核心素养、落实学科育人的任务提供了良好的基础。苏州市姑苏区语文教研团队对语文学习任务群进行了扎实的研究,取得了创新性成果。这套《任务群思想下小学语文单元整体设计与课堂实施》(含上下册)既具有理论的色彩,又充满实践的智慧,正是他们研究成果的集中体现。

我有幸参加了姑苏区语文教研团队的研修,深深地为他们改革的热情、严谨的态度、高效的组织、求实创新的精神所感动。他们对语文课程改革方向有着清醒的认识和准确的把握,长期以来,做了很多有益的探索。新课标一颁布,他们就敏锐地感到核心素养、学习任务群是把新课标落实到语文课堂的关键。他们决定在区内挑选优秀语文教师,组建一个骨干团队,先行一步学习研究,根据新课标,抓住关键问题,结合姑苏实际,探究出可以操作的实践模型和可以参照的案例,以便在区域内全面推进。他们立即行动,组建研修团队,聘请指导专家,明确研修目标,制订周密的研修计划,根据学习任务群和学段特点合理组织研修小组,紧张有序、扎扎实实地推进研修工作。

研修不是坐而论道,而是在做中学。整个团队围绕学习任务群视域下的单元整体教学设计,根据理论学习、问题分析、框架设计、课堂实验、反复研讨、完善案例、课堂验证的流程进行研修。研修是不断学习、研究、设计、实践、反思、提炼、升华的过程,也是理论和实践持续互动的过程。

研修又是一个充满创造的过程。研修团队根据新课标中"语言文字积累与梳理""实用性阅读与交流""文学阅读与创意表达""思辨性阅读与表达""整本书阅读""跨学科学习"六个学习任务群,分学段进行。内容选择以现行教材的单元为基础,依据新课标的思想设计教学方案,以切实改变教与学的方式为重点,聚焦学生核心素养的发展。单元设计统一建模，建构了“设计依据”“主题内容与目标”“学习情境与任务框架”“活动设计与教学提示”“资源支持与技术支持”“过程评价与单元测评”的模型。这个模型兼有科学性和操作性，有利于教学一线的课堂实施，有利于大面积推广。

研修是一个区域行动，由区教师发展中心组织，全区每一所学校都有老师参与。研修是学习新课标的过程，是培训骨干老师的过程，是设计教学方案的过程，也是落实新课标、改革课堂教学的过程。在研修过程中，全区语文课堂呈现出生动喜人的局面。

团队研修的成果正式出版，标志着姑苏区小学语文教学改革进入了一个新的阶段。我们完全有理由相信，姑苏区的小学语文一定会呈现出欣欣向荣的景象，进入一个新境界，也一定会产生广泛而又积极的影响，引领小学语文教学的发展。

陆志平

2023 年 4 月

目 录

第一章 “语言文字积累与梳理”学习任务群

本学习任务群旨在引导学生在语文实践活动中，积累语言材料和语言经验，形成良好语感；通过观察、分析、整理，发现汉字的构字组词特点，掌握语言文字运用规范，感受汉字的文化内涵，奠定语文基础。

——摘自《义务教育语文课程标准(2022 年版)》

案例一 和大自然中的汉字交朋友(一年级)

第一部分 单元设计

一、设计依据

《义务教育语文课程标准(2022 年版)》在总目标中明确指出：认识和书写常用汉字，学会汉语拼音，能说普通话。主动积累、梳理基本的语言材料和语言经验，逐步形成良好的语感，初步领悟语言文字运用规律。同时，“语言文字积累与梳理”学习任务群第一学段提到，认识有关人的身体与行为、天地四方、自然万物等方面的常用字；尝试发现汉字的一些规律，初步学习分类整理课内外认识的字；在生活中主动识字，发展独立识字能力。一年级下册第一单元富有童趣，渗透了看图识字、韵语识字、字族识字、字谜识字等多种识字方法，帮助学生建立汉字音、形、义之间的联系，加深学生对形声字构字特点的认识，提高识字的效率。为了帮助学生快乐、主动地学习识字写字，本单元将在“和大自然中的汉字交朋友”任务群下创设学习情境，整合学习内容，优化学习过程。

二、主题内容与目标

（一）单元主题

和大自然中的汉字交朋友。

（二）学习内容

1. 文本阅读：教材文本《春夏秋冬》《姓氏歌》《小青蛙》《猜字谜》《语文园地一》。

2. 学习方法：运用独体字、会意字、合体字的汉字规律识字。

（三）学习目标

1. 学习看图识字、韵语识字、字族识字、字谜识字等多种识字方法，了解汉字文化，激发主动识字的兴趣，培养主动识字的能力和习惯。

2. 诵读积累本单元的韵语儿歌，感受汉字的音韵美。

三、学习情境与任务框架

（一）学习情境

大自然中有很多汉字朋友，在四季中和汉字交朋友，向大自然中的新朋友介绍自己。说说四季的特点，认识与春夏秋冬有关的汉字；和小青蛙交朋友，认识“青”字族文。向小青蛙介绍自己，了解姓氏中的汉字；与小青蛙猜字谜，感受汉字的独特魅力。

（二）任务框架

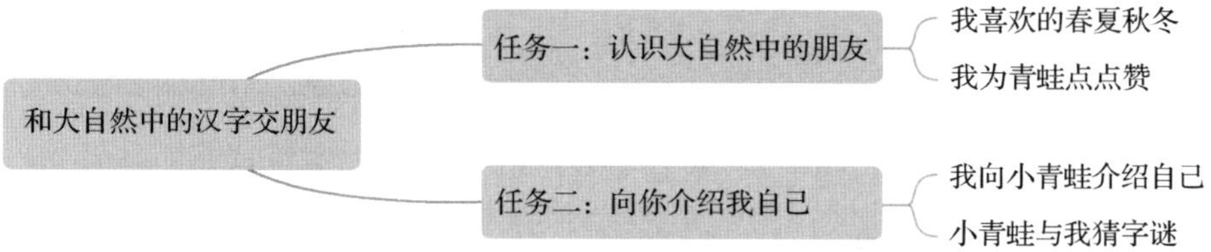

四、活动设计与教学提示

（一）活动设计（表 1-1）

表 1-1 “和大自然中的汉字交朋友”活动设计

单元任务	学习活动	学习内容	课时安排
和大自然中的汉字交朋友	任务一：认识大自然中的朋友	1. 我喜欢的春夏秋冬。欣赏春夏秋冬四季的图片，说说自己对于每个季节的了解和喜好；分小组讨论，分享自己喜欢的季节以及喜欢的原因；诵读四季儿歌，描述每个季节的特点，将汉字和自己熟悉的季节景物建立联系。 2. 我为青蛙点点赞。小青蛙呱呱叫。一起认识小青蛙，扮演小青蛙；朗读课文《小青蛙》，了解小青蛙保护禾苗、吃害虫的优点；小组合作，创作一首简短的小诗或歌曲，表达对小青蛙的喜爱和赞美，为小青蛙点赞的同时熟悉汉字。开展连线、转转盘游戏，认识“青”字族文，发现形声字的规律。	4

续表

单元任务	学习活动	学习内容	课时安排
和大自然中的汉字交朋友	任务二：向你介绍我自己	1. 我向小青蛙介绍自己。唱歌曲，看视频，了解姓氏的含义和来源，了解姓氏的重要性和文化价值；设计名片，分解自己的姓氏，并用积木组合的方式，创作属于自己的《姓氏歌》；发现姓氏中的汉字构成，理解汉字的组合规律和含义。与新朋友小青蛙进行互动，用创作的《姓氏歌》向小青蛙介绍自己。 2. 小青蛙与我猜字谜。与小青蛙互动游戏，发现字谜的趣味；向小青蛙介绍《猜字谜》，总结猜谜窍门，用字谜识字，激发创编字谜的欲望。自己编写字谜，与小青蛙一起猜，加深对汉字的理解，提升识字能力。	2
单元测评	与大自然中的汉字朋友做游戏	1. 字族识字迷宫。通过解决字谜，找到连接迷宫入口和出口的正确字族成员。 2. 韵语识字拼图。根据给定的汉字韵脚，拼凑出相应的词语，并解释其意思。	1

（二）教学提示

一年级下学期，学生已经具备了一定的识字能力，他们迫切需要在更大的生活情境中运用已知汉字规律，进一步发现汉字特点，独立认识更多的字。在这一单元中，《春夏秋冬》和《小青蛙》可以让学生认识自然万物，《姓氏歌》可以让学生学习用积木组合的方式进行自我介绍，《猜字谜》则是有趣的互动游戏。这样的文本特点产生了"和大自然中的汉字交朋友"学习任务群，在此任务群下又创设两大情境："认识大自然中的朋友"和"向你介绍我自己"。学生在情境中认识大自然中的春夏秋冬，了解小青蛙，并向新朋友小青蛙介绍自己，与小青蛙一起猜字谜，感受汉字的独特魅力。

本任务群两大情境下的四个活动之间层层递进，紧密联系学生生活，打通儿童课内外学习，让学生在生活中主动识字。同时，初步学习分类整理课内外认识的字，激发识字兴趣，发展独立识字能力。活动中可以分类整合，统筹安排，将《春夏秋冬》、"识字加油站"中表示天气的词语、"日积月累"中关于春天的成语等与"我喜欢的春夏秋冬"进行整合。活动中还需为学生提供生活场景，强化运用，将学习场景拓展到生活场景中，指导学生搜集、自画天气标志，用合适的方法向他人介绍自己的姓氏，尝试编创字族儿歌。设计游戏活动也是必不可少的，可以通过"连连看"将天气标志和汉字识记进行整合，通过"一起猜灯谜"的传统游戏习得猜字谜的方法……这样将学习任务游戏化，能有效激发学生的学习兴趣。

五、资源支持与技术支持

（一）学习资源

1. 文本资源：教材文本《春夏秋冬》《姓氏歌》《小青蛙》《猜字谜》《语文园地一》；课外文本《春天 春风 春雨》《夜晚 繁星 亮晶晶》《寒流 大雪 北风》等。

2. 网络资源：

歌曲:《春天在哪里》《百家姓》《姓氏起源》等。

微视频:《霜、雪的形成》。

（二）工具技术

1. 评价量表。

2. 过程评价及单元测评表。

六、过程评价与单元测评（表1-2）

表1-2 “和大自然中的汉字交朋友”过程评价与单元测评

评价	内容	基本标准
过程评价	任务一:认识大自然中的朋友	1. 准确朗读《春夏秋冬》,理解并运用书中的生字词,如季节词汇和形容词来描述每个季节的特点。利用课本中的插图和文字描述,形成对四季的整体认识。 2. 能够参与小组合作,创作一首简短的小诗或歌曲,充分表达对小青蛙的赞美和对其保护禾苗、吃害虫等优点的理解。 3. 能正确跟读与青蛙相关的汉字,并掌握其笔画和发音。逐步认识并识别与“青”有关的汉字族,扩大对汉字的理解和识字能力。
	任务二:向你介绍我自己	1. 了解姓氏的重要性和文化价值,简单解释姓氏的含义和来源。 2. 能正确分解自己的姓氏,选择合适的积木组合方式创作属于自己的《姓氏歌》,要求合理运用所选汉字,符合汉字的组合规律和含义。 3. 能通过朗读课文《猜字谜》,总结出猜字谜的窍门和技巧,创编和出示自己的一个猜字谜题目,使用所学的汉字和词语构成谜底,并能与小青蛙角色积极互动,解答谜语。
单元测评	与大自然中的汉字朋友做游戏	1. 通过游戏测评,复习本单元字词与课文,培养对汉字的理解和应用能力。 2. 通过解决字谜和韵语识字拼图,思考和探究更多汉字的音、形、义之间的联系,拓展识字能力。

第二部分 典型课时设计

任务二 向你介绍我自己（2课时）

【学习情境】

在前面的活动中,我们认识了大自然中的小青蛙,它爱吃害虫,能保护禾苗,多了不起!瞧,小青蛙来到我们面前啦,它也想认识我们,和我们交朋友呢!走吧,让我们一起向小青蛙介绍介绍自己,再和它来一场猜谜之旅,让它了解我们中国姓氏的多样性,感受我们中华民族传统文化的魅力吧!

【教学过程】

（一）我向小青蛙介绍自己

1. 情境引入，了解姓氏之起源。

（1）创设情境。用课前设计好的名片，向小青蛙做自我介绍，说说自己姓什么，建立姓氏初印象。

（2）聚焦“姓”。找找生活中的“姓”，如作业本、身份证、E 卡通等，展开递进式学习。

（3）播放视频。看视频，了解姓氏起源。

2. 火眼金睛，探秘姓氏之方法。

（1）读一读。男女生对读，发现“一问一答”的特点。

（2）说一说。各小组合作交流，寻找介绍姓氏的方法，归纳出两种方法：“加一加”和“说偏旁”。继而运用这两种方法介绍自己的姓氏，如：“汪”“陈”等。

（3）想一想。如果遇到的姓氏无法运用这两种方法介绍，怎么办？出示同学姓氏“方”，发现介绍姓氏的新方法——“组词”，尝试用“组词”的方法，介绍自己的姓氏。

（4）问一问。同桌合作，根据学习单要求，用上“加一加”“说偏旁”“组词”等方法，一问一答，向小青蛙介绍你自己。

（5）姓氏大搜查。拿出课前填写的姓氏调查表（表 1-3），完善最后一项“怎样介绍”，并向小青蛙介绍自己身边的人，如：我的妈妈姓（　　），______（　　）。

表 1-3　姓氏调查表

问题	调查对象 1	调查对象 2	调查对象 3
谁？			
姓什么？			
怎样介绍？			

3. 比较发现，再探姓氏之多样。

（1）小组讨论。数一数文中介绍了哪些姓氏，这些姓氏有没有不一样的地方，小组成员讨论发现单姓和复姓。

（2）课外拓展。了解复姓的名人，如：欧阳修、诸葛亮、司马光……

（3）推荐阅读。播放儿歌《百家姓》，推荐大家读一读。

（二）小青蛙与我猜字谜

1．互动游戏，介绍字谜之趣。

（1）转转盘。好朋友小青蛙和学生玩转转盘的游戏，回顾“青”字族文。

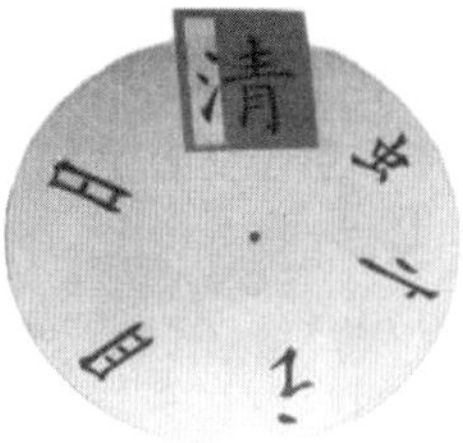

（2）说一说。一转眼就到了元宵节，我们中国人在元宵节这一天会做些什么呢？向小青蛙介绍元宵节的习俗：吃元宵、猜灯谜。

（3）猜一猜。出示两则灯谜，学生猜一猜，并向青蛙介绍猜的部分叫“谜面”，猜出的答案叫“谜底”，如果谜底是一个字，这样的谜语就叫“字谜”。

2．小小字谜会，发现字谜之趣。

（1）读一读。读第二则字谜，关注引号，猜测特殊含义。

（2）猜一猜。学习“言”字，了解字义，联系旧知，猜测言字旁，并拓展猜测三个偏旁。

（3）说一说。给予锦囊，合作猜第一行，并说说猜谜的依据。

（4）小组合作。四人一小组，合作选一行猜，最终猜出四个字分别是“请、情、晴、清”，并猜测最终谜底就是青字族文的青。从而感受到猜字谜和转转盘同样乐趣多多。

（5）勇闯“谜”宫。小青蛙也编了一则字谜，请学生来猜。

小青蛙学会了猜字谜，也编了一则字谜，你来猜一猜吧！

有马能行千里，

有 □ 能种庄稼，

有 □ 不是你我，

有 □ 能养鱼虾。

谜底：□

3. 字谜对对碰,感受字谜之妙。

(1) 合作朗读。同桌合作,互读互查第一则字谜,你读我听,我读你听。

(2) 寻找线索。从谜面中找线索,推断出谜底是左右结构的合体字。

(3) 说说发现。谈谈为什么左边是“禾”,右边是“火”,谜底也就清晰地呈现出来了。

(4) 小结方法。猜字谜,动脑筋,会想象,抓特征,跳出谜面想一想,谜底就在话里藏。

(5) 字谜升级。和小青蛙一起进行字谜挑战,根据提示猜出这些人的姓氏。

哥哥把弓箭拉得长长的。(   )

儿子还很小。(   )

林一半,字一半。(   )

叔叔说他的姓在银行里经常见到。(   )

(撰写:苏州市金阊实验小学校　陆凤仙)

案例二　做“汉字美食馆”的解说员(二年级)

第一部分　单元设计

一、设计依据

《义务教育语文课程标准(2022 年版)》中“语言文字积累与梳理”学习任务群第一学段提出:认识有关人的身体与行为、天地四方、自然万物等方面的常用字;先认先写基本字,学习部首检字法,尝试发现汉字的一些规律,初步学习分类整理课内外认识的字;在生活中主动识字,发展独立识字能力。统编版语文教材低年级每一册中都设置了识字单元,旨在引导学生在不同的语境中识字学词。二年级的学生已有一定的识字写字能力,但是在发现汉字规律、初步分类整理汉字上还有困难。“做‘汉字美食馆’的解说员”任务群,引导学生在语言文字的实践活动中,认识中国各地的美食名称,尝试发现汉字的一些规律,并初步学习分类整理;了解美食中的汉字故事,在生活中主动识字,培养独立识字能力。

二、主题内容与目标

(一) 单元主题

做“汉字美食馆”的解说员。

(二) 学习内容

1. 文本阅读:

课内:教材文本《中国美食》、《“贝”的故事》、《语文园地三》之“识字加油站”“我的发现”。

课外:《汉字王国的故事》。

2. 网络资源:烹饪食物的视频、美食图片等。

（三）学习目标

1. 能运用多种方法,独立认识有关中国美食的常用字。

2. 能通过观察,初步体会汉字的结构特点,发现偏旁“火”与“灬”的联系,感知形声字形旁表义的特点,归类写字,书写规范、端正、整洁。

3. 能通过讲述美食中的汉字故事,了解汉字起源、演变与发展的过程,感受汉字文化。

4. 能通过认识色香味俱全的美食,了解中国的美食文化,爱上中国的美食文化,激发学生的爱国热情。

三、学习情境与任务框架

（一）学习情境

苏式美食闻名遐迩。本任务群引导学生发现舌尖上的美食,从苏式菜名到中国美食菜谱,在交流阅读中认识中国各地的美食名称,并学习初步分类梳理;感受不一样的美食体验,融入美食的烹饪、味道、分类、介绍,定制属于自己的美食菜单;了解美食中的汉字故事,为感兴趣的美食制作海报,并通过自主介绍,争做家乡美食的代言人。

（二）任务框架

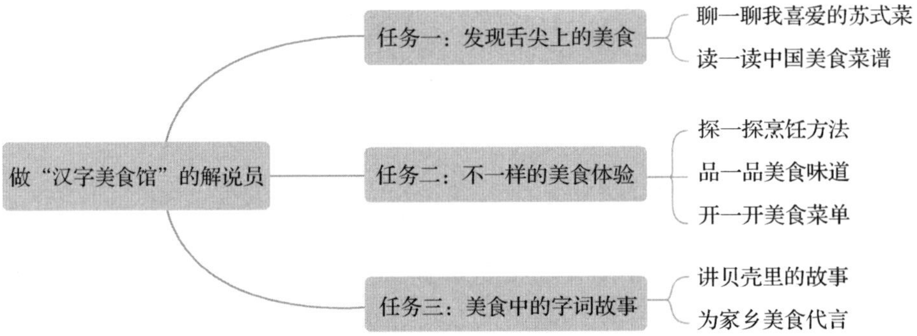

四、活动设计与教学提示

（一）活动设计（表1-4）

表1-4 “做‘汉字美食馆’的解说员”活动设计

单元任务	学习活动	学习内容	课时安排
做『汉字美食馆』的解说员	任务一：发现舌尖上的美食	1. 聊一聊我喜爱的苏式菜。通过照片、绘画等，说出自己喜欢的苏式菜，并说说它的食材、味道以及喜爱这道美食的原因。 2. 读一读中国美食菜谱。正确流利地朗读《中国美食》，读准美食名称，结合图片，进一步了解中国美食文化；通过查找资料、请教他人等方式补充各地的特色美食，并对荤素、主食、菜肴等进行分类梳理。	1
	任务二：不一样的美食体验	1. 探一探烹饪方法。通过圈画找到美食的不同烹饪方法，以烹饪方法为依据分类菜名，引导学生归类识记生字，发现偏旁“火”和“灬”的联系。 2. 品一品美食味道。开展“报菜名”活动，利用图片和字词匹配的方式进行识字教学，强化字词学习。拓展“识字加油站”中8个描写食物味道的词语，进一步丰富词汇。 3. 开一开美食菜单。根据所给的食材定制属于自己的美食菜单，将制作美食、介绍美食和合理搭配融合在一起，评选最佳设计方案。	2
	任务三：美食中的字词故事	1. 讲贝壳里的故事。阅读《“贝”的故事》，了解“贝”的起源和用途，加深形声字形旁表义的认识。通过课外阅读，查找资料，了解更多美食中的汉字故事。 2. 为家乡美食代言。四人小组合作，设计“我最爱的家乡美食”的实践作业，学生调查记录自己最喜欢的家乡美食（内容包括：菜名、制作方法、味道、绘画或照片），做成美食海报，书写规范、端正、整洁，课上结合美食单进行介绍，巩固拓展识字。	2
单元测评	做“汉字美食馆”的解说员	1. 归类识记生字，发现偏旁“火”和“灬”的联系。 2. 讲述美食中的汉字故事，了解汉字起源、演变与发展过程，感受汉字文化。	1

（二）教学提示

“做‘汉字美食馆’的解说员”这一任务群，旨在让学生在“汉字美食馆”情境中，运用多种方法，学习独立认识有关自然万物的常用字。能通过观察，初步体会汉字的结构特点，讲述美食中的汉字故事，了解汉字起源、演变与发展过程，感受汉字文化。

“语言文字积累与梳理”学习任务群引导学生在语文实践活动中，积累语言材料和语言经验，形成良好的语感；通过观察、分析、整理，发现汉字的构字组词特点，感受汉字的文化内涵。为此，我们基于“汉字美食馆”情境，结合本识字单元的课文篇目，设计学习任务。任务一“发现舌尖上的美食”，是对中国美食的初步认知，通过“聊一聊我喜爱的苏式菜”和

“读一读中国美食菜谱”两个活动，联系生活，认读并归类识字。任务二“不一样的美食体验”带领学生走进文本阅读，探一探烹饪方法，品一品美食味道，开一开美食菜单。任务三“美食中的字词故事”，基于任务一和二，讲贝壳里的故事，为家乡美食代言，引导学生进一步在生活中探索美食中的文字。

本任务群三个任务之间呈现螺旋递进的关系，遵循学生学习逻辑和生活逻辑的统一。三个任务将学习内容与学生的真实生活紧密相连，重在引导学生运用多种方法，学习独立识字，能通过观察，初步体会汉字的结构特点。

五、资源支持与技术支持

（一）学习资源

1. 文本资源：教材文本《中国美食》、《“贝”的故事》、《语文园地三》之“识字加油站”“我的发现”；课外文本《汉字王国的故事》等。

2. 网络资源：烹饪食物的视频、美食图片等。

（二）工具技术

1. 学习任务单。

2. 过程评价及单元测评表。

六、过程评价与单元测评（表 1-5）

表 1-5 “做‘汉字美食馆’的解说员”过程评价与单元测评

评价	内容	基本标准
过程评价	任务一：发现舌尖上的美食	1. 能通过照片、绘画等，说出自己喜欢的苏式菜，并说说它的食材、味道以及喜爱这道美食的原因。 2. 能正确流利地朗读《中国美食》，通过查找资料、请教他人等方式补充各地的特色美食，并能初步分类梳理。
	任务二：不一样的美食体验	1. 能圈画出美食的不同烹饪方法，以烹饪方法为依据分类菜名，归类识记生字，发现偏旁“火”和“灬”的联系。 2. 能利用图片和字词匹配的方式自主识字，并说说食物的味道，积累至少 8 个有关食物味道的词语，培养自主积累的好习惯。 3. 能根据所给的食材定制属于自己的美食菜单，将制作美食、介绍美食和合理搭配融合在一起，小组、班级评选最佳设计方案。
	任务三：美食中的字词故事	1. 能通过阅读《“贝”的故事》，了解“贝”的起源和用途，加深形声字形旁表义的认识。能说出王字旁、金字旁的字与什么有关。能通过课外阅读，查找资料，了解更多美食中的汉字故事。 2. 能通过小组合作，设计“我最爱的家乡美食”的实践作业，做成美食海报，书写规范、端正、整洁，课上结合美食单进行介绍，巩固拓展识字。

续表

评价	内容	基本标准
单元测评	做“汉字美食馆”的解说员	1. 能对汉字进行归类，发现偏旁“火”和“灬”的联系，知道王字旁、金字旁的字与什么有关。 2. 能自主讲述美食中的汉字故事，了解汉字起源、演变与发展的过程，感受汉字文化。

第二部分 典型课时设计

任务二 不一样的美食体验（2课时）

【学习情境】

你喜欢的美食由哪些食材组成？又是如何烹饪的？味道怎么样？让我们游一游“汉字美食馆”，说说美食的烹饪方法和独特味道，感受不一样的美食体验，还可以定制属于自己的美食菜单。快来向大家介绍自己喜欢的美食吧！

【教学过程】

（一）探一探烹饪方法

1. 读一读，了解食材。

说说这些菜由哪些食材做成，朗读菜名，读准字音，注意读“茄子、蘑菇、豆腐”3个词语时读好轻声。

2. 说一说，初步分类。

发现食材特点，初步分类：制作原料都是豆类或者蔬菜的叫“素菜”；所用食材都是肉类的就叫“荤菜”。

了解健康饮食观：菜肴和主食搭配，菜肴荤素搭配。

3. 圈一圈，聊聊烹饪。

（1）圈出“红烧茄子”“烤鸭”“葱爆羊肉”“小鸡炖蘑菇”“炸酱面”“蛋炒饭”菜名中体现的烹饪方法。

（2）观看爆炒食物的视频，说说这种烹饪方法的特点。

（3）观察“烧、烤、爆、炖、炸、炒”六个字的特点，思考为什么它们都有火字旁。

（4）说说生活中还见过哪些用这些烹饪方法烹制的美食。

4. 写一写，补全菜单。

明明同学想去“汉字美食馆”寻找以下这些菜名，但是有几个字不会写，请你帮帮他。

明明的 měi□ shí□ 菜单

红 shāo□ 茄子　　红 shāo□ 鱼　　红 shāo□ 排骨

kǎo□ 鸭　　kǎo□ 鱼　　kǎo□ 全羊

清 chǎo□ 小白菜　　西红柿 chǎo□ 鸡蛋

（二）品一品美食味道

1. 猜烹饪方法。

（1）学生通过教师的描述猜烹饪方法。

食材不经过加热，或在加热后使其冷却，再加入调味料搭配入味——凉拌。

用炭火或电热使食物熟——烤。

用滚油稍微一炸或用滚水稍微一煮，烹制时间短，菜肴脆嫩鲜爽——爆。

把蔬菜、肉、鱼等加油、糖略炒，并加酱油等作料，焖熟使其成黑红色——红烧。

（2）圈出“香煎豆腐”“水煮鱼”“蒸饺”中表示烹饪方法的词语。

（3）思考：烹饪食物都要用到火，圈出的这些汉字中的“灬”与火有关吗？

（4）用部首查字法查下面的字，并说说自己的发现。

灶　焰　　　烫　煲　　　熏　煦

（5）就偏旁为“火”和“灬”的字之间的关联进行交流。带有“火”和“灬”的字，字义大多与“火”有关。“火”字作偏旁，有时放在左边，有时放在下边。放在下边时，有时为了整个字形的美观，就变成了“灬”。

（6）说说生活中还见过哪些用这些烹饪方法烹制的美食。

2. 说美食味道。

（1）小组内选择自己喜欢的美食，主要从食材、烹饪方法两个方面进行介绍，还可以简单介绍一下它的味道。

（2）出示 8 个 ABB 式的词语，自由读，你会想到什么食物？

同桌美食大比拼：一人读词语，一人说食物名称，再交换。比谁读得准，说得快。

提示：注意读准前鼻音的字“津”“喷”，后鼻音的字“邦”，边音的字“辣”。

（3）游戏：“美食列车开起来”。

依次出示词语，“开火车”说话，用上“我吃过( )的( )”的句式。

(4) 评选“最佳美食列车组”。

提示：形容食物的 ABB 式的词语，重音在第一个字，后两个字要读饱满。

(5) 你还知道哪些表示味道的词语？积累与味道有关的 ABB 式词语。

(三) 开一开美食菜单

1. 设计菜单。

根据提供的食材，给自己定制一份午餐的菜单，要求：荤素搭配，营养合理。

豆腐　鸡　鸭　肉类　鸡蛋　小白菜　茄子　米饭　粥　面条

我的午餐

荤菜：________________

素菜：________________

汤：________________

主食：________________

2. 组内交流。

(1) 四人小组交流，评选最佳设计方案，上台交流展示。

(2) 小组点评。

(撰写：苏州市金阊新城实验小学校　顾秋红)

案例三　“我是成语小达人”之寓言篇(三年级)

第一部分　单元设计

一、设计依据

《义务教育语文课程标准(2022 年版)》中“语言文字积累与梳理”学习任务群第二学段提出：诵读、积累成语典故、中华文化名言、短小的古诗词和新鲜词语、精彩句段等，丰富自己的语汇，分类整理、交流，初步认识中华优秀传统文化蕴含的思想。统编版语文教材中，第二学段通过民间故事、寓言、神话等主题单元有意识地进行着文化传承，其中，成语是非常重要的积累载体。成语来源不一，有的来自历史故事，有的来自神话故事等，本单元任务群主要涵盖来自寓言的成语故事，旨在引导学生在积累与梳理的实践中丰富语汇，发现、感受成语的表现力，提升语感，同时通过这些成语故事，小中见大，明白生活中的道理。

二、主题内容与目标

（一）单元主题

“我是成语小达人”之寓言篇。

（二）学习内容

文本阅读：

课内：教材文本《守株待兔》、《南辕北辙》、《语文园地二》之“日积月累”、《快乐读书吧：小故事大道理》。

课外：《成语故事》《中国古今寓言》及课外阅读中其他来自寓言的成语故事。

（三）学习目标

1. 能捕捉寓言类成语故事的特征，产生阅读中国古代寓言的浓厚兴趣，提升文化自信。

2. 能体会寓言类成语故事的道理，联系生活中的人和事进行寓言类成语的综合运用或新编，感悟寓言类成语的表现力。

3. 能在活动中学习语文，学会合作，呈现自己的探究所得。

三、学习情境与任务框架

（一）学习情境

成语是中华文化的璀璨明珠。走上成语达人之旅，分一分成语故事家族，找一找藏着寓言的成语故事；在学习中瞧瞧寓言主人公干的傻事，明白寓言告诉我们的道理，捕捉寓言类成语故事的特征；开一场寓言成语达人发布会，讲一讲生活中的智慧追求，演一演寓言成语新编，感悟寓言故事成语持续的生命力。

（二）任务框架

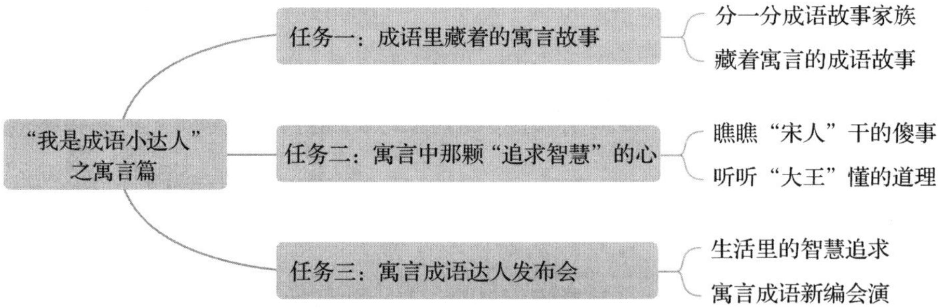

四、活动设计与教学提示

（一）活动设计（表 1-6）

表 1-6 “‘我是成语小达人’之寓言篇”活动设计

单元任务	学习活动	学习内容	课时安排
『我是成语小达人』之寓言篇	任务一：成语里藏着的寓言故事	1. 分一分成语故事家族。整理课内外收集的有典故的成语，进行故事讲述，丰富成语积累。根据成语典故的来源或以自己喜欢的方式自主为成语家族分类，梳理家族图谱，设计成语家族海报，举办一个小展览。 2. 藏着寓言的成语故事。根据展览情况进行分类反馈，汇总同学们找到的藏着寓言的成语故事，在交流与梳理中继续积累成语，初步捕捉寓言类成语故事的特征。	2
	任务二：寓言中那颗“追求智慧”的心	1. 瞧瞧“宋人”干的傻事。通过《守株待兔》等系列文本的学习，深入理解寓言类成语故事假托的特征，观察愚人们的奇怪言行，梳理寓言类故事成语背后出现的愚人。 2. 听听“大王”懂的道理。通过文言文本还原，看到部分寓言故事成语全貌，深入理解寓言类成语故事讲述道理的特征，知道成语的成因，发现故事中“追求智慧”的心。	2
	任务三：寓言成语达人发布会	1. 生活里的智慧追求。和生活链接，将寓言类成语故事中的道理分类，编写生活智慧目录，评一评高频寓言成语，发现成语给现代生活的启示。 2. 寓言成语新编会演。演一演，再现现代生活中的高频寓言成语，用自己的演绎，感悟寓言成语在现代社会的持续生命力。	2
单元测评	智慧伴手礼	将单元所学通过各种形式制作达人智慧伴手礼送给同学们，将智慧运用到生活中去。	1

（二）教学提示

本任务群是立足学生核心素养发展而设计的，旨在引导学生主动阅读、积累成语，通过成语典故梳理、寓言类成语故事特征捕捉、寓言成语新编等方式进行成语的当代运用，在学习过程中感悟传统文化魅力，实现思维发展。

三年级下册第二单元的语文要素是“读寓言故事，明白其中的道理”，因此，“我是成语小达人”活动中学生在完成为后续活动铺垫的成语梳理之后，不能放弃对寓言这一文体基本特征的学习。同时，三年级下册第一、二单元的《口语交际》中提出“说清楚想法和理由”“耐心听别人讲完，尽量不打断别人的话”“一边听一边思考，想想别人讲的是否有道理”“尊重不同的想法”等要求，在单元活动的过程中都可以逐一实现。

本单元设计了三个循序渐进的学习任务：任务一“成语里藏着的寓言故事”是一个词语积累和简单梳理的过程，把目标逐步聚焦。活动一“分一分成语故事家族”，主要目的是通过成语典故进入单元学习，进行成语的全面梳理，随后根据成语典故的来源进行成语分类；活动二“藏着寓言的成语故事”，结合学生活动一海报展中的反馈，初步梳理寓言类成语故事的特点，让归类更清晰，学习更聚焦。任务二“寓言中那颗‘追求智慧’的心”是一个文本学习过程。活动一“瞧瞧‘宋人’干的傻事”，通过课堂文本学习，理解寓言类成语故事假托愚人的特点。该活动片段涉及课文教学的巩固，即借助注释理解文言文；活动二“听听‘大王’懂的道理”，通过文言文本还原，知道成语成因，了解寓言成语故事讲述道理的特点，发现人们对智慧的追求；任务三“寓言成语达人发布会”是一个语言运用的过程。活动一“生活里的智慧追求”，梳理寓言类成语故事讲述的道理，议一议，寻找成语对现代生活的启示；活动二“寓言成语新编会演”是整个学习与生活的一次实际链接，通过现代生活情境故事的再现，展现同学们对高频寓言成语的理解，体现成语持续的生命力。

三个任务层层深入，与学生生活观察积累密切相连。在教学过程中，教师应给予学生每个子任务明确的积累目标、足够的资源支持，做好实施过程的监控，同时应注意对学生个性化的梳理给予充分的尊重，如尊重学生在对成语家族归类时不同的归类方法，在对寓言新编过程中不同的演绎等，要更多地激发学生之间的互评。实施时要对各类展演进行有效评价，激发学生热爱祖国语言文字的情感，让学生发现成语的魅力，在生活中妙用成语，在语言运用的各项实践中获得核心素养的全面发展。

五、资源支持与技术支持

（一）学习资源

1. 文本资源：教材文本《守株待兔》、《南辕北辙》、《语文园地二》之“日积月累”、《快乐读书吧：小故事大道理》；课外文本《成语故事》《中国古今寓言》及课外阅读中其他来自寓言的成语故事。

2. 网络资源：《中华成语大会》。

（二）工具技术

1. 学习任务单。

2. 过程评价及单元测评表。

3.《成语词典》，在线成语网站。

六、过程评价与单元测评（表 1-7）

表 1-7 “‘我是成语小达人’之寓言篇”过程评价与单元测评

评价	内容	基本标准
过程评价	任务一：成语里藏着的寓言故事	1. 能够在课外积累的成语中筛选出 20 个左右带有故事的成语。 2. 能够明确表达自己对部分成语故事的喜爱，能详细讲述 5 个成语故事。 3. 能够从不同的角度对积累的成语故事进行分类，有清晰的分类逻辑，能绘制成语家谱。和伙伴共同制作较为美观的成语家族海报。 4. 能从成语故事中筛选出寓言类成语故事，在交流中理解寓言“假托”“讲述道理”的基本特征。

续表

评价	内容	基本标准
过程评价	任务二:寓言中那颗“追求智慧”的心	1. 能够在文本阅读与学习中发现愚人的特点,明白故事的道理。 2. 能够在文言文本还原过程中,大概了解文言文本的意思,知道寓言创作人的意图,发现会讲故事的大臣群像特征。 3. 进阶评价:能够主动探寻故事中出现高频“国人”的原因,了解特殊的文化现象。
	任务三:寓言成语达人发布会	1. 能将寓言类成语故事和生活有效关联,说出至少5个生活中的运用场景。 2. 能在交流的过程中尊重他人想法、耐心聆听,在自己表达时讲述清楚。 3. 能够和同学共同演绎寓言成语新编,表现结构完整,故事逻辑清晰,服装道具有适当安排。
单元测评	智慧伴手礼	1. 能够体现自己的学习总结。 2. 能够给同学们的生活以启示。 3. 能够说出自己设计的伴手礼创意。

第二部分　典型课时设计

任务二　寓言中那颗“追求智慧”的心(2课时)

【学习情境】

寓言成语是成语家族的重要组成部分,在这个庞大的家族图谱里,有“守株待兔”“南辕北辙”“掩耳盗铃”“刻舟求剑”等耳熟能详的传世经典。一起去瞧瞧大家干的傻事,找找故事里的愚人们从哪里来、有哪些奇怪的言行。穿越时空,还原文本,这些愚人又是谁发现的?读一读故事全貌,听听“大王”懂的道理,发现“愚人”身后的“智叟”,一起探索流传千古的寓言类成语故事背后那颗“追求智慧”的心。

【教学过程】

(一)瞧瞧“宋人”干的傻事

1. 回忆“宋人”老朋友。

(1)说一说。出示成语家族海报展中的寓言成语海报,请设计者说一说自己的归类理由。同步回忆二年级学过的寓言“假托”“讲述道理”的特点。

(2)忆一忆。出示《孟子·公孙丑上》中“揠苗助长”的文言文本。回忆学过的《揠苗助长》课文,对照白话再讲一讲这个故事。

(3)交流小结。文言文本比白话文本更为简洁,同时也还原了人物细节,这个假托的主人公是个“宋人”。一起去瞧瞧宋人还做了什么事。

2. 认识“宋人”新朋友。

（1）课文温习。借助注释读《守株待兔》，用自己的话说说这个故事。

（2）拓展阅读。通过文本《智子疑邻》，练习借助注释读懂文言文，用自己的话说说这个故事。

（3）归纳小结。借助注释读是读懂文言文的重要方法；《揠苗助长》《守株待兔》《智子疑邻》中都有一个“宋人”，他们都是“愚人”，做的都是一些傻事。

3. 各国愚人大集合。

（1）表格梳理。出示本任务学习单（表1-8），结合任务一中梳理出的寓言成语，利用《成语词典》小组合作，梳理出寓言中的愚人，完成学习单。

表1-8　愚人从哪儿来

寓言成语	愚人的名字	愚人的“国籍”	我的发现
守株待兔	宋人	宋国	1. ________ 2. ________ 3. ________ （和组员讨论后逐条书写）

（2）交流小结。各组代表陈述大家的发现。（如，春秋战国时期的寓言成语多，因为主人公多是那时候的国民；宋国人、郑国人、楚国人等出现的频率较高；这些愚人大多没有真名等。无固定答案，由学生自主发现。）

（3）原因分析。指导学生通过交流，再次理解寓言故事假托的特点，主人公往往没有真名（学生自主发现），分析高频国家出现的原因和相应的文化背景有密切关系（学生合理推测，教师协助分析）。

4. 活动总结。

通过学习和梳理，我们听到了一系列啼笑皆非的故事，也有了自己关于寓言假托人物的发现。课后，利用《成语词典》继续完善表1-8，为下一个活动做准备。

（二）听听“大王”懂的道理

1. 实情大还原。

（1）读一读。出示《南辕北辙》文言原文，结合注释读一读故事全貌。

（2）议一议。从故事全貌来看，你还原出了什么历史线索？（学生通过交流知晓这个故事是魏国大臣季梁讲给魏王的。当时魏王准备攻打赵国，季梁用这个故事劝谏魏王放弃这个打算。)

(3) 交流小结。故事中虽然有个“愚人”在做傻事,但故事的讲述者却是利用寓言故事讲道理的“智叟”。魏王懂了这个道理,如果你也明白了寓言的道理,你也就成了“智叟”。

2. “智叟”在哪里?

(1)填一填。出示本任务学习单,结合任务一中梳理出的寓言成语,利用《成语词典》,小组合作,交流寓言的寓意,记录自己认可的道理,完成学习单(表 1-9)前面两列。

表 1-9 我是小“智叟”

寓言成语	故事中的道理	我的智慧分类

(2) 想一想。同学们记录了自己特别认可的道理,说说看,自己为什么认同这个道理。(可以从“故事更容易让自己明白道理”“生活中遭遇过类似的事情”等方面进行交流。)

(3) 理一理。完成表 1-9 中“我的智慧分类”一列,对故事中的道理分类。小组交流自己分类的方法。

(3) 交流小结。这些寓言故事里,表面上都带着一个“愚人”,实际上更重要的是背后藏着的“智叟”,藏着的那颗“追求智慧”的心。相信读了故事中的道理,你就更明白为什么要用寓言来讲道理了。当这些寓言故事高度凝结,就成了我们见到的、流传千年的成语,带给我们无穷无尽的生活智慧。

(4) 我是生活小“智叟”。除了刚才提到的成语,还有哪些让你特别有共鸣的寓言成语呢? 请你和大家说一说。

3. 活动总结。

在热烈的交流中,相信同学们都有了生活“智叟”的智慧。下一个活动,我们将一起编写生活智慧目录,评一评当代高频寓言类成语故事,并用表演的方式再现当代“愚人”。用自己的演绎,感悟寓言成语在现代社会的持续生命力。

(撰写:苏州市勤惜实验小学校 吴 彧)

案例四　做一册美景诗集（四年级）

第一部分　单元设计

一、设计依据

《义务教育语文课程标准（2022 年版）》中“语言文字积累与梳理”学习任务群第二学段提出：诵读、积累成语典故、中华文化名言、短小的古诗词和新鲜词语、精彩句段等，丰富自己的语汇，分类整理、交流，初步认识中华优秀传统文化蕴含的思想。统编版语文教材四年级下册第三单元是学生第一次集中学习现代诗，是本册综合性学习的单元。现代诗歌遇上综合性学习，以“美景”为主题更能直观触发他们的情感表达。本单元结合本册第五单元的学习，设计“做一册美景诗集”学习任务群，为孩子们打开一个美好而奇妙的世界。设计本身基于中华优秀诗歌文化展开，引导学生在语文实践活动中加深对现代诗歌的认识，体会我国诗歌文化的魅力，提高阅读品位和审美情趣，并能在多种学习活动中提升诗歌创作能力。

二、主题内容与目标

（一）单元主题

做一册美景诗集。

（二）学习内容

1. 文本阅读：教材文本《短诗三首》《绿》《在天晴了的时候》《白桦》《海上日出》《记金华的双龙洞》《颐和园》《七月的天山》等。

2. 学生的已有经验：积累与景色描写有关的诗歌、精彩句段等。

（三）学习目标

1. 能够在制作美景诗集的任务情境中感受现代诗歌等语言材料与生活之间的关联，培养学生热爱生活的态度，有发现美的眼光，提升审美品位。

2. 能够搜集、归类整理现代诗歌，并根据真实情境中的交际需要，回忆、背诵相关诗句至少 20 句（首），丰富语料积累。

3. 在阅读现代诗与搜集诗歌的过程中，进一步了解现代诗歌在形式、音乐、意蕴上的创作特点，用表格、思维导图等多种学习工具，梳理现代诗歌的特点与创作规律，积累诗歌中的好词。

4. 通过建立诗歌语料素材库与开展诵诗会等活动，学习分类整理不同主题的现代诗歌，积累诗歌中的好词，提升诗歌创作能力。

三、学习情境与任务框架

（一）学习情境

诗歌，让我们用诗意的眼睛看世界。在诗歌中，路边的小花是可爱的，四季是清新美丽的，星空是美好的……通过单元学习，梳理现代诗歌的一些特点，利用多种途径收集有关美景的现代诗歌，在阅读、搜集现代诗歌的过程中感受它们在形式、音乐、意蕴上的特点与创作规律；跟着名家看美景，提供现代诗歌创作支架，利用语料助力学生诗歌创作中“炼”字能力的培养；启发学生主动观察生活，在生活中采风，联结学习经验与生活，并把采集的语料在多种学习活动中进行积累；开展个人、小组、班级等诗集策划、插画、诵读活动，让学生在搜集、积累、梳理等过程中，进一步体会我国诗歌的文化魅力。

（三）任务框架

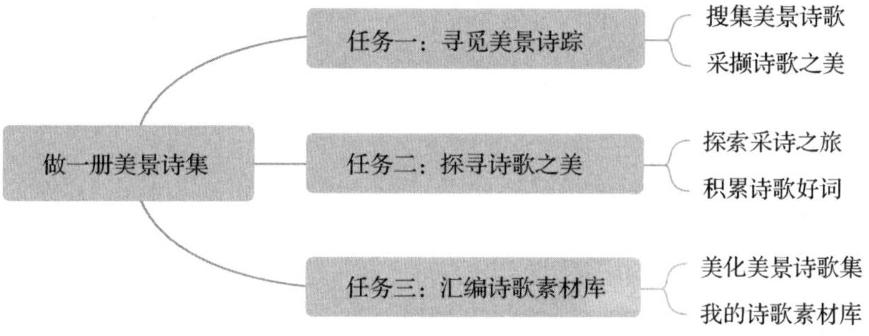

四、活动设计与教学提示

（一）活动设计（表1-10）

表1-10 “做一册美景诗集”活动设计

单元任务	学习活动	学习内容	课时安排
做一册美景诗集	任务一：寻觅美景诗踪	1. 搜集美景诗歌。回顾、搜集一至四年级教材中的现代诗歌以及课内外阅读过的美景主题的诗文，进行有主题的搜集，丰富语料积累。 2. 采撷诗歌之美。通过对现代诗歌的学习，进一步梳理现代诗在形式、音乐、意蕴上的特点；通过与同主题文章进行对比阅读，深入探究诗歌与众不同的魅力，初步梳理现代诗歌的特点与创作规律。	1
	任务二：探寻诗歌之美	1. 探索采诗之旅。通过对现代诗歌的学习整理，积累作者在自然与生活中的美景采风素材，鼓励学生主动观察生活，到生活中采风，进一步梳理现代诗歌的特点与创作规律。 2. 积累诗歌好词。开展“摘录诗歌好词”活动，学习用诗意的眼睛看世界，观察生活并联系学习经验，尝试用诗意的语言记录美景。	1

续表

单元任务	学习活动	学习内容	课时安排
做一册美景诗集	任务三：汇编诗歌素材库	1. 美化美景诗歌集。鼓励学生进行分享交流搜集的美景诗歌，根据不同主题自由组成小组，进行主题诗集的汇编与美化。 2. 我的诗歌素材库。通过对主题诗歌搜集与整理，以及对现代诗歌的学习，将诗歌中有表现力的词进行积累与梳理，形成诗歌语料素材库。	1
单元测评	美景诵诗会	1. 叩诗门。回顾整理自己搜集的美景现代诗歌，并能通过阅读分享，按不同的景色进行整理分类。 2. 采诗景。能了解现代诗歌创作的基本规律。学习从自然和生活中采集诗歌语料，梳理诗歌材料与生活之间的关联。 3. 做诗官。开展多种语文实践活动，学会不同主题现代诗歌的分类与整理，以及诗歌中用词的积累。	1

（二）教学提示

本任务群基于学生的学习经验设计三个学习任务：任务一“寻觅美景诗踪”，旨在帮助学生形成对现代诗的初步认识，充分调动学生的兴趣，鼓励学生通过回顾、搜集等方式，对已学的相关主题的诗歌进行有效梳理。小学阶段学生所接触的现代诗不是很多，以“美景”为主题，有利于学生对现代诗有效地整理分类。任务二“探寻诗歌之美”，旨在让学生初步了解现代诗歌的创作规律，带领学生从文本过渡到生活，学习作家的采风方式，到生活中去采集诗歌素材，为诗歌素材库做准备。任务三“汇编诗歌素材库”，旨在让学生有效积累与梳理生活中的采诗素材，建立属于自己的诗歌素材库，养成在生活、学习中良好的积累与梳理习惯，学生能更容易有感而发地创作自己的现代诗歌，感受现代诗歌的语言魅力。

三个学习任务在递进中有交叠地巩固训练，同一任务中的学习活动相辅相成。从简单的搜集诗歌，到对诗歌的整理分类，到探究诗歌创作规律与用词的特点，最后建立属于自己的诗歌素材库，学生从对诗歌的浅表认识，到对诗歌本质的探索，经历了一次充满趣味的学习之旅。

五、资源支持与技术支持

（一）学习资源

1. 文本资源：教材文本《短诗三首》《绿》《在天晴了的时候》《白桦》《海上日出》《记金华的双龙洞》《颐和园》《七月的天山》。

2. 网络资源：网络搜索、office 软件、文档整理。

（二）工具技术

1. 学习任务单。

2. 过程评价及单元测评表。

六、过程评价与单元测评(表 1-11)

表 1-11 “做一册美景诗集”过程评价与单元测评

评价	内容	基本标准
过程评价	任务一:寻觅美景诗踪	1. 能回顾、搜集一至四年级教材中的现代诗歌以及课内外阅读过的美景主题诗文,至少20句(首),进行有主题的积累。 2. 能通过对现代诗歌的学习,绘制思维导图,初步梳理现代诗歌的特点与创作规律。
	任务二:探寻诗歌之美	1. 能通过对现代诗歌的学习整理,了解诗歌采风方式,并尝试到生活中去采风,形成初记录。能进一步说出现代诗歌的创作特点。 2. 能在阅读诗歌与生活采风的基础上,对照现代诗歌的创作特点,进一步积累诗歌中的好词,并整理归类。
	任务三:汇编诗歌素材库	1. 能较清晰归类梳理不同主题的现代诗歌,并能字迹端正地进行摘抄,进行多种形式的美化。 2. 能搜集、积累并梳理诗歌中有表现力的好词,制作成自己可用的诗歌语料素材库。
单元测评	美景诵诗会	1. 能回顾整理自己搜集的美景现代诗歌,并能通过阅读分享,按不同的景色进行整理分类。 2. 能了解现代诗歌创作的基本规律。学习从自然和生活中采集诗歌语料,梳理诗歌材料与生活的关联。 3. 能在多种语文实践活动中,学会分类与整理不同主题的现代诗歌,积累诗歌中的好词。

第二部分 典型课时设计

任务一 寻觅美景诗踪(1 课时)

【学习情境】

诗歌,让我们用诗意的眼睛看世界。在诗词中,路边的小花是可爱的,四季是清新美丽的,星空是美好的……本单元,我们跟着冰心去触摸《繁星》中她对母爱、童心和自然的赞美;跟着艾青去领略他心中的那一抹“绿”;跟着苏联诗人叶赛宁赏家乡的“白桦”;以及跟着戴望舒的脚步,在“天晴了的时候”去欣赏雨后天晴的美景。今天,让我们继续“轻叩诗歌大门”去诗歌中寻找美景吧!

【教学过程】

(一)搜集美景诗歌

1. 回顾所学,分享古诗。

诗是中华文化的瑰宝之一,它语言优美、内涵深刻、韵律独特,深受大家的喜爱。分享一两句你熟悉的古代诗人的诗句。

2．巩固旧知，聊现代诗。

你熟悉下面这些诗歌和作者吗？指名交流。

诗歌题目	作者
《明天要远足》	方素珍
《一个接一个》	金子美玲
《怎么都快乐》	任溶溶
《夜色》	柯岩
《彩色的梦》	高洪波
《听听，秋的声音》	毕国瑛
《童年的水墨画》	张继楼
《秋晚的江上》	刘大白
《花牛歌》	徐志摩

3．分享交流，诗歌串烧。

借助学习单，学生通过多种方式搜集整理现代诗歌。分小组分享搜集的美景或其他主题的现代诗歌，交流同主题或者同作者的现代诗歌。

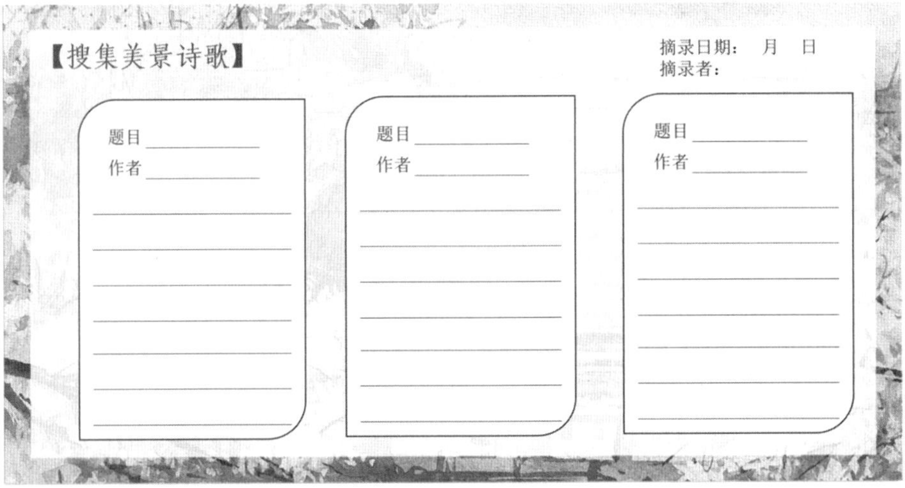
【搜集美景诗歌】

摘录日期：　月　日

摘录者：

题目______

作者______

题目______

作者______

题目______

作者______

4．对比交流，古今异同。

通过回顾古诗学习经验，搜集分享现代诗歌，自主探究学习。多角度比较古诗词与现代诗歌，说说你的发现。集体交流。

（二）采撷诗歌之美

1. 初遇繁星，亲近自然。

回顾本单元所学，我们跟着冰心去触摸《繁星》中她对母爱、童心和自然的赞美；跟着艾青去领略她心中的那一抹“绿”；跟着苏联诗人叶赛宁赏家乡的“白桦”；跟着戴望舒的脚步，在“天晴了的时候”去欣赏雨后天晴的美景。诗歌中的美，以“美”为主题，利用思维导图、表格等工具，积累梳理你觉得最美的词句或者片段，交流分享。

2. 对比阅读，交流梳理。

补充阅读《海上日出》《七月的天山》，与所学现代诗歌对比，以“美”为标准，梳理现代诗歌在形式、音乐、意蕴等方面的呈现。

集体交流梳理，初步整理现代诗歌的特点与创作规律。

任务二　探寻诗歌之美（1 课时）

【学习情境】

在中国古代有一种官职，叫采诗官，他们走遍各地，记录民间诗歌。采诗官的笔下，记载了千百年诗歌，洋洋大观，他们却是无名的贡献者。白居易曾作诗《采诗官》歌颂他们“采诗听歌导人言”。今天，让我们也来做一回现代采诗官吧！

【教学过程】

（一）探索采诗之旅

1. 阅读梳理，采诗足迹。

周朝设有专门采集诗歌的官员，所有和文化有关的职业中，采诗官是最古老，同时也是最具有文化品位的一种。巡游各地，采集民间歌谣，他们为古代诗篇的流传和采集做出了很大贡献。

思考：在生活中，我们可以为现代诗采集提供哪些素材？

回顾学习单，阅读现代诗，用多种方式进行梳理，集体交流。

2. 设计采诗录，开启采诗行。

集体讨论，我们的美景采诗之旅有哪些方面的素材可以进行记录积累。

小组交流，合作设计采诗录（初稿）（表 1-12）。

表 1-12　采诗录（初稿）

采诗官		时间		贴贴画画
天气		地点		
采诗主题				
景物		色彩		
听闻		感受		
想象		……		

3. 预练采诗，完善设计。

阅读《记金华的双龙洞》《颐和园》，配以图片、视频，跟着作者所到之处尝试在采诗录上进行采诗预练。

指名分享，师生共同研讨，完善采诗录。

（二）积累诗歌好词

1. 生成指导，体悟好词。

根据学生预练的采诗内容进行指导。以“美”为标准，梳理现代文在描写和意蕴方面用词的特点。例如：

（1）阅读《秋晚的江上》，图文对比，哪一张图是这首诗描绘的呢？说一说，为什么是这一幅呢？

秋晚，积累景物的词（“鸟儿”“斜阳”“江”“芦苇”）。这张图上只有这些景物吗？为什么诗中只抓住了这些呢？

小结：采诗官们，我们在采集景物时，要抓住最典型的景。

（2）围绕这些景物，诗中又用了哪些与众不同的词来描写？

梳理这些词（“倦了”“驮着”“头白”“红颜”“掉在”“妆成”等），放到你的采诗录中，如果放不了，在表格中“……”处添加分类。

小结：采诗官们，采集到景物后，我们能唤出记忆中的动词、有颜色的词、带有修辞的词等来进行积累记录，并且我们还发现，现代诗歌中的用词，还很大胆自由，充满个性，这就要发挥你的想象了。

2. 自由赏景，采集好词。

初步了解现代诗歌用词的特点后，学生自由阅读搜集到的诗歌或学习过的现代诗歌，尝试利用采诗录进行积累记录，为到生活中去采集做好充分准备。过程中，采诗录还能不断调整完善。

3. 日积月累，建诗歌素材库。

课后继续完成探寻诗歌之美的任务，主动观察生活，在生活中采诗，联结学习经验与生活，并把采集的语料在多种学习活动中积累记录。利用评价表（表 1-13）进行评价。

表 1-13 诗歌素材库评价表

采诗官：	小组：
评价标准	星级评价
1. 叩诗门——能回忆背诵相关现代诗句至少 20 句（首）。	
2. 采诗景——能主动观察生活，在生活中采诗，完成采诗录 10 张。	
点评人：	日期：

（撰写：苏州市昇平实验小学校 李鋆茜）

案例五 我是字谜活动站的小小设计师（五年级）

第一部分 单元设计

一、设计依据

《义务教育语文课程标准（2022 年版）》中“语言文字积累与梳理”学习任务群第三学段提出：主动通过多种方式独立识字，按照汉字字形结构等规律梳理学过的汉字。在“教学提示”中指出，引导学生借助信息技术等多种方式汇总、梳理自己积累的语言材料，建立自己的创意语言资料库，并能学以致用。在统编版语文教材五年级下册的综合性学习中，围绕“遨游汉字王国”这个主题，从不同的字谜出发，让学生感受汉字的构字组词特点，在感受趣味汉字的同时体会汉字蕴含的智慧。同时，学生通过对字谜的收集、分类，用多种方式识字并汇总、梳理学过的汉字。基于此，设计“我是字谜活动站的小小设计师”学习任务群，引导学生在语文实践活动中感受汉字的字形结构，并尝试推动学生借助信息技术等多种方式汇总、梳理自己积累的语言材料，体会汉字背后蕴含的智慧。

二、主题内容与目标

（一）单元主题

我是字谜活动站的小小设计师。

（二）学习内容

1. 文本阅读：

课内：教材文本《字谜七则》《有趣的形声字》。

课外：《汉字文化：有趣的字谜》。

2. 学生的已有经验：积累、梳理学习、生活中遇到的字谜。

（三）学习目标

1. 能在生活与学习中搜集、整理、积累有趣的字谜（不少于30个），并按照一定的规律归类。

2. 按照一定的识写规律，运用多种方法，独立主动通过多种方式汇总、梳理所积累的语言材料。

3. 能发现字谜背后的语言文字规律，并尝试自己创作字谜，感受汉字背后蕴含的智慧，提升思维能力，激发热爱汉字的思想情感。

4. 能通过参加“班级小小字谜会”，制作“趣味字谜分类库”，策划“校园字谜活动站”等任务，运用语文学习的方法，以专题形式梳理自己积累的汉字，并尝试运用已积累、梳理的字词进行专题讲解。

三、学习情境与任务框架

（一）学习情境

我们每天都在学习和使用汉字，阅读、交谈、写作，都离不开汉字。汉字有着悠久的历史，还蕴含着丰富的文化。汉字，在历史的长河中也有很多有趣的活动，在元宵节、中秋节这些传统节日，古人会举办有趣的灯谜活动。试着去寻找有趣的字谜，并用它们举办一次班级小小元宵字谜会，猜一猜字谜，发现猜字谜的妙招，在趣味汉字活动中发现汉字在构字、表达上的独特魅力，并进行简单的梳理、分类。随后，尝试开展趣味字谜大搜查，借助信息技术等多种方式汇总、梳理自己积累的语言材料，形成自己的创意语言资料库。接着发现“组合式字谜、象形式字谜、图画式字谜、动作式字谜”等谜面设置，并尝试自己创作字谜。同时，结合汉字字谜历史文化，设计校园元宵字谜活动站，完成活动站推荐稿，在“校园元宵主题文化节”上展示。

（二）任务框架

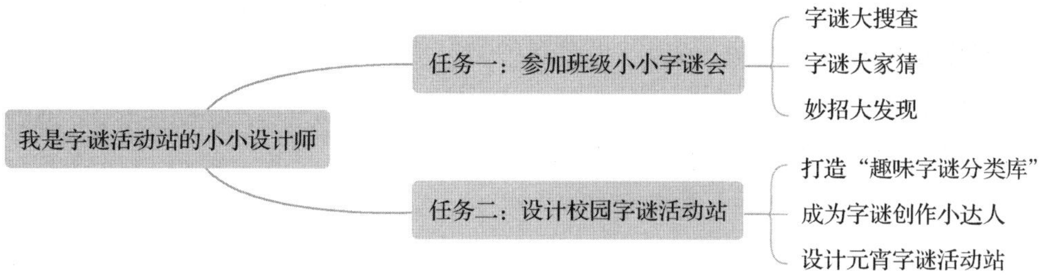

四、活动设计与教学提示

（一）活动设计（表1-14）

表1-14 “我是字谜活动站的小小设计师”活动设计

单元任务	学习活动	学习内容	课时安排
我是字谜活动站的小小设计师	任务一:参加班级小小字谜会	1. 字谜大搜查。开展字谜大搜查活动,搜集自己觉得有趣的字谜,不少于10个。 2. 字谜大家猜。根据搜集的字谜,开展班级小小字谜会,选择你觉得最有趣的字谜猜一猜,并说一说你是怎么猜的。 3. 妙招大发现。在猜字谜的过程中发现小妙招,并结合文本材料《字谜七则》,初步发现字谜的分类以及字谜背后汉字音、形、义的规律。	1
	任务二:设计校园字谜活动站	1. 打造“趣味字谜分类库”。根据字谜的分类,利用多种手段,继续开展趣味字谜大搜查,并尝试借助信息技术等手段对收集的字谜分专题制作“趣味字谜分类库”（不少于3类,每类不少于10个）。 2. 成为字谜创作小达人。根据自己所收集的字谜素材,进一步梳理汉字背后的构字规律,发现“组合式字谜、象形式字谜、图画式字谜、动作式字谜”等谜面设置,并尝试自己创作字谜。 3. 设计元宵字谜活动站。根据自己的创意字谜资料库,设计元宵字谜活动站,并完成活动站推荐稿,在“校园元宵主题文化节”上展示。	2
单元测评	字谜文化传承人大比拼	1. 评选优秀字谜创作达人。根据表格评选优秀字谜创作达人。 2. 聘任“字谜文化宣传大使”。根据表格推选“字谜文化宣传大使”,颁发聘书。	1

（二）教学提示

“我是字谜活动站的小小设计师”这一学习任务群,旨在通过参加当下真实发生的元宵节字谜活动,提高学生的语文综合运用能力,培养学生的观察力、思维力和创造力。学生将担任字谜活动站的小小设计师,从收集字谜,到认识字谜,再到梳理字谜,一步步加深对字谜的认识。在此基础上，探索字谜谜面设计的方法，尝试自己创作字谜，并以即将来临的元宵这一传统节日为主题，设计小小字谜活动站，成为“字谜文化宣传大使”。

五、资源支持与技术支持

（一）学习资源

1. 文本资源：教材文本《字谜七则》《有趣的形声字》。

2. 网络资源：《汉字文化：有趣的字谜》。

（二）工具技术

1. 字谜收集单、字谜分类单、字谜创作评价量表、“字谜文化宣传大使”聘书等。

2. 过程评价及单元测评表。

六、过程评价与单元测评（表 1-15）

表 1-15　“我是字谜活动站的小小设计师”过程评价与单元测评

评价	内容	基本标准
过程评价	任务一：参加班级小小字谜会	1. 开展字谜大搜查活动，搜集自己觉得有趣的字谜（不少于 10 个）。 2. 在猜字谜的过程中发现小妙招，并结合教材文本《字谜七则》，初步发现字谜的分类以及字谜背后汉字音、形、义的规律，发现除了文字谜之外还有图画谜、故事谜。
	任务二：设计校园字谜活动站	1. 根据字谜的分类，利用多种手段，继续开展趣味字谜大搜查，并尝试借助信息技术等手段，对收集的字谜分专题制作“趣味字谜分类库”（不少于 3 类，每类不少于 10 个）。 2. 根据自己所收集的字谜素材，进一步梳理汉字背后的构字规律，发现 4 类谜面设置，并尝试自己创作字谜（不少于 3 个）。 3. 设计元宵字谜活动站，并完成 1 份活动站推荐稿。
单元测评	字谜文化传承人大比拼	1. 根据表格评选优秀字谜创作达人。 2. 根据表格推选字谜文化宣传大使，颁发聘书。

第二部分　典型课时设计

任务一　参加班级小小字谜会（1 课时）

【学习情境】

我们每天都在学习和使用汉字，阅读、交谈、写作，都离不开汉字。汉字有着悠久的历史，还蕴含着丰富的文化。围绕“汉字”，在历史的长河中也有很多有趣的活动，在即将到来的元宵佳节，古人就会一边赏灯，一边猜字谜。试着去寻找有趣的字谜，并用它们参加班级小小元宵字谜会吧！

【教学过程】

（一）字谜大搜查

1. 了解猜灯谜习俗。

元宵节、中秋节猜灯谜是中国独有的富有民族特色的一种汉族民俗文娱活动形式，是从古代就开始流传的特色活动。据说，每逢农历正月十五，民间都要挂起彩灯，燃放焰火，后来有好事者把谜语写在纸条上，贴在五光十色的彩灯上供人猜。因为谜语能启迪智慧又迎合节日气氛，所以响应的人众多，而后猜谜逐渐成为元宵节、中秋节不可缺少的活动。

2. 开展字谜大搜查。

学生利用多种手段（如回忆接触过的字谜、通过请教他人、网络搜索等方式），开展字谜大搜查活动，搜集自己认为有趣的字谜（不少于10个）。

序号	谜面	谜底
1		
2		
3		
4		
5		
6		
7		
8		
9		
10		

3. 比一比，辨一辨。

展示自己搜集的字谜，发现异同。关注谜底，有的谜底是单个汉字的，有的谜底是词语、短语乃至句子。字谜，有广义、狭义之分。广义的字谜，指所有的文字词语谜，如字类谜、词类谜、句类谜等。狭义的字谜，指单个汉字的谜语。我们本次的任务是关注谜底是单个汉字的谜语。

（二）字谜大家猜

猜一猜，说一说。

小组讨论，选择小组认为最有趣的三个字谜，给其他小组的成员猜一猜。学生一边猜字谜，一边说说自己是怎么猜出来的。猜对的小组成员得一颗星，如果大家都未猜出来，则出谜小组成员得一颗星，并由出谜小组成员解读该字谜。

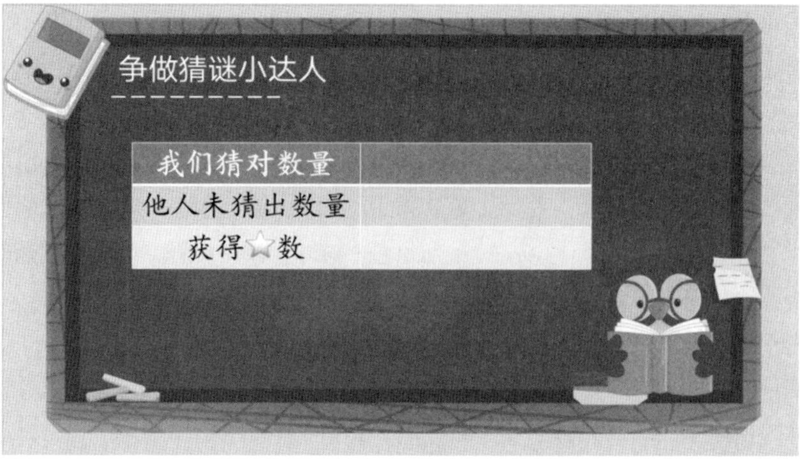

（三）妙招大发现

1. 分一分，捋一捋。

（1）说说猜字谜的小妙招，发现大部分字谜与字的音、形、义相关。

（2）阅读教材文本《有趣的形声字》，认识汉字构字特点，感受汉字字形上的趣味。尝试根据音、形、义给自己收集的字谜分类。

形声字是汉字中的一种字形结构，它由形旁和声旁组成，形旁表示字的意义，声旁表示字的读音。形声字的构造方式是汉字发展演变的结果，它使得汉字的字义和字音之间有一定的联系。人们可以根据形声字的字形来推测字义，或者根据形声字的字音来推测字的读音。这种构造方式在汉字的学习和使用中起到了重要的作用，也是猜字谜、创作字谜的一个重要载体。

（3）阅读教材文本《字谜七则》，猜一猜，并给七则字谜进行分类，发现除了文字谜之外还有图画谜、故事谜。

文字谜：文字谜是以文字的形式给出猜谜的线索，要求解谜者通过理解线索的意思来猜测谜底。文字谜可以是一句谜语、一段短文或一首诗歌。

图画谜：图画谜是以图画的形式给出猜谜的线索，要求解谜者通过观察图画中的细节和形象来猜测谜底。

故事谜：故事谜是以故事的形式给出猜谜的线索，要求解谜者通过故事中的情节和人物来猜测谜底。

2. 找一找，理一理。

课后，根据字谜的分类，利用多种手段，继续开展趣味字谜大搜查，并对收集的字谜分专题制作“趣味字谜分类库”（不少于 3 类，每类不少于 10 个）。

任务二　设计校园字谜活动站（1 课时）

【学习情境】

收集了丰富的字谜素材，进一步梳理汉字背后的构字规律，发现种类丰富的谜面设置，并尝试自己创作字谜，持续充实自己独特的“趣味字谜分类库”吧！希望每位小小设计师都能在字谜活动中发挥自己的才华，展现自己的创造力！

【教学过程】

（一）打造“趣味字谜分类库”

1. 分享展示。

以小组为单位，学生展示自己整理的“趣味字谜分类库”，小组评价，选择小组最佳“趣味字谜分类库”，进行展示并适当解说。根据量表进行赋星。获得最佳“趣味字谜分类库”的同学再得一颗星。每个小组获得星星数最多的同学进行展示。

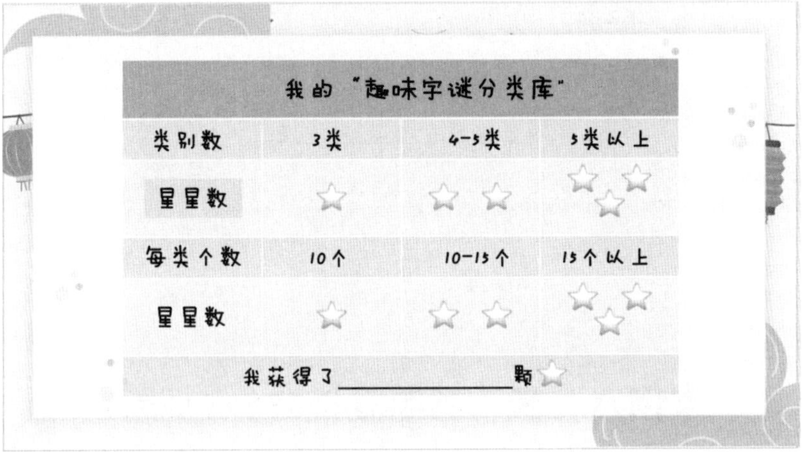

我的“趣味字谜分类库”			
类别数	3类	4-5类	5类以上
星星数	☆	☆☆	☆☆☆
每类个数	10个	10-15个	15个以上
星星数	☆	☆☆	☆☆☆
我获得了______颗☆			

2. 梳理分类。

除了上节课我们从文字谜、图画谜、故事谜的角度进行的简单分类，能否再观察字谜的谜面、谜底，从汉字的创作角度进一步梳理发现呢？

组合式字谜：将谜面提示的部分字的笔画减少或增加，或用某些字相加减来扣合谜底。例如：池中没有水，地上没有泥（打一字：也）。

象形式字谜：根据事物的特征，汉字的结构，进行拟人拟物，加以形象化，使人引起联想，增加趣味。例如：一钩残月伴三星（打一字：心）。

意会式字谜：通过图画内容来猜测，总体理解谜面的意义，扣合谜底。例如：一箭穿心（打一字：必）；守门员（打一字：闪）。

动作式字谜：把汉字结构与人的肢体动作联系起来，在人物动作中体会谜底。例如：一个人伸展四肢站着（打一字：大）。

（二）成为字谜创作小达人

1. 设计字谜。

字谜的分类有很多，能不能根据不同的分类去设计字谜呢？

设计提示：可以先设计谜底，再从谜底的字形、字音或字义出发，进行设计。谜面可以是短语、句子，还可以是一个简短的故事，当然，还可以是一张图画。但是要注意故事要简单，图画要清晰明了。当然，如果能结合即将来临的元宵节展开设计，那就更棒了！

2. 字谜展示与解读。

请学生将自己设计的字谜展示给全班同学，并解读自己的字谜。其他同学可以尝试猜测谜底，并给予反馈和评价。

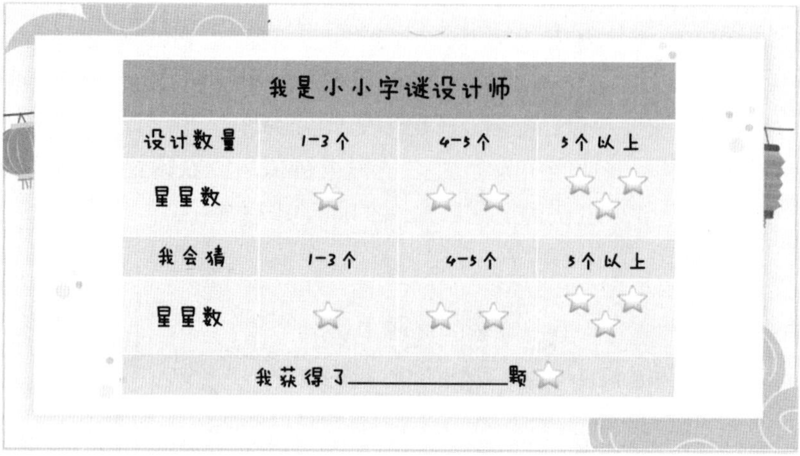

我是小小字谜设计师			
设计数量	1-3个	4-5个	5个以上
星星数	☆	☆☆	☆☆☆
我会猜	1-3个	4-5个	5个以上
星星数	☆	☆☆	☆☆☆
我获得了________颗☆			

（撰写：苏州市姑香苑小学校　周　君）

案例六　来一场颂春诗会（六年级）

第一部分　单元设计

一、设计依据

《义务教育语文课程标准（2022 年版）》中“语言文字积累与梳理”学习任务群第三学段提出：诵读优秀诗文，分主题梳理自己积累的成语典故、格言警句、对联等语言材料，并尝试运用到日常读写活动中，增强表达效果。统编版语文教材六年级下册“古诗词诵读”板块为小学阶段的最后一个单元，是小学阶段古诗词学习的总结性单元。在整个小学阶段，古诗词是学生学习中华优秀传统文化的主要载体，显得尤为重要。因此，基于六年级下册“古诗词诵读”板块，设计“来一场颂春诗会”学习任务群，引导学生在语文实践活动中，走进美妙的春天，品味咏春诗词，感受优秀古诗词背后的文化内涵，并能够在语言表达中恰当运用，领略经典古诗词的独特魅力。

二、主题内容与目标

（一）单元主题

来一场颂春诗会。

（二）学习内容

1. 文本阅读：

课内：教材文本《采薇（节选）》《送元二使安西》《春夜喜雨》《早春呈水部张十八员外》《江上渔者》《泊船瓜洲》《游园不值》《卜算子·送鲍浩然之浙东》《浣溪沙》《清平乐》。

课外：《诗经》《唐诗三百首》《宋词三百首》。

2. 学生的已有经验：已经积累一定数量的咏春诗词。

（三）学习目标

1. 能联系学习实际，积累一定数量的咏春诗词（课内积累不少于10首，课外积累不少于5首），尝试借助信息手段汇总、梳理，制作一份专属诗词清单。

2. 能根据真实的语境与表达需要，梳理咏春诗词中的经典语言，赏一赏诗中景，悟一悟诗中情，掌握基本的诵读、品悟古诗词的方法。

3. 能通过班级咏春诗词活动，激发学生主动积累的热情，尝试运用到今后实际的学习生活中，感受古诗词独特的魅力。

4. 能感受古诗词背后的文化魅力，提升学生对经典古诗词的学习兴趣，激发对中华优秀传统文化的热爱之情。

三、学习情境与任务框架

（一）学习情境

春天是万物生长、蓬勃向上的季节。春光明媚，无限美好。历代文人笔下描写春天的诗词更是数不胜数。优秀的古典诗词是中华文化的瑰宝。每一个学生都是在古诗词的优美韵律和文化中浸润成长的。古诗词朗朗上口，情感丰富，意味深长。统编版小学语文教材六年级下册“古诗词诵读”中的，10首古诗词均与春天有关。走进诗词世界，回顾、梳理课内和课外已积累的咏春诗词，制作一份专属咏春诗词清单；通过进一步梳理，发现咏春诗词中的经典语言，通过赏一赏诗中景，品一品诗中情，掌握基本的诵读、品悟古诗词的方法；通过班级咏春诗会，诵一诵，写一写，学以致用，拓展阅读，领略古诗词背后中华优秀传统文化的魅力。

（二）任务框架

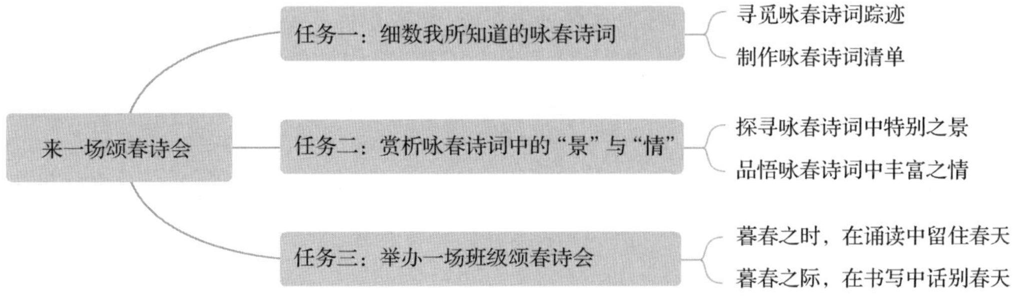

四、活动设计与教学提示

（一）活动设计（表 1-16）

表 1-16 “来一场颂春诗会”活动设计

单元任务	学习活动	学习内容	课时安排
来一场颂春诗会	任务一：细数我所知道的咏春诗词	1. 寻觅咏春诗词踪迹。回顾统编版小学语文教材一至六年级学习的咏春诗词（不少于 10 首），课外积累咏春诗词（不少于 5 首），并做好记录。 2. 制作咏春诗词清单。尝试借助信息技术手段汇总、梳理已积累的咏春诗词，尝试按照一定的主题进行分类，完成一份属于自己的专属诗词清单。	1
	任务二：赏析咏春诗词中的“景”与“情”	1. 探寻咏春诗词中特别之景。在反复诵读的基础上，通过圈点的方式，找到咏春诗词中的景物，并对景物进行梳理分类，赏析景物背后的含义。 2. 品悟咏春诗词中丰富之情。在反复诵读的基础上，通过咏春诗词中的景，感受诗人所抒发的情感，进一步加深对诗词的理解。	2
	任务三：举办一场班级颂春诗会	1. 暮春之时，在诵读中留住春天。在班级内举办一场颂春诗会，通过不同的诵读方式，体验不同情境下的诵读，想象画面，将诗词中传达的情感，通过语言、语音、语调传达，进一步激发学生养成良好的语言积累习惯。 2. 暮春之际，在书写中话别春天。在班级中开展一次颂春笔会，采用硬笔书法或软笔书法的形式书写诗词，重温经典诗词。结合诗词中的景物，配以图画，再现意境，争做诗词创意“小达人”。	2
单元测评	我是咏春诗词“推荐人”	1. 回顾自己积累的印象最深刻的咏春诗词。 2. 举例赏析诗文，能从“赏景”“析情”角度进行赏析，并掌握基本的诵读、品悟的方法。 3. 创设具体的表达语境，拓展迁移，能够在今后的学习和生活中灵活运用。	1

（二）教学提示

“来一场颂春诗会”这一学习任务群，基于学生真实的生活经验，设计三项学习任务：任务一“细数我所知道的咏春诗词”，旨在回顾语文教材中已学过的咏春诗词，注重平时的课外积累，做好相关记录，尝试借助信息技术手段汇总，制作一份专属诗词清单；任务二“赏析咏春诗词中的‘景’与‘情’”，旨在带领学生走进诗词世界，在有效积累的基础上，通过赏一赏诗中景，品一品诗中情，掌握基本的诵读、品悟的方法；任务三“举办一场班级颂春诗会”，旨在引导学生进一步在学习、生活中灵活运用诗词，学以致用，积累语言经验，争做诗词创意“小达人”。

五、资源支持与技术支持

（一）学习资源

1. 文本资源：教材文本“古诗词诵读”，包括《采薇（节选）》《送元二使安西》《春夜喜雨》《早春呈水部张十八员外》《江上渔者》《泊船瓜洲》《游园不值》《卜算子·送鲍浩然之浙东》《浣溪沙》《清平乐》。

2. 网络资源:有关古诗词学习的微课视频。

(二)工具技术

1. 预学单、学习单。

2. 过程评价及单元测评表。

六、过程评价与单元测评(表1-17)

表1-17 “来一场颂春诗会”过程评价与单元测评

评价	内容	基本标准
过程评价	任务一:细数我所知道的咏春诗词	1. 能回顾统编版小学语文教材一至六年级学习的咏春诗词(不少于10首),课外积累咏春诗词(不少于5首),并做好摘录。 2. 能通过信息技术手段,按照一定的主题(时间、体裁等)对诗词进行分类,形成一份属于自己的专属诗词清单。
	任务二:赏析咏春诗词中的“景”与“情”	1. 能在反复诵读的基础上,通过圈点的方式,找出咏春诗词中的景物,并对景物进行梳理分类,赏析出景物背后的丰富含义。 2. 能在反复诵读的基础上,通过咏春诗词中的景,感受诗人所抒发的情感,进一步加深对诗词的理解。
	任务三:举办一场班级颂春诗会	1. 能通过不同的诵读方式、不同情境下的诵读,想象画面,将诗词中传达的情感通过语言、语音、语调传达,进一步激发学生养成良好的语言积累习惯。 2. 能采用硬笔书法或软笔书法形式书写诗词,重温经典诗词。结合诗词中的景物,配以图画,再现意境,争做诗词创意“小达人”。
单元测评	我是咏春诗词“推荐人”	1. 能回顾自己积累的印象最深刻的咏春诗词。 2. 能进行举例赏析诗词,能从“赏景”“析情”角度进行赏析,并掌握基本的诵读、品悟的方法。 3. 能创设具体的表达语境,拓展迁移,学会在今后的学习和生活中运用。

第二部分 典型课时设计

任务二 赏析咏春诗词中的“景”与“情”(2课时)

【学习情境】

同学们,正值春天,大地回暖,万物复苏。诗词中的春天,更是美得让人心醉。让我们开启一场诗词之旅,走进咏春诗词,寻一寻咏春诗词中的特别之景,悟一悟咏春诗词中的丰富之情,感受它们独特的魅力。来吧,让我们一起捧起书本,放声朗读吧!

【教学过程】

（一）探寻咏春诗词中特别之景

1. 走进咏春诗词。

（1）创设情境。一年之计在于春。人间四季，春天的景色是最令人赏心悦目的。在诗人的笔下，春天的景物缤纷多彩，对春天的情感表达也丰富多样。让我们走进“古诗词诵读”。

（2）初读诗词。学生自由朗读10首诗词，在读通读顺的基础上，画好节奏，读出韵味。

（3）交流预习单。学生交流，梳理诗词的朝代和体裁，发现“古诗词诵读”是按照诗歌创作的朝代、体裁进行编排的（表1-18）。

表1-18　咏春诗词的朝代与体裁

古诗词	朝代	体裁
《采薇（节选）》	西周	四言古诗
《送元二使安西》	唐代	七言绝句
《春夜喜雨》	唐代	五言律诗
《早春呈水部张十八员外》	唐代	七言绝句
《江上渔者》	宋代	五言绝句
《泊船瓜洲》	宋代	七言绝句
《游园不值》	宋代	七言绝句
《卜算子·送鲍浩然之浙东》	宋代	词（长短句）
《浣溪沙》	宋代	词（长短句）
《清平乐》	宋代	词（长短句）

2. 寻咏春诗词之景。

（1）圈一圈。分为五个小组，分工合作，圈出诗词中的描写春天的景物，交流学习单。

表1-19　咏春诗词中的景物

古诗词	景物
《采薇（节选）》	杨柳
《送元二使安西》	雨、柳
《春夜喜雨》	雨、风、花
《早春呈水部张十八员外》	雨、草
《江上渔者》	鲈鱼
《泊船瓜洲》	风、江南岸
《游园不值》	苍苔、红杏
《卜算子·送鲍浩然之浙东》	水、山
《浣溪沙》	兰牙、暮雨、子规
《清平乐》	黄鹂、蔷薇

(2) 想一想。虽然这些古诗词描写的都是春景,但是却有不同。引导学生发现诗词描写的是春天不同时期的景物。

(3) 分一分。按照春天的不同时期,对10首诗词进行分类。早春:《采薇(节选)》《送元二使安西》《春夜喜雨》《早春呈水部张十八员外》;仲春:《江上渔者》《泊船瓜洲》《游园不值》;暮春:《卜算子·送鲍浩然之浙东》《浣溪沙》《清平乐》。

(4) 读一读。分类朗读,在朗读中感受春景的变化。

3. 探春景之特别。

(1) 找一找。在诗人笔下,有些景物出现频率较高,引导发现常见的景物:柳、雨。

(2) 思一思。诗人笔下的“柳”和“雨”有什么特别的文化内涵呢?

(3) 说一说。引导学生发现同样的景物在不同的诗词中文化内涵的异同之处。

相同:《采薇(节选)》中的“昔我往矣,杨柳依依”和《送元二使安西》中的“渭城朝雨浥轻尘,客舍青青柳色新”中的“柳”都有离别之意。

不同:《送元二使安西》《春夜喜雨》《早春呈水部张十八员外》中的雨却有不同之处:《送元二使安西》中的“雨”是离别时的伤感的雨,《春夜喜雨》中的“雨”是春天到来时欣喜的雨,《早春呈水部张十八员外》中的“雨”是早春时朦胧的、欣喜的雨。

(4) 小结。原来,在春天的景物中还包含着诗人的丰富的情感,下节课,让我们一起品悟咏春诗词中丰富之情。

(二) 品悟咏春诗词中丰富之情

1. 再诵咏春诗词。

(1) 创设情境。古人说:“一切景语皆情语。”触景生情,景中融情,借景抒情,让我们再次走进咏春诗词,感受诗词背后丰富的情感。

(2) 再读诗词。学生朗读10首诗词,想象画面,感受春天不同的景色。

2. 品咏春诗词之情。

(1) 想一想。虽然描绘的都是春景,但是表达的感情却不尽相同。这10首诗词通过不同的景物,分别表达了怎样的情感?

(2) 议一议。分为5个小组,小组合作,完成学习单(表1-20)。教师适当点拨。

表1-20 咏春诗词中的主要情感

古诗词	景物	主要情感
《采薇(节选)》	杨柳	离别之悲
《送元二使安西》	雨、柳	离别之愁
《春夜喜雨》	雨、风、花	逢雨之喜
《早春呈水部张十八员外》	雨、草	逢雨之喜
《江上渔者》	鲈鱼	怜民之忧
《泊船瓜洲》	风、江南岸	思乡之愁
《游园不值》	苍苔、红杏	遇春之喜

续表

古诗词	景物	主要情感
《卜算子·送鲍浩然之浙东》	水、山	离别之愁
《浣溪沙》	兰芽、暮雨、子规	处逆之达
《清平乐》	黄鹂、蔷薇	惜春之伤

（3）理一理。结合学习单，引导学生发现同是春景，即便是同一景物，所表达的情感也并不相同，有喜有忧，有悲有愁，极为丰富多样。

3. 悟情感表达之异。

（1）比一比。出示《送元二使安西》《春夜喜雨》，两首诗表达的情感不同，表达的方式也不同，情与景之间的关系也不同。前者是诗人借春景中“柳”这一意象，表达了离别时对元二的不舍、关切和惦念；后者是诗人身居草堂时生活安定，恰逢春夜降雨，面对滋润万物的春雨，油然而生喜悦之情。因此，前者是情在景前，属于借景抒情，后者是情由景生，属于触景生情。

（2）说一说。交流自己课外积累的咏春诗词，简单区分借景抒情和触景生情。

4. 总结诗词“情”“景”之法。

同学们，古典诗词是中华优秀传统文化的瑰宝。在学习古典诗词的时候，我们要学会赏一赏诗词中景物，品一品诗词中的情感，厘清景与情之间的关系，这样你才能更好地走进作者，走进诗词。

就让我们在诵读中，感受咏春诗词的魅力吧！接下来，请同学们做好准备，我们将举办一场班级颂春诗会。拭目以待吧！

（撰写：苏州市金阊实验小学校　曹　磊）

第二章 “实用性阅读与交流”学习任务群

本学习任务群旨在引导学生在语文实践活动中，通过倾听、阅读、观察，获取、整合有价值的信息，根据具体交际情境和交流对象，清楚得体表达，有效传递信息，满足家庭生活、学校生活、社会生活交流沟通需要。

——摘自《义务教育语文课程标准(2022 年版)》

案例一 我爱我家(一年级)

第一部分 单元设计

一、设计依据

《义务教育语文课程标准(2022 年版)》中“实用性阅读与交流”学习任务群第一学段的学习内容提出：阅读有关个人生活、家庭生活的短文，认识图文中相关的汉字，感受美好亲情；学习运用文明礼貌语言，与家庭成员、亲朋好友交流沟通，学会感恩。本单元的文本与学生的家庭生活联系紧密，因此，以家人之间的温暖关爱为经验背景，构建“我爱我家”任务群，让学生在熟悉的、可知可感的生活情境中，通过玩游戏、读绘本、做采访，深入地认识自己，了解家庭成员，感受亲人的关爱；通过亲自搜集资料、歌唱童谣、主播代言，学习有条理地介绍传统节日的来历和习俗，激发对传统文化的热爱。

二、主题内容与目标

(一) 单元主题

我爱我家。

(二) 学习内容

1. 文本阅读：

课内：教材文本《静夜思》《夜色》《端午粽》《彩虹》《语文园地四》。

课外：绘本《我爸爸》《我妈妈》《逃家小兔》。

2. 学生的已有经验：与家人相伴的生活经历和体验；搜集、整理、交流分享资料的初级能力。

（三）学习目标

1. 认识与身体部位有关的字词，借助扩词的方法积累一些与节日有关的词语或短语，归类积累“____来____去”形式的词语。

2. 读好长句子和问句，注意停顿，读懂句子所表达的意思。

3. 根据课文信息作简单推断，并联系生活实际进行表达。

4. 在交流中初步了解端午节的习俗，领略传统文化的魅力，走进想象世界，体会美好亲情。

三、学习情境与任务框架

（一）学习情境

家是我们温暖的港湾，与家人在一起的时光也是最美好的。让我们走进浓浓的传统节日氛围之中，画画独一无二的“家庭树”，读读李白的《静夜思》，品品外婆的“端午粽”，说说家人们在节日里的故事。在一幕幕充满温暖关爱的场景中，感受节日气氛，感知节日习俗，了解节日故事，积累节日词语。人人争当节日小主播，学会表达对家人的关切和感恩之情，学习有条理地介绍传统节日的来历和习俗，让中华优秀传统文化根植于心中。

（二）任务框架

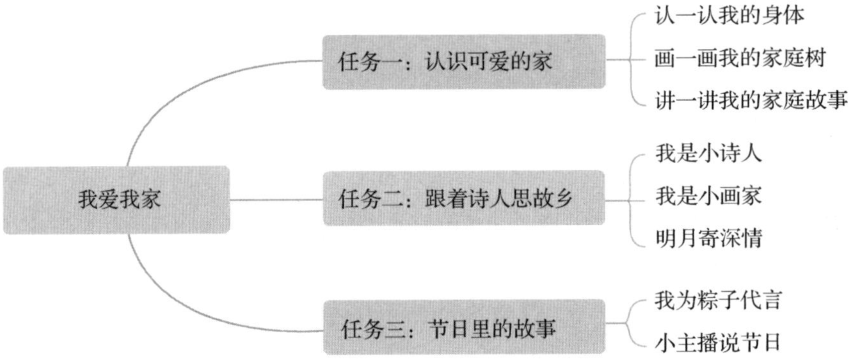

四、活动设计与教学提示

（一）活动设计（表2-1）

表2-1 “我爱我家”活动设计

单元任务	学习活动	学习内容	课时安排
我爱我家	任务一：认识可爱的家	1. 认一认我的身体。同桌玩游戏“我指你说”，认识身体部位，能说出对应的名称。了解月字旁的字源，归类识记“脖、臂、肚、腿、脚”等汉字。 2. 画一画我的家庭树。认读“爸爸”“妈妈”“哥哥”，注意叠音读轻声，拓展“爷爷”“奶奶”“姐姐”“妹妹”“弟弟”“叔叔”“伯伯”“婶婶”“姑姑”等表示称呼的词语，并简单绘制自己的家庭树。 3. 讲一讲我的家庭故事。朗读课文《夜色》《彩虹》，读好长句子的停顿，试着读出问句的语气，读懂句子的意思，体会“我”从胆小到勇敢的变化，感受亲情，学习表达感恩之情。在“介绍照片墙”的实践活动中，用照片、文字等方式记录生活中的点点滴滴，尝试表达自己对亲人的关爱。读绕口令《妞妞赶牛》，感受童真童趣。	2
	任务二：跟着诗人思故乡	1. 我是小诗人。猜谜，回忆学过的写月亮的古诗——《古朗月行》，背诵古诗，说一说自己了解的李白。将古诗《静夜思》读正确、流利，读出停顿与节奏。读背《寻隐者不遇》，迁移方法，读出节奏。 2. 我是小画家。跟着诗人一起抬起头，看看天上的明月，想一想诗人“思”的是什么，画一画诗句描绘的景象，初步体会诗人的思乡之情。 3. 明月寄深情。搜集李白或其他诗人所写的与“月”相关的古诗，感受“月”意，带着不一样的心情读一读。	1
	任务三：节日里的故事	1. 我为粽子代言。朗读课文《端午粽》，用自己的话说说粽子的样子、味道等，向大家介绍、推荐粽子，再和同学交流端午节吃粽子等习俗的由来。 2. 小主播说节日。搜集、整理有关传统节日的资料，积累一些与节日有关的词语或短语。推选小主播介绍一个自己印象深刻的节日，交流中华传统文化，争做“文化传承人”。	2
单元测评	争当节日小主播	1. 书写吧：梳理与传统节日相关的词语清单并读一读，再将词语按节日归类，练习写一写。 2. 故事会：在传统节日里，家人们会做些什么？清楚得体地与大家分享一家人在节日里的故事。同时学会倾听，感受浓浓的亲情。 3. 展示厅：搜集、整理有关传统节日的资料，并从中选择一个自己印象深刻的传统节日，有条理地做介绍。	1

（二）教学提示

一年级下册第四单元围绕人文主题“家人”，编排了《静夜思》《夜色》《端午粽》《彩虹》四篇课文和一个语文园地板块。整个单元，选文既充满文化气息，又贴近儿童的生活。对于一年级学生来说，单元主题联结的就是他们对家的体验。根据“实用性阅读与交流”学习任务群第一学段的学习内容，创设以“我爱我家”为主题的学习情境，整合三个任务八个活动进行学习，将识字与写字、词语归类与积累、课文朗读和背诵、信息梳理与推断、故事搜集与整理均融入其中，让学生在诵读和想象中了解课文内容，根据课文信息作简单推断，并联系生活实际进行表达，更好地唤醒原有的生活经验，产生情感共鸣。

任务一“认识可爱的家”，首先从学生熟悉的家庭生活入手，通过“我指你说”游戏，让学生识记与身体部位相关的词语，并引导学生发现规律，归类识字，进一步感受跟人体有关的月字旁的字；接着补充阅读绘本故事《我爸爸》《我妈妈》，了解身边有哪些家人，画一画我的家庭树；结合课文阅读《夜色》《彩虹》以及“和大人一起读”《妞妞赶牛》，感受家人的陪伴，使“我”变得更加勇敢，再与家人一起布置一面照片墙，记录生活中的精彩瞬间，尝试清楚得体地与大家分享一家人在节日里的故事，表达自己对亲人的关爱。

任务二“跟着诗人思故乡”，让学生以“我是小诗人”“我是小画家”多重角色走进古诗《静夜思》，反复朗读，读好停顿，理解诗意，体会情感，练习说话。再通过活动“明月寄深情”，拓展阅读描写月亮的诗句，让“月”以组诗的方式存放进儿童的记忆仓库中。最后迁移朗读古诗《寻隐者不遇》，读出节奏。

任务三“节日里的故事”，让学生在真实的生活情境中，品品外婆的“端午粽”，学习朗读长句子；在“我为粽子代言”活动中，讲述粽子的外形、品种、味道，了解端午节的来历和习俗。开展语文实践活动“小主播说节日”，让学生通过亲自搜集有关其他节日的资料，推选小组代表作介绍，学习表达与交流，同时感受民族节日的气氛，了解中国丰富的传统文化。

五、资源支持和技术支持

（一）学习资源

1. 文本资源：教材文本《静夜思》《夜色》《端午端》《彩虹》《语文园地四》；课外文本：写月亮的古诗，与传统节日相关的儿歌和故事，绘本《我爸爸》《我妈妈》《逃家小兔》。

2. 网络资源：歌曲《可爱的家》、介绍端午节习俗的视频。

（二）工具技术

“家庭树”手绘纸、用来展示分享“家庭故事”的照片墙、网络搜索等。

六、过程评价与单元测评（表 2-2）

表 2-2 “我爱我家”过程评价与单元测评

评价	内容	基本标准
过程评价	任务一：认识可爱的家	1. 能在游戏中指认自己的身体部位，说出对应的名称，归类识记带有月字旁的字。 2. 能简单绘制家庭树，清楚地向大家介绍自己的家庭成员。 3. 能流利地朗读课文《夜色》《彩虹》，试着读出问句的语气。 4. 完成布置照片墙，交流生活中的精彩瞬间，表达自己对亲人的关爱。
	任务二：跟着诗人思故乡	1. 能有感情地诵读古诗，为诗作画，描绘诗中的景象，表达诗人的思乡之情。 2. 能围绕主题“月”，自主搜集相关古诗，并与同学分享、吟诵。
	任务三：节日里的故事	1. 能利用课内及课外的素材，了解粽子的样子、味道等，以“代言人”的方式，清楚地介绍粽子的特点，向大家展示自己的收获。 2. 搜集有关传统节日的资料，以诗歌、童谣、手工作品、实物等形式展示，小组合作介绍节日相关内容。
单元测评	争当节日小主播	1. 能梳理与传统节日相关的词语清单，并按节日归类写下来。 2. 根据家人在节日里的真实事件，创编故事、展演故事，评选出最受欢迎的家庭故事。

第二部分 典型课时设计

任务三 节日里的故事（2 课时）

【学习情境】

端午节快到了，外婆的粽子吸引了很多外国游客。他们对翠绿的、香喷喷的端午粽可感兴趣啦，想请中国小朋友为他们介绍介绍端午粽。让我们一起争做“端午粽代言人”，说说节日里的故事吧！

【教学过程】

（一）我为粽子代言

1. 外婆请我吃粽子。

（1）外婆端来三盘粽子，让我们向外国客人介绍呢。每盘粽子前各有一些词语和句子，谁把它们读正确了，谁就会介绍啦。

同桌合作，你读我听。完成学习单。

第一关：词句我会读

读词语，读对一个得一颗星，在读错的地方圈一圈。

红枣粽	红豆粽	鲜肉粽
带回去	知道	纪念
中间	据说	十分

我得了（　　）颗星

读句子，读对一句得一颗星，在读错的地方圈一圈。

1. 粽子是用青青的箬竹叶包的，里面裹着白白的糯米，中间有一颗红红的枣。
2. 剥开粽叶，咬一口粽子，真是又黏又甜。
3. 我们在外婆家美滋滋地吃了之后，外婆还会装一小篮粽子要我们带回去，分给邻居吃。

我得了（　　）颗星

（2）指名介绍，随机点拨。积累“青青的箬竹叶、白白的糯米、红红的枣、又黏又甜、美滋滋”等词语。

（3）小结：咱们闯过了第一关，小朋友们可以品尝美味的粽子了！

2. 跟着外婆包粽子。

（1）这色香味俱全的粽子真是诱人极了，我们带着外国客人一起跟着外婆学学怎么包粽子吧。

思考：外婆包的粽子的样子、香气、味道分别是怎样的？

师生交流表演：教师扮演外婆，学生扮演“我”。指名表演：今天你学会包粽子了吗？外婆包的粽子是什么样子的？煮熟的粽子又是怎样的？……

学生用自己的话介绍，可以用上“外面、里面、中间”等词语，说话有条理。

粽子出锅啦！赶快去闻一闻、尝一尝。随机介绍粽子的香气和味道。

（2）你知道端午节为什么要包粽子、吃粽子吗？

看一看，聊一聊：播放视频，了解端午粽的故事。

（3）除了吃粽子，端午节人们还会做哪些特别的事情？

通过“快问快答”游戏，交流端午节的其他习俗。鼓励学生接受挑战，了解传统文化知识。

（4）学唱与端午有关的歌谣。

（一）

五月五，过端午，
赛龙舟，敲锣鼓，
端午习俗传千古。

（二）

五月五，是端午，

背个竹篓入山谷。
溪边百草香，
最香是菖蒲。

（三）

粽子香，香厨房。
艾叶香，香满堂。
桃枝插在大门上，
出门一望麦儿黄。
这儿端阳，
那儿端阳，
处处端阳处处祥。

3. 我向外婆展收获。

（1）我为外婆的粽子代言。

小朋友们，你们已经知道了端午粽的样子、味道、种类，熟悉了那么多关于端午节的传统习俗，现在我们要成为端午粽代言人，将外婆的粽子介绍给外国友人吧！

组成学习小组，组内演练，推荐最佳代言人，其他组员帮忙支招。

小组推荐：评选最佳代言人（表2-3）。

表2-3 评选最佳代言人

评价标准	同学评	老师评
讲述完整	☆☆☆☆☆	☆☆☆☆☆
态度自然大方，有礼貌	☆☆☆☆☆	☆☆☆☆☆

（2）我们都是代言人。

回家跟家庭成员、亲朋好友清楚地介绍自己吃过或见过的端午粽以及端午节包粽子、吃粽子的习俗和由来。别忘了拍照片、拍视频，发朋友圈秀一秀哦。

（二）小主播说节日

课前准备：

1. 创设情境：我们学校承办了“传统文化进校园”展示活动，下个月同学们将作为“文化传承人”代表学校接待来访团。我们一年级小朋友主要负责介绍中国的传统节日，你准备怎么介绍呢？

2. 准备介绍同一个传统节日的同学组建成一个小组，进行下一步学习。

（1）确定组长和组员，完成组内分工。

（2）讨论收集资料的方式，如：访谈、通过课外书了解传统节日的由来故事、利用网络查阅相关资料。

（3）讨论记录的方式：画画、照片、视频等。

课堂实践活动：

1．节日习俗小百科。

（1）热身游戏：节日连连看。

你知道这些传统节日的时间吗？我们一起来做个小游戏，将节日与日期连连看。

春节	农历九月九日
重阳节	农历正月初一
端午节	公历四月五日
中秋节	农历五月初五
元宵节	农历八月十五
清明节	农历正月十五

（2）节日习俗我知道。

小组合作，整合资料，完成学习单（表2-4），跟同学交流。

表2-4　我知道的节日习俗

节日名称		节日时间	
节日习俗			

（3）展示自己搜集的与传统节日有关的诗歌、童谣或手工作品。如：朗诵诗歌、童谣《剪窗花》《闹元宵》《新年到》《清明》《月儿圆圆》《重阳节》等；展示手工制作的窗花、春联、灯笼、月饼、兔子灯……

2．节日里的故事。

（1）倾听有声故事《中秋节》《年》。

在传统节日里，发生了很多有趣的事情，让我们一起来听两个故事吧！

（2）故事会：在传统节日里，我们的家人会做些什么？让我们乘坐“时光机”，好好回想一下，开启一场奇妙的回忆之旅！

① 讨论：以“文化传承人”的身份说故事，应该具备哪些条件？

基本素养：仪表得体、普通话标准、正确使用礼貌用语。

文化素养：能清楚完整地介绍家人在节日里的故事。

学会倾听，感受浓浓的亲情。

②“小主播说节日”开播啦！“小主播”面对镜头，介绍一个自己印象深刻的节日。

③ 评价（表2-5）。

表2-5　“小主播说节日”活动评价表

实践类型	内容	完成情况（打“√”）
探究性实践	了解传统节日名称、时间。	
社会性实践	小组分工，通过各种方式了解节日习俗，并做好相应记录。	
审美性实践	学会搜集与传统节日有关的诗歌、童谣、手工作品或美食图鉴。	
技术性实践	小组合作整理资料，能运用图片、照片、视频等工具呈现。	

（撰写：苏州市沧浪新城第三实验小学校　梅　艳）

案例二 我是关爱小天使(二年级)

第一部分 单元设计

一、设计依据

“实用性阅读与交流”学习任务群第一学段提出:阅读有关个人生活、家庭生活的短文,认识图文中相关的汉字,感受美好亲情;学习运用文明礼貌语言,与家庭成员、亲朋好友交流沟通,学会感恩。本单元以“关爱”为主题进行内容编排,从家人之间,社会上人与人之间,对他人劳动及劳动成果的尊重、珍惜等不同方面,反映了“关爱”的几个重要表现,旨在引导学生懂得关心帮助他人、珍爱劳动成果、与家人相亲相爱。根据第一学段学生的学习特点,以“我是关爱小天使”为任务驱动,串联起整个单元的学习,通过朗读、讲故事、职业体验等学生喜闻乐见的形式将识字、写字、阅读、写话等融为一体,提高学生的语言运用能力。通过学习,引导学生在生活中善于发现爱、用心感受爱、勇敢表达爱,享受生活的美好,更加热爱生活。

二、主题内容与目标

(一)单元主题

我是关爱小天使。

(二)学习内容

1. 文本阅读:

课内:教材文本《雷锋叔叔,你在哪里》、《千人糕》、《一匹出色的马》、《语文园地二》之“识字加油站”“写话”“日积月累”“我爱阅读”、《口语交际:长大以后做什么》。

课外:《雷锋日记》《冬天里的费洛格》。

2. 影音推荐:

动画:《雷锋的故事》。

歌曲:《学习雷锋好榜样》《我爱米兰》。

(三)学习目标

1. 认识54个生字,读准1个多音字,会写27个字,会写30个词语。

2. 能正确、流利地朗读课文。能在具体的文本阅读中学习“读句子,想象画面”,并试着用自己的话说出画面内容。

3. 能用多种方法猜测词语意思,并说出了解词语意思的方法;能拓展、积累表示职业名称的词语和关于关爱他人的谚语。

4. 能结合生活经历,感受人与人之间应该互帮互助、相亲相爱。通过“关爱小天使”的角色，学习从生活的不同角度表达关爱，加深对关爱的理解，学会关爱 。

三、学习情境与任务框架

（一）学习情境

雷锋是谁？我们爱吃的食物、喜欢穿的漂亮衣服、爱玩的玩具是怎么来的？你有和家人一起散步的经历吗？你有想过20年后的自己会从事什么职业吗？这些问题是我们认识世界、了解人与人之间关系的重要途径。这一单元让我们跟着课文、边读边想象画面，感受家人、老师、朋友，甚至是陌生人对自己的关爱，最后通过晒一晒“我的关爱故事”，争当“人气关爱小天使”。

（二）任务框架

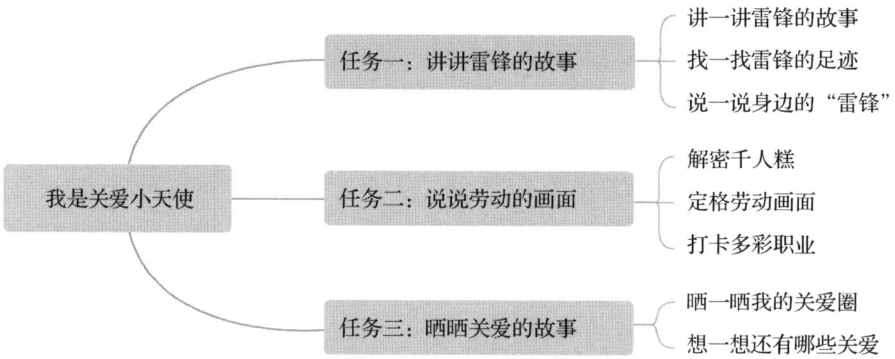

四、活动设计与教学提示

（一）活动设计（表2-6）

表2-6 “我是关爱小天使”活动设计

单元任务	学习活动	学习内容	课时安排
我是关爱小天使	任务一：讲讲雷锋的故事	1. 讲一讲雷锋的故事。一是通过观看动画片《雷锋故事》、学唱歌曲《学习雷锋好榜样》、阅读图书《雷锋日记》了解雷锋；二是在课上开展“雷锋故事分享会”，并评选出“小小雷锋故事王”。 2. 找一找雷锋的足迹。一是尝试运用多种方法猜测课文中不理解的词语的意思；二是通过读诗句、结合图片和自身生活经历想象画面，交流文中雷锋叔叔关爱他人的两个事例，读出关爱之情。 3. 说一说身边的“雷锋”。一是通过学习课文《雷锋叔叔，你在哪里》，开展“发现生活中为他人提供帮助、献出爱心的人”活动，拍下或者画下美好的画面，粘贴在“关爱能量卡”上，并用完整的句子说一说、写一写他们做了什么；二是拓展学习《语文园地二》中关于关爱的谚语，并简单交流理解，通过多种形式的朗读，在熟读成诵中感受关爱之情。	2

续表

单元任务	学习活动	学习内容	课时安排
我是关爱小天使	任务二:说说劳动的画面	1. 解密千人糕。通过默读课文,并借助两幅插图想象画面,解密千人糕的制作过程,了解千人糕的来之不易,启发学生要尊重和珍惜别人的劳动。 2. 定格劳动画面。学完课文后,引导学生走进生活,选择自己“最喜欢的食物”或“最喜欢的衣服”等进行它们生成过程的调查,在“关爱能量卡”上画一画简单的思维导图,有条理地说一说,明白任何一个物品的产生都离不开人们的劳动,要懂得感恩。 3. 打卡多彩职业。通过前两个活动,了解到社会上有多种职业,说一说你了解的职业,他们是干什么的。畅想自己未来的职业,在“关爱能量卡”上画一画、说一说、写一写。	3
	任务三:晒晒关爱的故事	1. 晒一晒我的关爱圈。以晒朋友圈的形式学习家人之间的关爱(《一匹出色的马》)、朋友之间的关爱(《我的好朋友》)、师生之间的关爱(《一株紫丁香》),了解关爱的几个重要表现,在“关爱能量卡”上晒一晒学习成果,分享在班级圈。并通过“读句子,想画面”的方法,有感情地朗读关爱圈的内容。 2. 想一想还有哪些关爱。“关爱”的内涵十分丰富,除了书本上提到的这些方面,想一想生活中还有什么是值得我们关爱的,记录在“关爱能量卡”上,在班级讨论会上说一说自己的发现。	3
单元测评	争做“人气关爱小天使”	1. 说一说“关爱”的小故事。通过本单元的学习,同学们收集了很多“关爱能量卡”,晒一晒让自己最满意或者体会最深刻的能量卡,在班级圈进行交流分享,比一比谁获得的点赞最多,评选出“人气关爱小天使”。 2. 写一写“人气关爱小天使”颁奖词。根据评选结果,试着写一句颁奖词。	1

(二)教学提示

关于“实用性阅读与交流”学习任务群的教学,新课标指出:学生通过倾听、阅读、观察,获取、整合有价值的信息,根据具体交流情境和交流对象,清楚得体表达,有效传递信息;学习活动可以采用朗读、复述、游戏、表演、讲故事、情景对话、现场报道等学生喜闻乐见的形式,将识字、写字、阅读、写作、口语交际、搜集处理信息等融为一体。本任务群“我是关爱小天使”设计了三个学习任务,每个任务各有侧重点,并将识字、写字、阅读、写话等语文实践活动融合在其中。

任务一“讲讲雷锋的故事”,以“学习雷锋日”这一真实情境,发布“小小雷锋故事王”的评选活动,激发学生的学习兴趣。通过观看讲述雷锋故事的动画片、学唱雷锋歌曲、阅读雷锋书籍了解雷锋的事迹,并用自己的话讲述雷锋故事,内化雷锋精神。通过说一说身边的

“雷锋”，引导学生关注社会，做个有心人，善于发现生活中的“雷锋”，并表达和交流自己的感受。

任务二“说说劳动的画面”，通过解密、调查等活动，了解生活中事物的劳动过程，并通过有条理地说一说，明白任何一个物品的产生都离不开人们的劳动，引导学生尊重他人劳动、懂得感恩。通过未来职业畅想交流会，让学生学会围绕主题有条理地表达，积极交流，提高口语表达能力。

任务三“晒晒关爱的故事”，通过晒一晒、读一读、唱一唱、写一写、画一画、想一想等活动，进一步激发学生的学习兴趣，主动表达家人之爱、朋友之爱、师生之爱……引导学生提高语言理解和运用能力，逐步增强语言表达的准确性、规范性。

此任务用九个课时完成，课内课外相结合。通过朗读、阅读、观影、讲述等形式，学生在任务中经历了一场场“关爱”的洗礼，逐渐成长为善于发现关爱、感受关爱、表达关爱的人，且任务在真实生活情境中评价学生语言运用的实际表现，让评价贯穿学习全过程，实现“教、学、评”一致性。

五、资源支持与技术支持

（一）学习资源

1. 文本资源：教材文本《雷锋叔叔，你在哪里》《千人糕》《一匹出色的马》《语文园地二》；课外文本《雷锋日记》《冬天里的费格格》。

2. 网络资源：

歌曲：《学习雷锋好榜样》《我爱米兰》。

动画片：《雷锋故事》。

（二）工具技术

1. “关爱能量卡”的设计与制作、“小小雷锋故事王”评价表、“我是……交流会”口语交际评价表、《我的好朋友》写话评价表等。

2. 电脑及 office 办公软件，用来展示分享活动成果的班级 QQ 群、微信群、钉钉群，用来选择佳作的问卷星投票功能等。

六、过程评价与单元测评(表2-7)

表2-7 "我是关爱小天使"过程评价与单元测评

评价	内容	基本标准
过程评价	任务一:讲讲雷锋的故事	1. 讲述雷锋故事时,能把故事内容讲述完整、声音响亮、表情动作自然。 2. 找寻雷锋足迹时,能运用多种方法猜测课文中不理解的词语的意思;朗读课文时能读出诗歌的节奏和停顿。 3. 交流身边的"雷锋",能用完整的句子说一说,说清楚什么时间、谁、做了什么事,能加上几个形容词表达自己的感受和想法。
	任务二:说说劳动的画面	1. 能借助千人糕制作的过程图,有条理地说清楚千人糕是经过哪些劳动才做成的。 2. 能绘制简单的思维导图,能根据流程图,完整、有条理地讲述事物的生产过程。 3. 交流未来职业畅想时,交流的同学能把话说清楚,有理有据;倾听的同学能边听边思考,积极交流想法。
	任务三:晒晒关爱的故事	1. 有感情地朗读课文,边读句子边想象画面。 2. 能说清楚自己的好朋友是谁、长什么样、你们经常一起做什么,并能根据自己的讲述完整、有条理地写下来,格式正确。
单元测评	争做"人气关爱小天使"	1. 能根据要求分享交流自己的学习体会和学习收获,并能根据要求自主评选出"人气关爱小天使"。 2. 能根据评选结果有针对性地写一句颁奖词,并乐于与他人分享。

第二部分 典型课时设计

任务二 说说劳动的画面(2课时)

【学习情境】

一年一度的美食节如约而至,这里有香甜可口的桂花糕、令人垂涎欲滴的小笼包、色香味俱全的松鼠鳜鱼……隆重推出的就是千人糕啦!好奇吗?想尝尝吗?那就让我们一同走进美食节,去揭开千人糕神秘的面纱吧!

【教学过程】

(一)解密千人糕

1. 梳理字词,解"千人糕"之名。

(1)小组合作,认读词语。按要求读课文:读准字音,读通句子,圈出不会读的字;多种形式词语认读、检查多音字,积累语言;引导学生多种方法识记生字。

(2)抓住对话,解"千人糕"之名。按要求再读课文,圈画出文中出现的三组对话,思考:什么是千人糕?聚焦三组对话,小组交流讨论:什么是千人糕?

全班交流三组对话，明确什么是千人糕。

2．读好语言，感“千人糕”之普通。

（1）借助关键语句，感受“普通”。小组交流学习：结合第1—5自然段中的相关句子，想一想这是一块怎样的千人糕。小组汇报，全班交流。

（2）借助朗读，感受“普通”。多种形式练习朗读，了解孩子心中奇特的猜想。互评朗读，感受孩子心中奇特的猜想。比赛读，读出人物情感。

（3）借助想象，感受“普通”。想象外形：千人糕可能是什么样子的呢？分享交流千人糕的样子。想象味道：外形普通的糕，味道有什么特别之处吗？分享交流味道，得出结论：这就是一块普通的米糕，外形普通，味道也很普通。

3．练习书写，感中国汉字之美。

（1）出示生字，引导观察。根据间架结构归类，“能、味、甜”是左右结构，“桌、买、具、菜、劳”是上下结构，“甘”是独体字。观察字形，想一想怎样才能把字写得美观。

（2）学生练写，巡视指导。学生练写过程中，老师来回走动巡视，相机点评指导。

（二）定格劳动画面

1．定格画面，感“千人糕”之不易。

（1）延续情境，探究千人糕的制作过程，感受不易。让我们继续走进美食节，一起来探究美味的千人糕是如何制作的。通过圈画文中的关键词、观看制作视频，说一说自己的感受，了解千人糕制作的不易。

（2）小组合作，标一标，讲一讲，理解不易。小组合作完善思维导图，用上表示先后的关联词讲解千人糕的制作过程。交流感受劳动者的艰辛。

2．任务拓展，找一找、画一画、说一说“千人”物品。

（1）分享美食节中的“千人”美食。课件出示各种美食，以千人粽为例，介绍生产过程：需要原材料糯米和荷叶，种植稻谷得到糯米后，将它们洗净，用荷叶包裹成型，上锅蒸熟，最后通过包装、运输、销售送到我们手中。学生选择自己喜欢的美食说一说。

(2) 讨论拓展生活中的“千人”物品。教师引导学生走进生活，由美食联想到生活中还有哪些“千人”物品。全班交流汇报：千人衣、千人鞋、千人笔、千人书……

(3) 绘制思维导图说说我最喜爱的“千人”物品是怎么来的。选择一样自己最喜欢的东西，调查一下它是怎样做出来的，先用简单的图表示出来，再有条理地说一说，向同学们介绍。

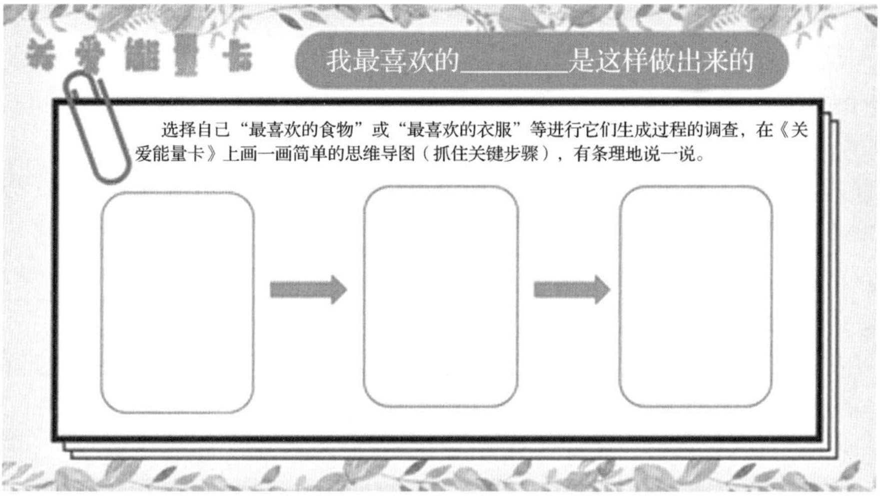

3. 课堂总结，尊重劳动成果，表达关爱。

一块寻常的米糕、一件普通的衣服都是经过很多人的辛苦劳动才能来到我们消费者的手中。它们来之不易，我们一定要珍惜它们。正所谓“一粥一饭，当思来之不易。千丝万缕，恒念物力维艰。”珍视劳动果实、尊重劳动者，就是我们对他们表达关爱的方式，从今天开始，让我们行动起来，一起争做“关爱小天使”吧！

（撰写：苏州市虎丘实验小学校　顾　婷）

案例三　我为中华优秀传统文化代言（三年级）

第一部分　单元设计

一、设计依据

根据“实用性阅读与交流”学习任务群第二学段“阅读有关家庭生活、学校生活、社会生活的短文，学习用口头和书面的方式，客观地表述生活中的见闻片段”，以三年级下册第三单元《古诗三首》《纸的发明》《赵州桥》《一幅名扬中外的画》《综合性学习：中华传统节日》为学习素材，设计“我为中华优秀传统文化代言”学习任务群。从学情出发，设置活动支架，统整教材内容和实践活动，从探究古代传统节日、古代发明创造、古代文化生活这三个板块进行整体设计，激发学生对中华优秀传统文化的探究兴趣，感受中华优秀传统文化的魅力和民族智慧，感悟文化的传承和人们对美好生活的追求。

二、主题内容与目标

（一）单元主题

我为中华优秀传统文化代言。

（二）学习内容

文本阅读：教材文本《古诗三首》《纸的发明》《赵州桥》《一幅名扬中外的画》《综合性学习：中华传统节日》。

（三）学习目标

1. 通过分类提炼，随文学习，认识 37 个生字；借助文本，读准 8 个多音字；会写 36 个字，会写 30 个词语；能背诵、默写《清明》，积累诗句。

2. 通过自主阅读和小组合作，学习根据要求提取段落重要信息，在对比中学习说明语言的准确，了解如何围绕一个意思把一段话说清楚。

3. 小组合作，利用不同方式收集介绍我国传统节日的资料，培养搜集、梳理信息的能力，与同伴合作或独立整理资料，自信大胆地展示学习成果。

4. 在搜集整理合作交流过程中了解中华优秀传统文化的内涵，激发学生对中华优秀传统文化的探究兴趣，感受中华优秀传统文化的魅力和民族智慧，感悟文化的传承和人们对美好生活的追求。

三、学习情境与任务框架

（一）学习情境

深厚的传统文化是中国人的根。作为四大文明古国之一的中国，其古代科技、建筑、艺术都达到世界领先水平。中华民族五千年的悠久历史与辉煌灿烂的文化令每一个中国人感到骄傲与自豪。穿梭古今，探寻传统的节日风俗；寻根问源，了解历史文化遗产；从一幅名画中探秘古代生活日常……让我们走进这些优秀的传统文化，了解它们，并为它们代言吧！

（二）任务框架

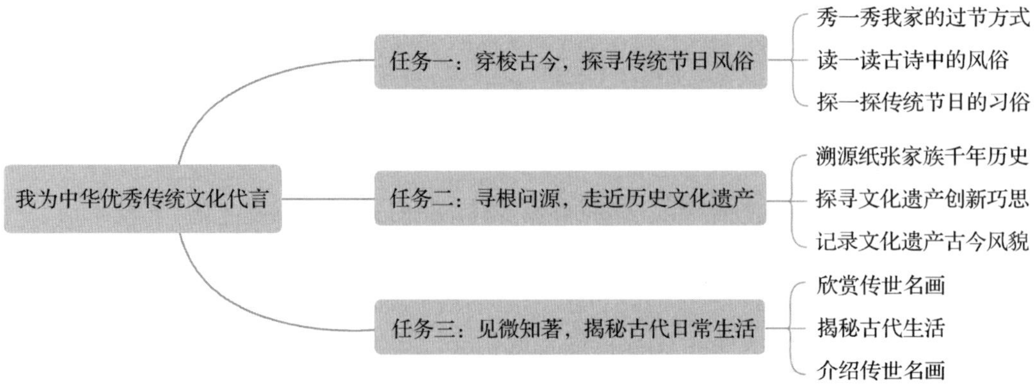

四、活动设计与教学提示

（一）活动设计（表2-8）

表2-8 “我为中华优秀传统文化代言”活动设计

单元任务	学习活动	学习内容	课时安排
我为中华传统文化代言	任务一：穿梭古今，探寻传统节日风俗	1. 秀一秀我家的过节方式。 猜一猜：出示具有代表性的食物、过节方式，猜一猜是什么节日。 说一说：分享自己同家人过节的情形，交流自己的过节感受。 写一写：写写自己在节日中的收获，相互交流分享。 2. 读一读古诗中的风俗。 读一读：朗读《元日》《清明》《九月九日忆山东兄弟》三首节日诗，读准字音，画出韵脚，调整节奏，读出诗的味道。 圈一圈：圈出古诗中的节日元素，并理解“爆竹、屠苏、桃符、清明、欲断魂、酒家、茱萸、登高”。 演一演：有感情朗读演绎节日情景，抓住诗歌中的关键诗句，体悟诗歌中蕴藏的感情。 3. 探一探传统节日的习俗。 诵一诵：诵读并积累与传统节日有关的诗句。 搜一搜：了解日历上的传统节日，制作表格，搜索并梳理相关信息。和同学分组交流，选择一个节日，查找相关资料。 秀一秀：对搜集的资料进行整理，选择合适的展示方式展示。 评一评：对各组的展示内容进行评价。	5
	任务二：寻根问源，走近历史文化遗产	1. 溯源纸张家族千年历史。 揭秘纸张制作：分类归纳词语，从原料、工艺等多个维度进行词语分类，梳理纸张制作过程的同时进行生字词的学习和积累。 梳理纸张变迁：根据《纸的发明》，填写表格。进一步搜集资料，结合优缺点，完善思维导图，为纸张的“进化”制作图谱，了解“纸张家族发展史”。 拓展搜集资料：搜集其他科技成就资料，如地动仪、印刷术等，试着仿照“纸张家族发展史”，探索进步历程，为古代科技成就建立个人档案。 2. 探寻文化遗产创新巧思。 为赵州桥制作身份证。通过信息提炼，梳理赵州桥基本信息，梳理生字词：河北省、赵县、石匠、隋朝等。 为赵州桥拍摄特写镜头。抓住“雄伟”“坚固”“美观”三个关键词，感受赵州桥设计之精巧，在品读感悟中体会抓住中心句，从多个方面进行介绍。 为赵州桥宣传视频配解说词。结合之前的学习内容，为赵州桥写解说词。 3. 记录文化遗产古今风貌。 小组合作搜集璀璨历史文化遗产，并为历史文化遗产撰写解说词。	4

续表

单元任务	学习活动	学习内容	课时安排
我为中华传统文化代言	任务三：见微知著，揭秘古代日常生活	1. 欣赏传世名画。 设计表格，提炼名画基本信息。学生在之前学习基础上设计思维导图，提炼《清明上河图》基本信息。 抓住特点，感悟名画艺术特色。聚焦课文内容，感受画面之丰富、传神。 2. 揭秘古代生活。 寻访旧时三百六十行。阅读《一幅名扬中外的画》第2自然段，探寻古代职业。资料查找，围绕中心句“光是画上的人物就有好几百个”进行拓展介绍。 再现北宋市井风土民情。阅读《一幅名扬中外的画》第3、4自然段，找出围绕“街上可热闹了”，作者写了哪些方面，资料拓展后进行仿写。 3. 介绍传世名画。 结合课文和图片介绍这幅画。	2
单元测评	博大精深，传扬优秀文化魅力	1. 回顾灿烂的古代文化。结合语文园地中的成语积累，归类积累成语，为古代的中国点赞。 2. 我为灿烂的古代文化代言。回顾本单元内容，整理相关素材，交流感受，完善布展。 3. 我为优秀传统文化点赞。小组间展示评价。	1

（二）教学提示

关于“实用性阅读与交流”学习任务群的教学，新课标指出：学生通过倾听、阅读、观察，获取、整合有价值的信息，根据具体交流情境和交流对象，清楚得体表达，有效传递信息；学习活动可采用朗读、复述、游戏、表演、讲故事、情景对话、现场报道等学生喜闻乐见的形式，将识字、写字、阅读、写作、口语交际、搜集处理信息等融为一体。根据第二学段“阅读有关家庭生活、学校生活、社会生活的短文，学习用口头和书面的方式，客观地表述生活中的见闻片段”，以三年级下册第三单元《古诗三首》《纸的发明》《赵州桥》《一幅名扬中外的画》《综合性学习：中华传统节日》为学习素材，设计“我为中华优秀传统文化代言”任务群。

任务一“穿梭古今，探寻传统节日风俗”，从学情出发，设置活动支架，从学生已有认知经验入手，前置本单元的习作，交流自己的过节方式，在学生说一说、写一写之后体会节日赋予自己和家人的意义，拉近与传统节日的关系；通过《古诗三首》的学习，以认识传统节日元素为抓手，学习古诗中的字词；以关键诗句品析为抓手，体会千年前的诗人情感。积累与传统节日有关的古诗句，结合综合性学习，进一步了解节日知识。

任务二“寻根问源，走近历史文化遗产”，追溯纸张的发明历程，围绕《纸的发明》，学习提炼重要信息，制作表格或者鱼骨图；结合《赵州桥》一课，通过制作“身份证”巩固信息提炼，以“拍摄特写镜头”为切入口，让学生了解如何围绕一个意思把一段话写清楚。最后，结合我国的历史文化遗产介绍，利用学到的提炼信息的方法和围绕中心写作的方法，仿写介绍解说词。

任务三“见微知著，揭秘古代日常生活”，从《一幅名扬中外的画》中继续寻访旧时三百六十行，感受旧时生活，并且抓住本单元的核心要素“围绕中心写清楚”来进行反复练习。

单元测评：回顾和总结，在本次活动中，学生阅读资料、提炼关键信息，通过列图表的方式梳理内容，根据主题搜集资料等，完善后进行布展，激发学生对中华优秀传统文化的热爱和探究兴趣，感受中华优秀传统文化的魅力和民族智慧，感悟文化的传承和人们对美好生活的追求。

五、资源支持与技术支持

（一）学习资源

1. 文本资源：教材文本《古诗三首》《纸的发明》《赵州桥》《一幅名扬中外的画》《综合性学习：中华传统节日》；课外文本《纸的发明历程》等。

2. 网络资源：《赵州桥》等视频资源、《清明上河图》等古代名画图片资源。

（二）工具技术

活动任务单、评价表等。

六、过程评价与单元测评（表 2-9）

表 2-9 “我为中华优秀传统文化代言”过程评价与单元测评

评价	内容	基本标准
过程评价	任务一：穿梭古今，探寻传统节日风俗	1. 能通过采访、资料搜集等了解我国有哪些传统节日以及人们在过传统节日时，各地有些什么习俗。 2. 能写一写自己同家人过传统节日的过程，说一说传统节日对于你的家庭而言的意义。 3. 能结合图片、情境等理解“屠苏、桃符、欲断魂”等词语意思，说出古诗的情境及表达的情感；能背诵默写古诗，积累诗句。 4. 能根据小组选定的节日查找资料，自己从书上、网上或其他途径查找资料；能通过各种方式介绍传统节日，为传统节日代言。
	任务二：寻根问源，走近历史文化遗产	1. 认识“创、携、县、拱”等 20 个生字，读准“累、切、爪”等多音字，会写 25 个字、30 个词语。 2. 能根据要求和提示，结合提供的资料素材，提取关键信息，说清楚纸张的发明过程；能说清楚造纸术能传承下来的原因。 3. 能抓住中心句，学习从多个方面进行介绍，感受我国古代劳动人民的智慧。 4. 能通过自主搜集资料，初步提炼信息，围绕中心介绍中国发明进步及古代劳动人民智慧，感受古代优秀文化。
	任务三：见微知著，揭秘古代日常生活	1. 能认识“择、宫”等 10 个生字，读准“都、乘”等多音字。 2. 能围绕一个意思把一段话说清楚，并结合课文内容和搜集的资料，介绍《清明上河图》，为古人高超的艺术水平代言。 3. 在交流中能主动参与，认真听同伴发言；在发言的时候能自信大方。

续表

评价	内容	基本标准
单元测评	博大精深，传扬优秀文化魅力	1. 能结合《语文园地》中的成语积累，感受我国古代优秀的传统文化。 2. 能将本单元学习中形成的过程性文字、图表整理，小组讨论后，完善布展。 3. 能根据评价表格对他人进行评价，为优秀传统文化点赞。

第二部分　典型课时设计

任务二　寻根问源，走近历史文化遗产——溯源纸张家族千年历史（2课时）

【学习情境】

造纸术、指南针、印刷术、火药是中国古代的四大发明，是中国古代优秀的科技成就。为中华优秀传统文化代言，第二站让我们为这些伟大的古代发明代言、点赞吧！

“它们改变了世界上事物的全部面貌和状态，又从而产生了无数的变化；看来没有一个帝国，没有一个宗教，没有一个显赫人物，对人类事业曾经比这些机械的发明施展过更大的威力和影响。”获得这样高赞誉的，就是造纸术了。今天，我们就走进《纸的发明》。

【教学过程】

（一）揭秘纸张制作

1. 读一读词语：想要了解纸的发明，先要学习字词，扫清障碍。

出示词语：龟甲　兽骨　青铜器　竹片　木片　丝帛　麻纸
剪碎　切断　浸　捣烂　捞　晒干
积累　吸收　改进　普及
阅读　携带　保存　创造　传承
欧洲　阿拉伯　朝鲜半岛　日本

2. 填一填词语，并结合填空，梳理课文。

填一填上面出示的这些词语。

在纸张发明之前，人们把文字记录在____、____、____、____、____、____、____等地方，后来蔡伦____了经验，____了造纸术。他把树皮、麻头、稻草、破布等原料____或____，____在水里，____成浆；再把浆____出来____，就成了一种既轻便又好用的纸。

造纸术影响深远，影响了________、________、________，甚至传到了________。

（二）梳理纸张变迁

1. 读一读，填一填。根据《纸的发明》，完成下图。

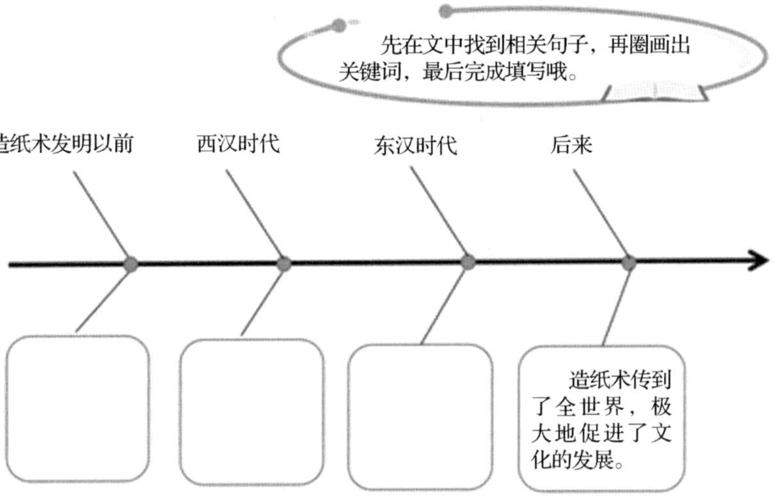

2. 借助上图，按照时间线索有条理地讲清楚纸张发明过程。

3. 通过上图，我们发现，造纸术的出现、改进是一个过程，我们刚刚也梳理了一组词语，它们是在蔡伦改进造纸术之前，人们记录文字的载体。

龟甲、兽骨、青铜器、竹片、木片、丝帛、麻纸

4. 结合优缺点，进一步完善思维导图，为纸张的“进化”制作图谱，了解“纸张家族发展史”。它们都有什么不足之处呢？画出关键句，完成表格（表2-10）。

表2-10　纸张“进化”图谱

时间脉络	“纸”的“进化”	不足之处
	龟甲、兽骨、青铜器	
	竹片、木片	
	丝帛	
	麻纸	
	用蔡伦改进的造纸术制造的纸	

5. 小组交流纸的发明。

借助思维导图或者表格，先抓住关键句子，圈画线索词语，就能帮我们快速梳理文本中的主要信息。结合上面的图表，你能用自己的话说一说纸的发明吗？完成组内交流星级评价表（表2-11）。

表 2-11　组内交流星级评价表

评价方面	评价标准	评价等级
说的内容	能结合图表用自己的话说。	☆☆☆☆
	能交代清楚几个重要时间点"纸"的变迁。	☆☆☆☆
	能说清楚改进造纸术之前"纸"的不足之处。	☆☆☆☆
说的过程	过渡自然，表达流畅自然。	☆☆☆☆
	态度大方，语速适中。	☆☆☆☆
听的过程	认真听同学发言。	☆☆☆☆
	提出自己的建议。	☆☆☆☆
值得我学习的地方		

6. 阅读拓展资料，仿照方法，提炼信息。

补充阅读《纸的发展历程》，提取纸的信息，不断更新纸张发展进化图谱，在小组内交流。

7. 我为"纸"代言。

以小组为单位，结合本组制作的图谱，对纸的发展进行介绍、展示。借助星级评价表（表 2-12）进行互评。

表 2-12　展示互评星级评价表

评价方面	评价标准	点赞指数
图表设计	有条理，一目了然。	☆☆☆☆
介绍内容	重点突出，表达清晰。	☆☆☆☆
自信心	展示时态度大方，充满自信。	☆☆☆☆
辅助手段	合适，有助于辅助介绍。	☆☆☆☆

（三）拓展搜集资料

1. 我为中国古代科技成就点赞。

中国古代在很多领域都取得了重要的科技成就，如，张衡发明了测验地震的仪器——地动仪；祖冲之把圆周率的计算精确到了小数点后七位；毕昇发明了活字印刷术。查找相关资料，完成"古代科技成就名录"，并在组内交流。

2. 我为中国古代科技成就代言。

(1) 为古代科技成就建立个人档案。以小组为单位,选择一个古代科技成就,搜集资料,梳理发展过程、发展原因、发明人物、发明意义等信息,并记录要点。

(2) 我为古代科技成就代言。以小组为单位,面向全班进行介绍展示。借助自评表(表2-13)和互评表(表2-14)进行评价。

表2-13 收集整理星级自评表

评价方面	评价标准	评价等级
查找资料	1. 能根据小组选定的内容查找资料。 2. 能自己从书上、网上或其他途径查找资料。	☆☆☆☆
整理资料	1. 能记录有关科技成就的资料:发展过程、发展原因、发明人物、发明意义等。 2. 能根据记录的要点练习介绍。	☆☆☆☆
小组交流	1. 能积极参加小组讨论。 2. 能认真听同伴发言,诚恳地提出改进建议。	☆☆☆☆

表2-14 展示互评星级评价表

评价方面	评价标准	点赞指数
图表设计	有条理,一目了然。	☆☆☆☆
介绍内容	重点突出,表达清晰。	☆☆☆☆
自信心	展示时态度大方,充满自信。	☆☆☆☆
辅助手段	合适,有助于辅助介绍。	☆☆☆☆

(3) 我为古代科技成就点赞。

同学们,古代科技成就是人类智慧与创新的结晶,这些成就为后世提供了宝贵的经验与启示,激发了人们对未来科技进步的憧憬与追求。在今天的课上,我们不仅看到了中华民族辉煌的过去,也应该明白正是人类不断求索的精神才让我们的科技持续进步。我们看到的每一个成就都承载着几代人的努力,哪怕只是技术上小小的改进,也不知凝聚了多少人的心血。让我们继续传承并弘扬中国人刻在骨子里的探索精神,为人类社会的未来发展贡献力量。

(撰写:苏州市东中市实验小学校 陈文隽)

案例四　科博馆里的科学梦(四年级)

第一部分　单元设计

一、设计依据

本单元教材内容以自然科学为主题,选编了与自然科学有关,利于学生接触科学、了解科学,激发探索科学兴趣的相关课文。新课标“实用性阅读与交流”学习任务群第二学段内容中提到:学习阅读说明、叙写大自然的短文,感受、欣赏大自然的奇妙与美好。学习用日记、观察手记等,展示自己观察自然、探索科学世界的收获。因此,本单元以“科博馆里的科学梦”为主题,整合三个任务六个活动进行学习,将识字、写字、课文阅读、课外阅读、口语交际、习作、语文园地统整在主题情境中,学生通过朗读课文,了解课文内容;通过联系生活,在语言揣摩中感受科普说明文语言的特点,并通过一系列的情境活动,强化学生提问的意识和能力,引导学生通过不同的方式解决问题,发表收获成果。

二、主题内容与目标

(一)单元主题

自然与科技。

(二)学习内容

1. 文本阅读:

课内:教材文本《琥珀》《飞向蓝天的恐龙》《纳米技术就在我们身边》《千年梦圆在今朝》《口语交际:说新闻》《习作:我的奇思妙想》。

课外:精选的有关恐龙、纳米技术、航天科技等相关资料2—3份。

2. 媒体节目:中央电视台《走进科学——我爱发明》专题节目。

(三)学习目标

1. 阅读时能提出不懂的问题,通过查找资料、请教别人等方式尝试解决。

2. 在情境中结合课文的学习,对琥珀的形成、恐龙到鸟类的演化、纳米技术的运用、中华民族飞天梦的实现过程有相应的了解,感受并欣赏自然与科技的奇妙、美好。

3. 培养阅读科普类作品的兴趣,学习用记笔记、列表格、画思维导图等方式整理和呈现信息。

4. 设计自己的创意物品,学习通过撰写解说词的方式,展示自己观察自然、探索科学世界的收获。

三、学习情境与任务框架

（一）学习情境

蓝天、森林、大海，蕴藏着自然的奥秘；过去、现在、未来，述说着科技的精彩。让我们一起走进快乐科博馆，来一次寻秘之旅吧！边读边问，边问边思，记下你的疑惑，挥洒你的奇思，追寻科学的梦想。

（二）任务框架

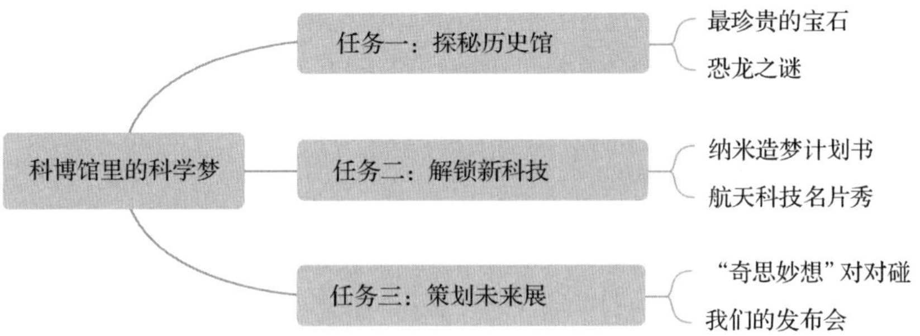

四、活动设计与教学提示

（一）活动设计（表 2-15）

表 2-15 “科博馆里的科学梦”活动设计

单元任务	学习活动	学习内容	课时安排
科博馆里的科学梦	任务一：探秘历史馆	1. 最珍贵的宝石。结合课文《琥珀》的学习，了解琥珀的形成过程，自主梳理并完成琥珀形成时间轴导图；通过搜集课外资料完善科学认知，解决困惑疑问；能对琥珀的形成进行解说，并用自己的话提炼琥珀的珍贵价值。 2. 恐龙之谜。迁移时间轴梳理信息的方法，结合课文《飞向蓝天的恐龙》进行关键信息的整理，探秘鸟类的演化；提出自己在阅读中的疑问，整理问题清单并尝试用多种方法解决；参加“恐龙馆”解说员选拔。	2
	任务二：解锁新科技	1. 纳米造梦计划书。学习《纳米技术就在我们身边》，关注文中出现的科技术语，运用各种方法解决不理解的词语。发挥想象进行口头表述，说说自己将如何利用全新纳米技术设计小发明，解决现实生活中存在的烦恼事并撰写解说词。 2. 航天科技名片秀。学习并梳理我国航天技术发展的过程，通过质疑并查找资料选择自己最感兴趣的内容，设计一张“中国航天新名片”，与小伙伴分享中国航天的相关知识。	2
	任务三：策划未来展	1. “奇思妙想”对对碰。选一则自己感兴趣的创意物品相关领域的新闻，和同学交流并发表自己的观点。拓展阅读科普书籍，在广泛阅读中获得“奇思妙想”设计灵感，确定自己准备设计并参展的创意物品。 2. 我们的发布会。整理课文中介绍创意物品的表达方法，围绕评价标准完成“奇思妙想”物品解说词，开展一次“未来的世界”发布会。	2

续表

单元任务	学习活动	学习内容	课时安排
单元测评	精彩的科技节	1. 观察家。观看中央电视台《走进科学——我爱发明》专题节目，根据节目中的金点子，用表格或导图的方法梳理发明过程，运用思维导图体现发明特点及生活中的运用。 2. 实践者。与小伙伴合作完成一项小发明（或者小实验），用视频等方式记录下过程，运用学过的制作名片、说新闻等形式在科技节上展示自己的成果。 3. 记录员。以日记或手记的形式将参加本次科技节活动的经过与收获记录下来，学生根据评价表进行自评与互评。	1

（二）教学提示

关于“实用性阅读与交流”学习任务群的教学，新课标指出：学生通过倾听、阅读、观察，获取、整合有价值的信息，根据具体交流情境和交流对象，清楚得体表达，有效传递信息；学习活动可采用朗读、复述、游戏、表演、讲故事、情景对话、现场报道等学生喜闻乐见的形式，将识字、写字、阅读、写作、口语交际、搜集处理信息等融为一体。本学习任务群“科博馆里的科学梦”设计了三个学习任务，每个任务各有侧重点，如侧重口语交际，侧重表达等，并将字词、阅读、写作等语文实践活动融合其中。

任务一“探秘历史馆”，通过课文《琥珀》《飞向蓝天的恐龙》的学习，让学生了解琥珀的形成过程，探秘鸟类的演化，通过搜集课外资料，梳理时间轴思维导图，提炼关键信息，整理问题清单，学当解说员等，让学生形成对自然科学知识的兴趣，完善科学认知，尝试提出并解决问题。

任务二“解锁新科技”，通过学习《纳米技术就在我们身边》《千年梦圆在今朝》，关注文中出现的科技术语，运用各种方法解决不理解的词语。发挥想象进行口头表述，说说自己将如何利用全新纳米技术设计小发明，解决现实生活中存在的烦恼事并撰写解说词，为中国航天科技发展设计名片，了解更多关于航天的相关知识。

任务三“策划未来展”。通过交流新闻，制作新闻小卡的方式，了解自己的兴趣方向。根据自己的奇思妙想画出设计图，并能够结合习作进行恰当选材。为自己的创意物品选择合适的说明风格，撰写解说词。借助解说词，进行创意物品的介绍。

单元以“科博馆里的科学梦”为主题，串联起“过去—现在—未来”的时间线，整合三个任务进行学习，将识字、写字、课文阅读、课外阅读、口语交际、习作、语文园地统整在主题情境中。学生通过朗读课文，了解课文内容；通过联系生活，在语言揣摩中感受科普说明文语言的特点，并通过一系列的情境活动，强化学生提问的意识和能力，引导学生通过不同的方式解决问题，发表收获成果。

五、资源支持与技术支持

（一）学习资源

1. 文本资源：教材文本《琥珀》《飞向蓝天的恐龙》《纳米技术就在我们身边》《千年梦

圆在今朝》《口语交际:说新闻》《习作:我的奇思妙想》;课外文本:精选的有关恐龙、纳米技术、航天科技等相关资料2—3份。

2. 网络资源:相关视频资料、中央电视台《走进科学——我爱发明》专题节目。

(二) 工具技术

1. 小发明、小创意评价表、“奇思妙想发布会”评价表、“最佳解说员”评价表、活动任务单、思维导图等。

2. 小发明过程、思维导图、问题清单等展板,用来展示分享活动成果的班级QQ群、微信群、钉钉群,用来选择优秀作品的问卷星投票功能等。

六、过程评价与单元测评(表2-16)

表2-16 “科博馆里的科学梦”过程评价与单元测评

评价	内容	基本标准
过程评价	任务一: 探秘历史馆	1. 能利用课内及课外的素材,采用思维导图、知识趣味棋盘等方式完成课文关键内容的梳理,做到图文并茂。 2. 通过比较阅读,初步体会科学小品文和科学说明文不同的语言特点,并能够聚焦重点,尝试用同样的语言进行相关知识的解说,节奏明快,有条有理,表达大方。
	任务二: 解锁新科技	1. 自读课文,能用多种方法解决阅读中的疑惑,理解科技术语的含义。 2. 能根据生活中遇到的烦恼和困难,展开想象寻找解决方法,设计纳米产品,撰写解说词。 3. 能搜集自己感兴趣的资料,制作航天科技名片。
	任务三: 策划未来展	1. 通过交流新闻,制作新闻小卡的方式,了解自己的兴趣方向。 2. 根据自己的奇思妙想画出设计图,并能够结合习作进行恰当选材。 3. 为自己的创意物品选择合适的说明风格,撰写解说词。借助解说词,进行创意物品的介绍。
单元测评	精彩的科技节	1. 观看中央电视台《走进科学——我爱发明》专题节目,能根据节目中的金点子,用表格或导图的方法梳理发明过程,运用思维导图体现发明特点及生活中的运用。 2. 与小伙伴合作完成一项小发明(或者小实验),会用视频等方式记录过程,运用单元学过的制作名片、说新闻等形式在科技节上展示自己的成果。 3. 能以日记或手记的形式将参加本次科技节活动的经过与收获记录下来,根据评价表进行自评与互评。

第二部分　典型课时设计

任务一　探秘历史馆（2 课时）

【学习情境】

我们一起来到科博馆的第一站——历史馆，在这里有无数奥秘等着你去发现，有许多知识等着你去探索，还有历史馆解说员的任务等着你去挑战。参观时，记得要边读边问，边问边思，记下你的疑惑。让我们赶快出发吧！

【教学过程】

（一）最珍贵的宝石

1. 探秘琥珀的形成。

（1）阅读课文，找出琥珀形成的关键字词进行圈画。

（2）整理关键字词，按照找到的内容进行分组交流，通过图文结合的方式，为“化石馆”设计一张琥珀形成时间轴导图。

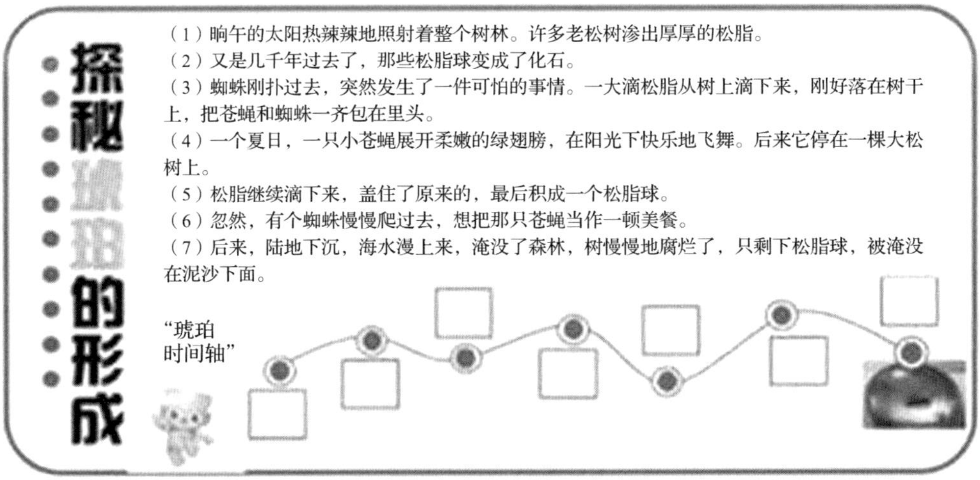

（3）组内交流积累成果，讨论：琥珀的形成必备条件有哪些，是否可以减少一个？

2. 探秘琥珀的知识。

（1）阅读“化石馆”内《“最珍贵的宝石”主题介绍》，尝试提出不懂的问题，记录在问题卡上。

“最珍贵的宝石”主题介绍

在距今 6 500 万年左右，整个欧洲生长了大量的松柏科植物。因为没有天敌的干扰，再加上当时地球的含氧量非常高，所以这些植物都长得特别巨大。它们在那个酷热的年月里产生了大量的树脂。

随后，大陆板块的漂移带来了一系列地质运动。先是剧烈的地震和火山爆发将这些树脂埋到了地底,紧接着广袤的平原变成了海洋。于是,这些树脂在海底不断地硬化,经过了几千万年,终于变成了琥珀。

后来,伴随海底的地质活动,这些琥珀又从海底被翻卷了出来,在海水的侵袭和微弱的氧化之下,最终成为我们现在看到的样子。

(2) 从课文或搜集的资料中寻找答案,记录在答案卡上。

(3) 借助问题卡和答案卡设计琥珀知识趣答棋盘(棋盘样例如下图所示)。

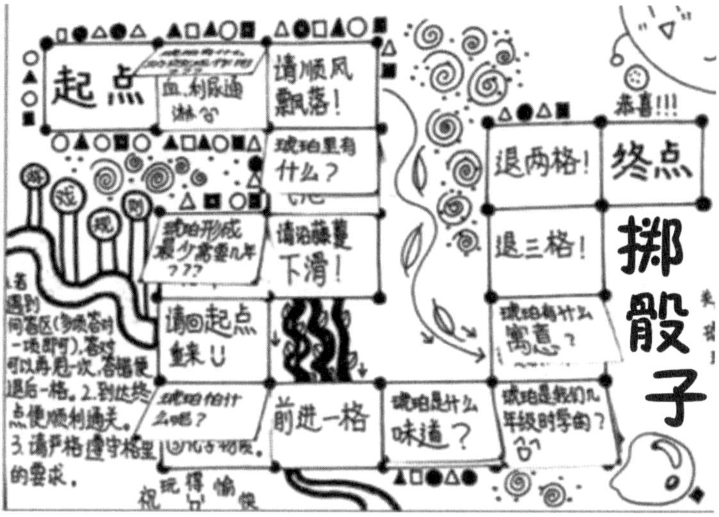

3. 探秘琥珀的价值。

(1) 再次阅读课文第3、4自然段,讨论:为什么课文把苍蝇的活动写得那么细致?

(2) 联系课后“阅读链接”,看看它的表达和课文相关语段的表达有什么不同?

(3) 小小解说员:借助琥珀形成时间轴导图和琥珀知识趣答棋盘上的内容,尝试运用生动形象的语言向大家介绍琥珀的形成过程及其价值。

(二) 恐龙之谜

1. 探秘鸟类的演化。

(1) 回顾《琥珀》一文中探秘琥珀形成过程的学习方法。

(2) 运用同样的方法探秘鸟类的演化,绘制鸟类演化示意图(导图样例如下图所示)。

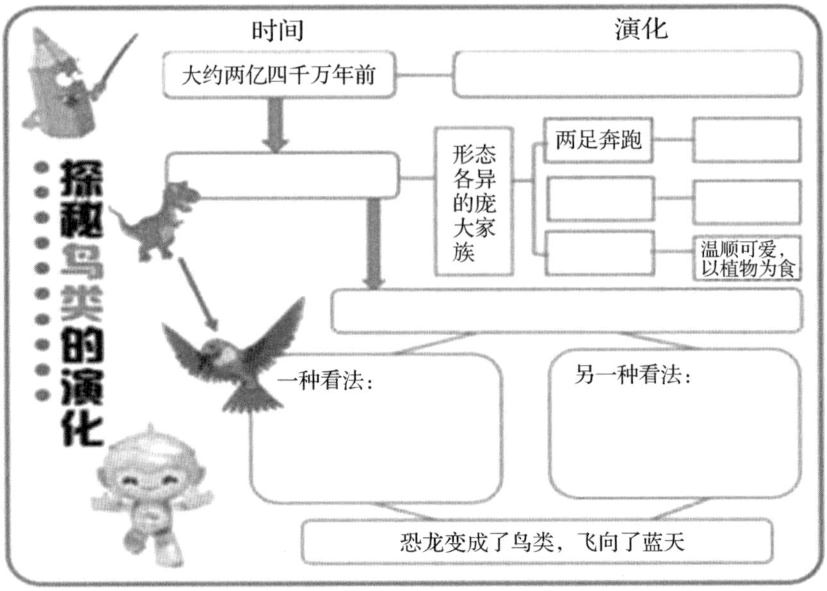

2．模拟解说员。

（1）默读课文第 4 自然段，梳理表达顺序。

（2）角色体验：科博馆请你来当恐龙馆里的小小解说员，你认为向游客介绍时哪些内容和词句不能遗漏？哪些可以简单带过？“另一种说法”是否需要介绍？小组讨论交流。

（3）如果有小朋友向解说员提问，解说员需要有关于恐龙的知识储备。请整理“我的未知清单”，通过各种方式尝试解决自己的“未知”。

（4）借助示意图，完成角色体验，进行模拟解说。

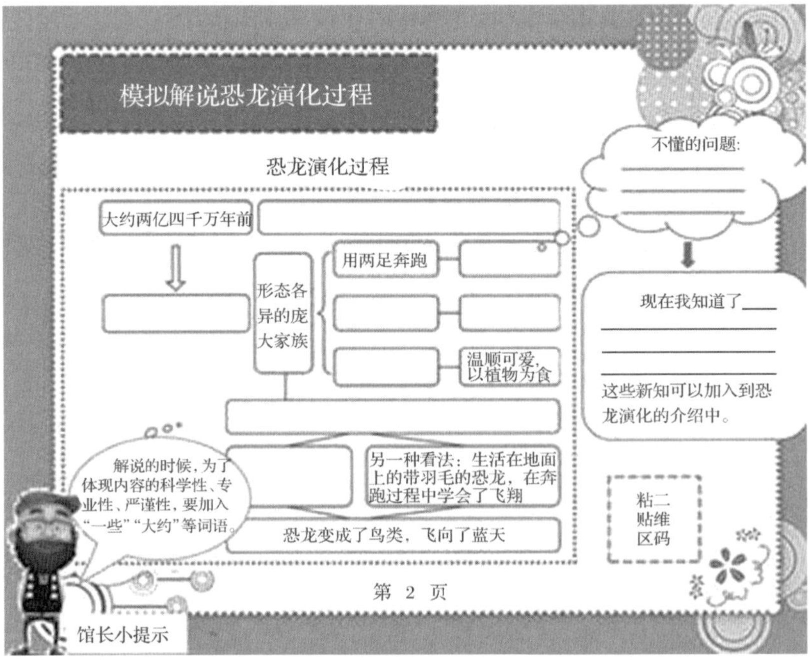

（5）小提示：在“琥珀”馆进行讲解时，同学们采用生动的形式，将合理推测与故事讲述结合进行解说；但是《飞向蓝天的恐龙》的语言表达准确严谨，大家在解说时则要注意运用“大约”“逐渐”“可能”等词句，将恐龙飞向蓝天的演化过程清晰严谨地表达出来。

（6）各组推选代表，进行“最佳解说员”评比。

（7）根据评价表（表2-17），选出“最佳解说员”。

表2-17 “最佳解说员”评价表

评价要求	达成度	我的建议
解说有顺序、有条理	☆☆☆☆☆	
解说能体现内容的科学严谨	☆☆☆☆☆	
解说中能加入关于恐龙的新知识	☆☆☆☆☆	
能加上恰当的手势或动作	☆☆☆☆☆	
普通话标准，表达规范	☆☆☆☆☆	

（8）了解了这么多来自远古的科学知识，完成了“历史馆解说员”的任务，同学们的收获可真不少。我们学会了通过绘制思维导图整理课文主要内容，学会了用各种方法解决自己在阅读时遇到的困难，还学会了用或生动或严谨的语言对不同的事物进行解说。相信在下一站“现代科技馆”，大家一定会表现得更加出色！

（撰写：苏州市善耕实验小学校　薛　晟）

案例五　我是文旅推荐官（五年级）

第一部分　单元设计

一、设计依据

《义务教育语文课程标准（2022年版）》指出：我们要“吸收古今中外优秀文化成果”“感受多样文化”“具有比较开阔的文化视野和一定的文化底蕴”。五年级下册第七单元的人文主题为“足下千里，移步换景，寰宇纷呈万花筒”，编排了《威尼斯的小艇》《牧场之国》《金字塔》3篇课文，分别展现了威尼斯独特的城市风光，描写了荷兰安闲的牧场，介绍了古老的埃及金字塔，体现世界各地丰富多彩的自然、人文景观。《口语交际：我是小小讲解员》《习作：中国的世界文化遗产》与单元主题密切相关，旨在培养学生了解世界多元文化的兴趣。

“体会静态描写和动态描写的表达效果”是这一单元的语文要素，3篇课文在静态和动态描写上各有侧重。《威尼斯的小艇》侧重于动静相融，体现水上名城的风光韵味；《牧场之国》则以动衬静，写出荷兰的宁静悠闲；《金字塔》在静态描写中融入想象，展现金字塔的壮观。这一语文要素指向学生品鉴能力的培养，稳步培养学生的文学品鉴能力。

根据本单元课文的编排及语文要素，对其中一些内容进行了筛选和补充，创设了真实的情境——“我是文旅推荐官”，让学生在真实情境下，通过任务驱动，系统地培养阅读与交流能力，增强对世界文化遗产的体验感、认同感，锻炼创意表达的能力。

二、主题内容与目标

（一）单元主题

我是文旅推荐官。

（二）学习内容

1. 文本阅读：

课内：教材文本《威尼斯的小艇》《牧场之国》《金字塔》《口语交际：我是小小讲解员》《习作：中国的世界文化遗产》《语文园地》。

课外：各类自然百科全书、游记类书籍。

2. 网络资源：各类世界文化遗产纪录片，相关音频、视频录制操作介绍。

（三）学习目标

1. 通过搜集资料、整理资料，制作国家（城市）名片，加深对世界文化的了解，提升对世界文化遗产的兴趣，提高口语交际能力与审美能力。

2. 通过有感情地朗读自己喜欢的课文段落，积累优美语句，提升朗读技巧。通过品读课文、想象画面，体会静态描写和动态描写的表达效果，并学习如何根据情境进行景物的动静态描写。初步了解非连续性文本的特点，提高阅读理解能力和语言赏析能力。

3. 学习列出讲解提纲，按照一定的顺序讲解，并根据听众的反应，对讲解的内容作出调整。通过搜集资料、创造性加工，清楚、具体地介绍一处自己感兴趣的中国的文化遗产，提高口语交际能力与书面表达能力。

三、学习情境与任务框架

（一）学习情境

作者游历世界时，用自己的笔为大家做文化导览。从水城威尼斯到牧场之国荷兰，再到埃及金字塔……让我们阅读记录这些地方的文字，将它们标记在世界地图上，制作旅游攻略，分享自己向往的地方，发现世界的文化情趣。同时，盘点自己熟悉的中国的世界文化遗产，并选择一处来代言，成为一名文旅推荐官。

（二）任务框架

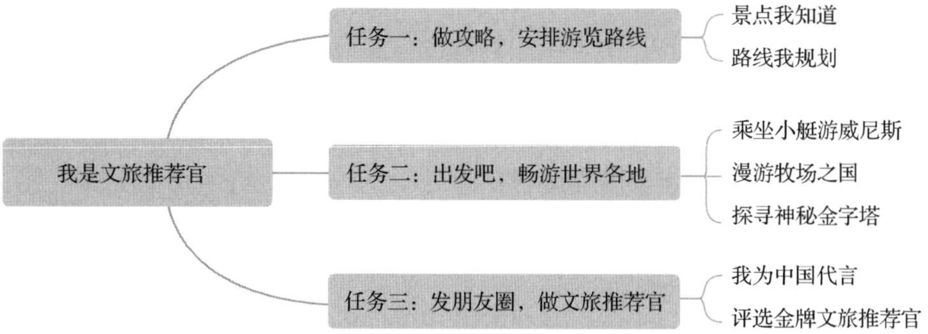

四、活动设计与教学提示

（一）活动设计(表2-18)

表2-18 “我是文旅推荐官”活动设计

单元任务	学习活动	学习内容	课时安排
我是文旅推荐官	任务一：做攻略，安排游览路线	1. 景点我知道。通读课文，大致掌握本单元字词，了解本单元所介绍的主要内容。聊一聊，你还知道有哪些世界文化遗产。 2. 路线我规划。在地图上标注世界文化遗产位置，感受不同区域的独特风情，设计一条旅游路线，制作一份旅游攻略初稿。	1
	任务二：出发吧，畅游世界各地	1. 乘坐小艇游威尼斯。根据对比阅读，体会动静之美。根据课后阅读链接，体会不同作家笔下的威尼斯。并根据自己对威尼斯的印象，完成一张威尼斯的城市名片。 2. 漫游牧场之国。利用思维导图梳理课文，聚焦环境、动物和人的活动三个镜头，给牧场之国制作一份美篇，感受以动衬静的舒适和谐。 3. 探寻神秘金字塔。阅读《金字塔》的两篇短文，整合归类相关信息，梳理课文，了解综合运用多种表达方法介绍会更加吸引人。根据对三个地点的印象，进一步完善旅游攻略。	5
	任务三：发朋友圈，做文旅推荐官	1. 我为中国代言。选择一项中国的世界文化遗产，收集整合信息。用文字、视频等发朋友圈的方式介绍中国的世界文化遗产，邀请大家来参观。 2. 评选金牌文旅推荐官。借助相关媒体工具，当众讲解遗产内容，接受同学提问，评选金牌文旅推荐官。	3
单元测评	带你云游苏州	1. 设计苏州城市名片。根据旅行主题，选择适合的景点，查找相应资料，为苏州设计一张城市名片。 2. 制作苏州美景 vlog(视频日志)。选择一处景点，运用动静结合的描写手法，撰写拍摄脚本，借助多媒体技术，制作美景 vlog，进行线上分享。	1

（二）教学提示

五年级下册第七单元围绕“搜集资料，介绍一个地方”这一语文要素，重在锤炼学生搜集、整理、分析、使用信息的能力，契合实用性阅读与交流的特征。纵观本单元学习内容，《金字塔》为资料的使用提供范本，口语交际和习作训练是从语言文字运用的角度锤炼学生资料使用的意识和能力，《威尼斯的小艇》《牧场之国》则从不同的角度呈现景物的魅力，了解综合运用多种表达方法能让讲解词更加吸引人。这些都契合实用性阅读与交流的交际性特征。

在“我是文旅推荐官”这一真实的学习情境中，共设计了“做攻略，安排旅游路线”“出发吧，畅游世界各地”“发朋友圈，做文旅推荐官”三大学习任务。每个学习任务之间既有关联，又有推进。学生在这样的真实情境下，通过任务驱动，系统地培养文学鉴赏的能力，增强对世界文化遗产的体验感、认同感，锻炼创意表达的能力。同时，“完成旅游攻略”单元统整作业贯穿整个单元的学习，每个学习任务后，学生都会获得一项学习成果，并可以根据学习进程不断完善，既是对任务的总结，又增强了学生的学习获得感。

五、资源支持与技术支持

（一）学习资源

1. 文本资源：教材文本《威尼斯的小艇》《牧场之国》《金字塔》《口语交际：我是小小讲解员》《习作：中国的世界文化遗产》《语文园地》；课外文本为各类自然百科全书、游记类书籍。

2. 网络资源：各类世界文化遗产纪录片等。

（二）工具技术

1. 网络搜索软件，相关音频、视频录制软件。

2. 解说词小组互评表、讲解评价标准表。

六、过程评价与单元测评（表2-19）

表2-19 “我是文旅推荐官”过程评价与单元测评

评价	内容	基本标准
过程评价	任务一：做攻略，安排游览路线	1. 能综合运用查阅资料的方法，搜集有关景点的多方面信息。 2. 能根据自己搜集的资料，清楚地介绍其特点。 3. 能认真倾听他人的介绍，就感兴趣的内容予以回应。 4. 能进行合理的地图标注，并根据不同区域特点，进行旅游路线的合理规划。
	任务二：出发吧，畅游世界各地	1. 能认识本单元的生字，会写本单元的词语。 2. 能整体感知文本，根据文本内容列出提纲。 3. 能抓住关键句体会动态描写和静态描写的表达效果。 4. 能抓住情景中的景物特点，写出动静之美。 5. 能了解非连续性文本的特点。 6. 能通过对比阅读，分享自己更喜欢的文本，并说明理由。 7. 能结合所学，设计国家（城市）名片，完善旅游攻略。

续表

评价	内容	基本标准
过程评价	任务三：发朋友圈，做文旅推荐官	1. 能搜集中国世界文化遗产的资料，选择一处感兴趣的中国世界文化遗产，选择介绍的方面，进行习作构思，完成习作。 2. 能借助一定媒介，声情并茂、运用恰当的语气介绍一处景点，并能够根据听众反应及时调整讲解内容。
单元测评	带你云游苏州	1. 能给自己的推荐内容取一个吸引人的标题，城市名片设计图文并茂，特点明晰。 2. 能以较为丰富的形式进行景点介绍，画面动静结合，优美动人，语言描述流畅，声情并茂，具体生动，并在介绍时能加入自己的切身感受，使自己的推荐更具感染力。

第二部分　典型课时设计

任务二　出发吧，畅游世界各地——乘坐小艇游威尼斯（1课时）

【学习情境】

作者游历世界时，用自己的笔为大家做文化导览。让我们踏上行程，畅游世界各地，乘坐小艇游威尼斯，赏一赏美景，写一写解说词，学习如何做一名合格的文旅推荐官。

【教学过程】

（一）赏一赏，威尼斯美景

1. 欣赏短片。学生观赏威尼斯的城市宣传片，主要展示乘上小艇游威尼斯的过程，有小艇、城市、教堂、河道、人们生活场景等综合介绍。

2. 交流印象。师生交流讨论这段影片介绍的地点，以及观赏后的主要印象。结合预习时搜集的资料，再借助适当的资料补充，形成对威尼斯的初步了解。

3. 发现问题。讨论交流这段影片少了什么，明确要求，尝试给影片设计讲解词。

（二）配一配，撰写解说词

1. 读一读，体会动静态之美。

（1）朗读课文。师生互评，结合图片、生活经验等理解运用“纵横交错”等词语。

（2）梳理脉络。师生合作梳理课文脉络，厘清课文围绕小艇写的三个方面的内容。

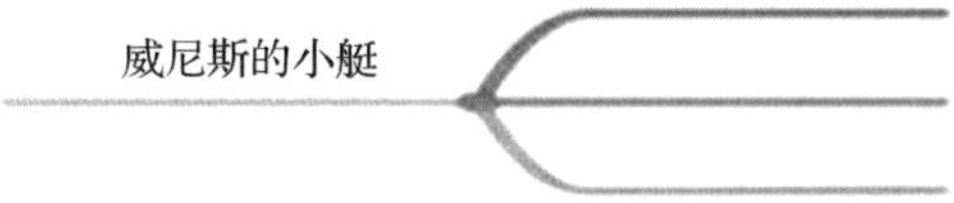

（3）聚焦特点。师生合作学习描写威尼斯小艇的段落，体会表达效果，思考这段话对我们设计讲解词有哪些可以借鉴和学习之处。

（4）交流不同。组织交流文中多处生动的描写，思考不同的描写分别让你感受到了怎样的画面，体会到了怎样的美。

2. 比一比，品味别样威尼斯。

（1）对比阅读。关联阅读链接，阅读朱自清的《威尼斯》和乔治·桑的《威尼斯之夜》，看看在表现威尼斯的情趣和写法上，这两个片段与课文有什么相同之处。

（2）小组讨论，完成表格（表 2-20）。

表 2-20　对比阅读

课文	描写内容	静态描写与动态描写	作者感受
《威尼斯的小艇》			
《威尼斯》			
《威尼斯之夜》			

（3）师生梳理解说词秘诀。师生交流，讨论如何让自己的解说词更具有感染力。① 选择最具代表性的事物进行解说更能突出解说亮点。② 动态描写和静态描写的运用能让解说词更加形象生动，具有画面感。

3. 写一写，我的解说词。

（1）画一画。设计影片解说词思维导图，按照一定的顺序讲述。

（2）选一选。根据课文及阅读链接，以及自己搜集的资料，选择讲解内容。

（3）加一加。师生讨论，如何取舍内容，如何使过渡更自然。

（4）练一练。小组交流解说词，推选代表进行全班交流。借助评价表（表 2-21），完成小组互评。

表 2-21　解说词小组评价及建议

评价标准	达成度	我的建议
条理清晰，能抓住特点	☆☆☆☆☆	
语速、语气适当，富有感染力	☆☆☆☆☆	
运用动作、表情辅助讲解	☆☆☆☆☆	
根据听众反应调整讲解内容	☆☆☆☆☆	

（5）改一改。根据解说词，完成威尼斯城市名片，完善之前设计的旅游攻略初稿。

任务三　发朋友圈，做文旅推荐官——评选金牌文旅推荐官（1 课时）

【学习情境】

跟随着语文课本，我们游览了世界之美，而我们地大物博的祖国也有不少世界文化遗产值得推荐。选择自己最感兴趣的一处景点，搜集资料，借助媒介进行解说，让我们每个人都成为中国代言人，成为金牌文旅推荐官。

【教学过程】

（一）班级讨论，制定评选方案

1. 小组讨论。说一说自己对本次评选活动的建议，完善组内评选活动方案。

2. 全班分享。小组派代表上台展示组内讨论的评选活动方案。

3. 改进练习。教师根据学生交流情况,提供建议。

4. 全班策划。根据全班交流,再次讨论,形成班级评选活动最佳方案。

(二) 分工筹备,自主练习

1. 论一论:怎样做推荐讲解?

(1) 师生交流,讨论怎样讲解更合适。

① 列好提纲,制作讲解提示小卡片,从而使得讲解条理清晰。

② 语气、语速要适当,可以用动作、表情辅助讲解。

③ 提前预设听众可能的反应,要根据听众的反应,对讲解的内容做临时调整。

(2) 根据讨论结果,制定出评价标准(表 2-22)。

表 2-22　讲解评价表

评价标准	达成度
1. 解说词条理清晰,语气适当,动作自然大方,充分吸引听众。	☆☆☆☆☆
2. 解说时能够恰当合理运用海报、图片、PPT 等多种形式进行辅助讲解。	☆☆☆☆☆
3. 解说时能根据听众反应,对解说内容进行及时调整,和听众进行积极互动。	☆☆☆☆☆

2. 练一练。自主练习,小组内交流,互相提出改进意见,没明白之处可提出疑问。

3. 选一选。依据同学的意见,进行改进。小组推荐代表参与班级评选。

(三) 举行评选比赛

1. 开展活动,共同评选。班级学生主持比赛,依照抽签顺序依次进行展示,班级师生共同评选"金牌文旅推荐官"。

2. 汇总结果,颁奖仪式。依据评价标准,汇总分数。

3. 反思评价,提出建议。活动结束后,发放活动感受表单,学生写下自己聆听和参与评选活动的感受和思考,例如:

(1) 我印象最深刻的文旅推荐官是谁?他留给我深刻印象的原因是什么?

(2) 我要为一位同学提出修改建议,从而帮助他更好地展示自己的推荐。

(3) 通过和同伴的交流与分享,我对中国的世界文化遗产有了这样的认识和理解。

(撰写:苏州市沧浪新城第一实验小学校　周静怡)

案例六　我们毕业啦（六年级）

第一部分　单元设计

一、设计依据

《义务教育语文课程标准（2022 年版）》中“实用性阅读与交流”学习任务群第三学段的学习内容提出：观察、思考日常生活，阅读记人叙事的优秀文本，学习通过口头表达、书面叙写，与他人交流身边令人感动、难忘的人和事。学习记笔记、列大纲、写脚本、画思维导图等整理和呈现信息的方法。“我们毕业啦”这一单元任务群首先立足于学生面临毕业这一真实生活情境。学生在任务驱动下学会从阅读文本和生活素材中提取信息、筛选信息、整合信息、加工信息、转化信息，再根据特定的情境和对象，交流、传递信息，学会演讲，学会书信表达，学会制作成长纪念册，学会讨论策划毕业联欢晚会，学会表达和交流自己这段难忘的经历，满足交流沟通的需要。

二、主题内容与目标

（一）单元主题

我们毕业啦。

（二）学习内容

1. 文本阅读：

课内：教材六年级下册第六单元阅读文本《老师领进门》《作文上的红双圈》《如何制作成长纪念册》《毕业联欢会活动策划书》《我为少男少女们歌唱》《聪明在于学习，天才在于积累》《给家乡孩子的信》《毕业赠言》。

课外：《〈学生的精神〉陶行知在湖南的演讲（节选）》。

2. 视频资源：《掌握未来，勇立潮头！许宁生校长在复旦大学 2018 毕业典礼上的讲话》《当众演讲》《如何演讲》。

（三）学习目标

1. 能回忆小学生活，学会利用思维图示梳理整合信息，填写时间轴，选取时间轴上有代表性的内容与同学交流分享。

2. 能收集、筛选文字和图像资料，整理资料，制作个性化的个人成长纪念册。

3. 能回顾复习演讲稿的要点，能围绕观点，以演讲的形式表达对美好小学生活的回忆，表达对未来的希望与憧憬。

4. 学习临别赠言，巩固书信格式，给老师、同学、母校或未来的自己写一封信，表达真情实感。

5. 能整合资源、有效沟通，策划毕业联欢会，学写策划书，制作节目单，举办毕业联欢会，表达对师友、对母校的惜别之情。

6. 学会收集、整合信息，用图文、视频的方式记录和呈现毕业季活动课程，将图文成果制作成微视频发布在学校公众号上。

三、学习情境与任务框架

（一）学习情境

六月，正值毕业季。丰富的毕业季课程等着我们来参与。制作成长纪念册，举办时光成长毕业展，策划毕业联欢会，开展毕业联欢活动，为自己的小学生活画上圆满的句号。让我们制作成长纪念册，策划毕业联欢晚会，参与时空胶囊活动，用书信、演讲、赠言等形式，表达对师友、对母校的深深惜别之情。

（二）任务框架

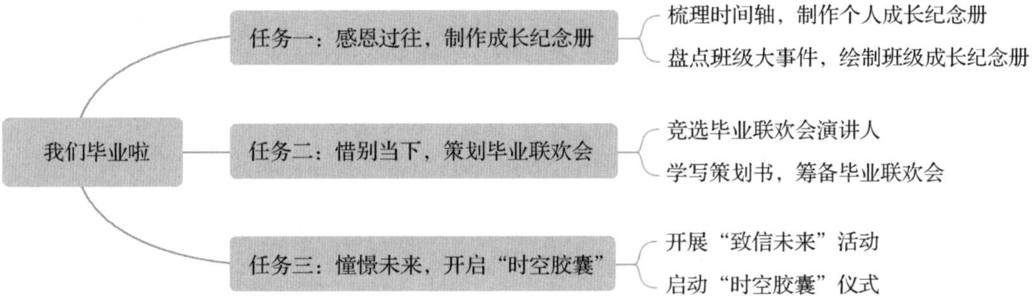

四、活动设计与教学提示

（一）活动设计（表2-23）

表2-23 “我们毕业啦”活动设计

单元任务	学习活动	学习内容	课时安排
我们毕业啦	任务一：感恩过往，制作成长纪念册	1. 梳理时间轴，制作个人成长纪念册。阅读主题文本，唤起回忆。提取、筛选记忆信息，选择不同的时间线索图，完成自己的个人成长时间轴，整合图文信息。阅读材料《如何制作成长纪念册》，分享交流，讨论、明确纪念册的基本要素、基本制作步骤以及一般呈现形式和典型样例，共同制定成长纪念册评价标准。学习“编年体”和“栏目式”不同角度的分类方式。根据时间轴梳理的重要信息，分类、编排事件，收集、整合相应事件的图文资料，运用各种思维导图呈现自己的美好回忆，制作个人成长纪念册。班级内展示分享。 2. 盘点班级大事件，绘制班级成长纪念册。按照个人成长时间轴的制作方法，结合搜集、筛选的材料，全班交流，一起绘制班级六年的成长时间轴，选出最重要的10件事。学生分小组自主申报想要写作的事件，开展创作，并自主搭配活动照片，最后将此汇总到负责“班级大事件”的小组处，进行排版编辑。	1

续表

单元任务	学习活动	学习内容	课时安排
我们毕业啦	任务二：惜别当下，策划毕业联欢会	1. 竞选毕业联欢会演讲人。阅读文稿，学习如何写演讲稿，并结合六年级上册《口语交际：演讲》，微课《如何演讲》，准备以“依依惜别”为主题的演讲稿，选择一两件最难忘的事作为演讲素材，以列提纲的形式梳理演讲结构，罗列演讲内容。 2. 学写策划书，筹办毕业联欢会。初步交流毕业体会，积极参加演讲比赛，评选优秀演讲人。毕业联欢会构想，学习材料，明确策划书的项目构成，重点讨论节目数量和内容；活动分工项目和准备工作，共同完成小组策划书。举办“毕业联欢会策划投标书”，推选最优策划方案，作为班级策划书初稿。整合各组策划，讨论主题、流程、节目和分工、完成节点，明确职责。完善形成班级策划书终稿。学生依据策划书撰写各类应用文稿，开展毕业联欢会筹备活动。	2
	任务三：憧憬未来，开启“时空胶囊”	1. 开展“致信未来”活动。学习阅读材料《给家乡孩子的信》《毕业赠言》等，巩固学习书信、赠言的格式，以“依依惜别，祝福未来”为主题，畅所欲言，明确书信对象是给未来的自己或者同学、老师、母校，交流想说的话，完成“致信未来”活动的书信撰写。 2. 启动“时空胶囊”仪式。收集好毕业学生的信件，用时空胶囊封存在学校图书馆等场室内，约定开封时间，鼓励毕业生回母校领取信件。	1
单元测评	毕业季项目课程成果展	毕业季项目课程成果展示——毕业联欢活动，完成毕业季项目课程微信报道。	2

（二）教学提示

本单元策划了6个学习活动，以“感恩过往，制作成长纪念册”“惜别当下，策划毕业联欢会”“憧憬未来，开启‘时空胶囊’”作为重要的驱动任务，利用教材中的阅读材料、补充微课视频，以及演讲稿、策划书等应用文体范文，提供资源支撑，培养学生学写演讲稿、书信、活动策划书等应用文体，梳理、分类、筛选资源信息，并且用多种形式编排、呈现信息，在合作完成活动任务的过程中特别注重锻炼学生的交流沟通能力，达成共同任务。让学生在策划筹办“我们毕业啦”毕业季项目课程的过程中，有效表达对母校及其师生的怀念、感恩之情，以及对未来的憧憬和美好祝愿。

师生共同研制评价标准，在真实生活情境中，评价学生语言运用的实际表现，让评价贯穿学习全过程，实现“教、学、评”一致性。

五、资源支持和技术支持

（一）学习资源

1. 文本资源：教材文本《老师领进门》《作文上的红双圈》《如何制作成长纪念册》《毕业联欢会活动策划书》《我为少男少女们歌唱》《聪明在于学习，天才在于积累》《给家乡孩子的信》《毕业赠言》；课外文本《〈学生的精神〉陶行知在湖南的演讲（节选）》。

2. 网络资源：《掌握未来，勇立潮头！许宁生校长在复旦大学2018毕业典礼上的讲话》《当众演讲》《如何演讲》。

（二）相关工具

1. 成长纪念册推优评价表、最佳“依依别情”演讲人评价表、毕业联欢会策划书讨论记录表。

2. 用来进行图文剪辑的微信材料、展示分享活动成果的学校微信平台。

六、过程评价与单元测评（表2-24）

表2-24 “我们毕业啦”过程评价与单元测评

评价	内容	基本标准
过程评价	任务一：感恩过往，制作成长纪念册	1. 能选取典型事例，注重细节描写，交流自己难忘的小学生活经历。 2. 能筛选资源材料，用代表性材料完善时间轴，制作班级成长纪念册内容，并根据需要给搜集的图文资料按照编年或栏目等不同的方式分类，角度多样，涵盖整个时段。 3. 纪念手册板块齐全，且能以多样化的方式呈现生活内容。手册图文结合，设计美观有个性，叙述清楚，写出真实感受。
	任务二：惜别当下，策划毕业联欢会	1. 能明确选择话题，搜集材料，围绕中心观点撰写演讲稿，表达感恩与惜别，引人共情。演讲语气语调恰当，姿态大方。能利用停顿、重复或者辅以动作强调要点，增强表现力。 2. 能明确策划书包含要素，根据学习资料，完成策划书，做到主题鲜明，分工职责明确，活动流程清晰。 3. 在构想活动中，能搜索阅读资料，寻找优质活动素材，或能根据活动主题对资源进行整合、加工，为我所用。 4. 能大方主动与同学讨论交流活动主体，活动流程、人员分工、节目资源选择等，积极清晰地表达想法，并倾听同伴意见。每位同学能根据自己的兴趣特长完成不同的职责，准确撰写书信、演讲稿等不同类型的实用性应用文稿。
	任务三：憧憬未来，开启“时空胶囊”	1. 能以书信、赠言等形式针对不同的对象表达自己对未来的憧憬、祝福和希冀，主题明确，情感真实。
单元测评	开展毕业季项目课程	1. 能根据不同任务有目的地选择恰当的参考资源和完成方式，配合完成本团队的任务，能与其他分工团队协作，完成共同的目标。 2. 能以丰富的照片、恰当的语言编写微信稿，形象生动地介绍毕业季项目课程的特点，点明活动收获和意义。

第二部分　典型课时设计

任务一　感恩过往，制作成长纪念册——梳理时间轴，制作个人成长纪念册（1 课时）

【学习情境】

毕业在即，小学的六年时光中你一定留下了许多美好的回忆。让我们回望过去，一起绘制专属于你的个人成长时间轴。翻一翻过去的照片，读一读以前的日记，把你的回忆完整地呈现出来，与大家一起分享你的成长纪念册。

【教学过程】

（一）阅读文本材料，交流美好回忆

1. 阅读文本，交流回忆。

阅读以“同窗情谊与感念师恩”为主题的文本，表达感受交流，唤起自己对小学生活的美好回忆。师生共同确立交流回忆的评价标准（表 2-25）。

表 2-25　交流评价表

评价标准	星级
积极参与交流，表述事件生动，情感真挚，引起共鸣；能借助图片、物品等表达，表达形式新颖丰富。主动真挚表达对他人交流的感受。	☆☆☆
积极参与交流，表述事件清晰，情感真挚，语言详细，重点突出。主动表达对他人交流的感受。	☆☆☆
在师生鼓励下，愿意交流，表述事件流畅，情感真挚。	☆☆☆

2. 借助实物，小组交流。

组内借助照片、作业、有纪念意义的物品等资料，分享交流美好回忆，表达自己对过往的感恩与不舍。组内成员认真倾听，发表感想，依据星级标准，对组员的交流进行评价以及补充。

3. 推荐代表，分享感受。

小组推荐代表进行全班交流，分享交流感受，表达深厚的师生情、生生情。

（二）有序梳理回忆，绘制个人时间轴

1. 观察图示样例，了解思维呈现特点。

细致观察教材中的树状时间轴图示，以及额外补充的表格时间线索图、成长轨迹图、情境化时间线索图等图示样例，明确时间轴的主要作用在于按照时间顺序回忆往事，为收集成长资料提供线索，了解其思维呈现特点。

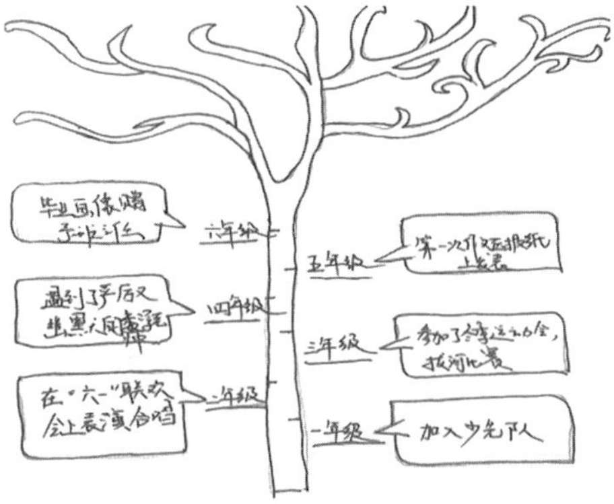

树状时间轴

	照片	艺术作品等	获奖证书、荣誉	老师、同学的评价	……
一年级					
二年级					
三年级					
四年级					
五年级					
六年级					

表格时间线索图

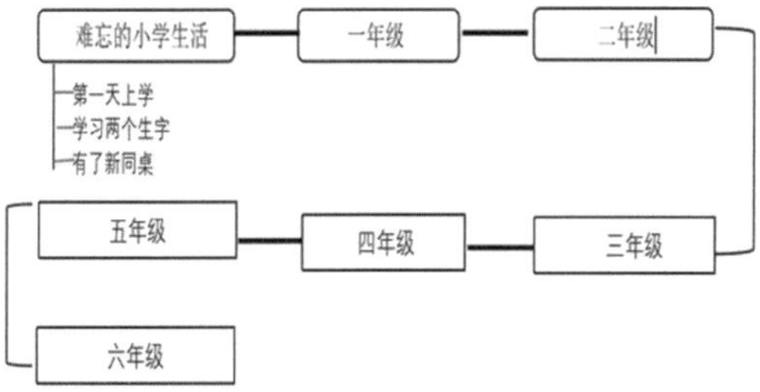

成长轨迹图

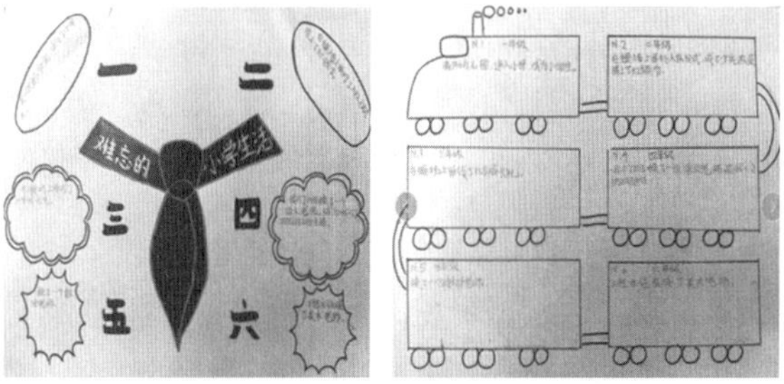

情境化时间线索图

2. 分享交流回忆，分类梳理资源信息。

基于之前的美好回忆交流分享，根据需要，回忆六年的小学生活，将搜集的文字、事物、照片资料按照时间进行梳理分类。

3. 整理图文时间轴，展示分享交流感受。

选择自己感兴趣的时间轴形式，将梳理的事件、图文资料进一步筛选，以个性化、多彩丰富的形式，完成自己的小学时光时间轴，在全班学生面前展示分享，学生观赏后，以便利贴形式写感言。

（三）绘制属于我的成长纪念册

1. 了解成长纪念册要求，交流收集、筛选的方法。

阅读教材《如何制作成长纪念册》，交流讨论成长纪念册的一般要求和呈现形式。学生汇报自己收集、筛选成长资料的情况，交流讨论收集、筛选成长资料的方法。

2. 观察范例，讨论资料分类、整合、编排的方式。

讨论编年体或栏目式的资料分类方法特点，制定属于自己的融合编年体与栏目式的目录。交流成长纪念册的部分构成，学习编排呈现资料内容的多种方式。

（1）给图片配文。

（2）统一主题图片放在一起。

（3）用插图进行装饰。

范例：

3. 个人自主制作成长纪念册，评价。

个人自主选择感兴趣的样式，选择思维导图、成长轨迹图、主题贯穿图、情境化实践线索图来编排自己收集、筛选、梳理好的文字、照片、图画等，探索个性化的方式，制作完成成长纪念册。制定评价标准（表2-26），并相互评价。

表2-26　成长纪念册评价表

评价标准	星级
突出“难忘的小学生活”主题，情感真挚。	☆☆☆
内容丰富，分类准确，目录、编排条理清晰。	☆☆☆
图文并茂，能充分体现个性以及创意。	☆☆☆
全面反映成长历程，启发学生寻求他人帮助。	☆☆☆
成长纪念的编排以学生个人独立完成为主，同学之间互相帮助。	☆☆☆

（四）开展个人成长纪念册展评

1. 成长纪念册展示与交流。

班级内开展“我的最美好时光”成长纪念册展示与交流活动。组员各自介绍自己的成长纪念册亮点与设计意图，学生组内翻阅、评价纪念册，讨论观赏感受。

2. 参照评价标准评选奖项。

参照共同制定的评价标准，设立并评选奖项，比如“最佳封面奖”“最佳目录奖”“最美图文奖”“最佳创意奖”等，上台授奖。

任务二　惜别当下，策划毕业联欢会——学写策划书，筹办毕业联欢会（1课时）

【学习情境】

同学们，毕业季来临，让我们一起筹办一场毕业联欢会吧！让我们通过学写策划书、主持稿等，表达我们对小学生活的热爱与怀念！

（一）举办“毕业联欢会”策划启动交流会

1. 头脑风暴，交流讨论毕业联欢会。

以“你想举办一场什么样的毕业联欢会”为主题交流，讨论毕业联欢会的主题、节目构想、如何分工筹备等。

2. 依据教材，提取有效信息。

搜索教材中哪些信息能在举办毕业联欢会的活动中为大家提供帮助，将收取信息进行罗列，完成下列信息单。

完成一场毕业联欢会的注意事项

1. ____________________

2. ____________________

3. ____________________

4. ____________________

3. 明确要点，师生共同确定步骤。

明确举办毕业联欢会的阶段：策划—筹备—举办，师生共同商量确定活动的主要步骤和时间节点。

（二）学写策划书，评选班级最优方案

1. 畅谈联欢会构想，形成小组策划书。

分小组讨论毕业联欢会的构想，并根据教材上策划书的范例，明确策划书的要素，学习策划书拟写要求，商定策划书评价标准，讨论活动分工及准备工作，形成小组策划书，并对照评价表（表2-27）进行评价。

毕业联欢会活动策划书

活动名称：

活动目的：

活动时间：

活动地点：

活动分工：节目统筹：____________________

会场布置：____________________

道具准备：____________________

主持与串词撰写：____________________

秩序维护：____________________

活动报道：____________________

活动流程：____________________

各节目负责人：____________________

表 2-27　策划书评价表

评价标准	星级
策划书的格式正确。	☆☆☆
活动目的明确、合理。	☆☆☆
活动名称围绕主题，颇有新意。	☆☆☆
活动分工明确，节点清晰。	☆☆☆
活动流程流畅，顺序合适。	☆☆☆
活动能涵盖到全流程。	☆☆☆

2. 积极投票，选出最优策划方案。

举办“毕业联欢会策划投标会”，各小组展示小组策划书，全班交流，并提出问题，然后投票选出最优策划方案，作为班级策划书的初稿。

3. 完善初稿，形成班级策划书。

全班综合小组策划书的优点，修改完善初稿，细致讨论，确定流程、节目和筹备分工，确定每位同学的职责，根据兴趣特长分工成立合作小组，如导演组、演出组、美化组、信息技术组、后勤组等，形成班级策划书。

（三）撰写各类应用文稿，筹备毕业联欢

1. 各显身手，撰写应用文。

每位同学根据自己的兴趣特长完成不同的职责，准确撰写不同的实用性应用文稿：主持稿、节目单、毕业歌歌词、课本剧剧本等。

2. 筹备联欢，完成准备工作。

学生依据策划书，按照时间节点，开展毕业联欢会的筹备工作，包括会场的布置、电子背景的制作、剧本的创作、课本剧的排练事宜等。邀请统筹各学科教师进行及时的协助和指导。

（撰写：苏州市沧浪新城第二实验小学校　陶佳娴）

第三章 “文学阅读与创意表达”学习任务群

本学习任务群旨在引导学生在语文实践活动中，通过整体感知、联想想象，感受文学语言和形象的独特魅力，获得个性化的审美体验；了解文学作品的基本特点，欣赏和评价语言文字作品，提高审美品位；观察、感受自然与社会，表达自己独特的体验与思考，尝试创作文学作品。

——摘自《义务教育语文课程标准(2022 年版)》

案例一 分享夏日的故事(一年级)

第一部分 单元设计

一、设计依据

《义务教育语文课程标准(2022 年版)》中“文学阅读与创意表达”学习任务群第一学段的学习内容提出：诵读表现自然之美的短小诗文，感受大自然的美景与变化。本单元是一个围绕“夏天”主题编排的课文学习单元。一年级的学生对夏天并不陌生。夏天是能够给孩子们带去最多欢乐时光的季节，故创造性设计“分享夏日的故事”这一任务群，引领学生走进夏日，走入大自然，联系自己在生活中对夏天的观察、发现和体验，来感受夏天的美好。

二、主题内容与目标

(一) 单元主题

分享夏日的故事。

(二) 学习内容

文本阅读：

课内：《古诗二首》《荷叶圆圆》《要下雨了》《语文园地六》。

课外：绘本《夏日的一天》。

（三）学习目标

1. 学习用普通话正确、流利地朗读课文，读出古诗的节奏感和儿童诗的韵味，分角色读好对话。

2. 学会用多种学习方式进行自主识字，联系生活实际理解词语的意思。

3. 充分调动学生的生活经验，与课文内容有效衔接，读懂课文内容，感受夏日之美，激发对大自然的喜爱之情。

4. 学习句子的多样表达方式，练习仿写；积累文中的比喻句、有关气象的谚语。

三、学习情境与任务框架

（一）学习情境

荷风送香气，蛙声遍满地……夏日的阳光，热情明媚；夏日的狂欢，快乐加倍！一年级的学生对夏天并不陌生。带着学生走出教室，走进自然，一起去向夏日问好，联系生活实际，找找夏日小发现，说说夏日趣事；走进夏日荷塘，看看荷塘美景，读出古诗的节奏感和儿童诗的韵味；一起感受夏日魅力，与小动物们对话，研究夏雨的秘密，唱唱夏天的歌儿，说说夏天的故事，举行一场热闹的夏夜分享会……同时，尝试联系生活理解词语，读懂课文内容；学习生动多样的表达；积累夏天的词语和气象谚语，感受夏日的情趣。

（二）任务框架

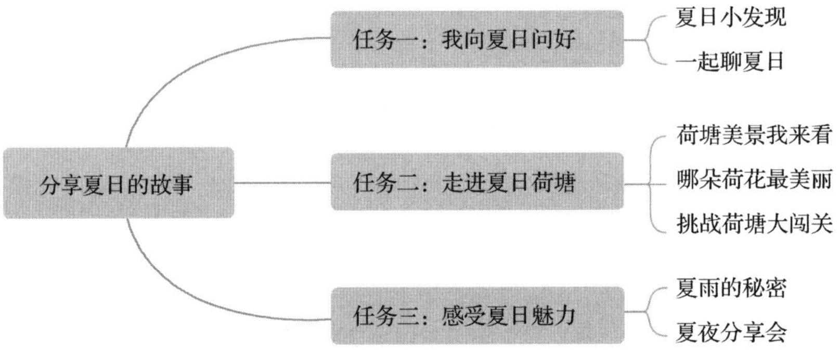

四、活动设计与教学提示

（一）活动设计（表3-1）

表3-1 “分享夏日的故事”活动设计

单元任务	学习活动	学习内容	课时安排
分享夏日的故事	任务一:我向夏日问好	1. 夏日小发现。 (1) 和家人朋友一起,联系生活实际,引导学生在生活中找夏天,以此发现夏天的变化,积累一些描写夏天的字词;用语言、实物、照片、图画等方式,和小伙伴分享自己发现的夏天所特有的景物或动物。 (2) 结合《语文园地六》“展示台”中的内容,通过不同的方式认识汉字,自主阅读,在游戏中积累汉字,感受夏日。 2. 一起聊夏日。 (1) 回忆有关一年级上册第四单元四季的学习经历,背诵古诗《江南》,想象鱼戏莲叶间的有趣画面。 (2) 将《语文园地六》“识字加油站”中的学习内容进行归纳整理,拓展与夏天有关的词语,从而发现夏天的独特之处。 (3) 和伙伴们一起聊一聊,在夏天想到哪些事、哪些物、哪些景?	2
	任务二:走进夏日荷塘	1. 荷塘美景我来看。 (1) 初读文本教材《古诗二首》和《荷叶圆圆》,读出古诗的节奏感和儿童诗的韵味,在各种形式的朗读中,寻找夏的足迹,感受夏的美丽。 (2) 能够结合文中的插图,找景物,说说词语的意思。 2. 哪朵荷花最美丽? (1) 在熟读课文的基础之上,能和小伙伴们一起演一演故事,体会夏日荷塘的美。 (2) 学生在读演的过程中,运用做动作、结合图片、联系生活等方式来理解诗文中的相关词句,感知诗文大意,激发学生阅读的兴趣和热情。 (3) 鼓励学生展开想象:夏天的荷塘中,还会有谁?他们又会把荷叶当作什么? 3. 挑战荷塘大闯关。 (1) 以闯关的形式,融入听、说、读、写的练习,加强生生互评。 (2) 结合《语文园地六》“字词句运用”内容,学习句子的多样表达方式,练习仿写。	3

续表

单元任务	学习活动	学习内容	课时安排
分享夏日的故事	任务三:感受夏日魅力	1. 夏雨的秘密。 (1) 分角色朗读课文《要下雨了》,读好问句和感叹句的语气,找一找下雨前小动物们在干什么。 (2) 和小伙伴一起,加上动作和表情,分角色演一演《要下雨了》的故事,了解通过观察大自然也能预测天气变化。 (3) 结合《语文园地六》"日积月累"的四句谚语,搜集更多有关天气的谚语,玩一玩"我来说,你来判"的游戏,进一步探寻夏天气象的秘密。 2. 夏夜分享会。 组织学生开一场"夏夜分享会",给予学生一个能够展示自己的欢乐课堂,结合《语文园地六》中"和大人一起读"《夏夜多美》,学生自主阅读有关于夏天的绘本、唱儿歌、诵诗文……积极主动地感受夏天,表达真情。	2
单元测评	我是分享小能手	1. 通过开展"夏夜分享会",学生做好与小伙伴们分享的准备。选择自己喜欢的故事。 2. 组织学生做好分享准备,制定故事分享会的整体实施方案。 3. 根据成功标准(评价表)进行个人准备或合作准备。	1

（二）教学提示

"分享夏日的故事"这一学习任务群,旨在让学生在丰富多彩的语文实践活动中,能够通过联系生活经验理解词语,读懂课文内容,学习多样的表达方法,在读读、写写、演演中积累有关夏天的词语和有关气象的谚语,感受夏天的快乐和美好!

本单元教材编排了《古诗二首》《荷叶圆圆》《要下雨了》《语文园地六》共4则教学文本内容,这些文本以不同文体、不同事物和不同角度描绘出了夏天的特点。《古诗二首》描绘了夏天的景象,《荷叶圆圆》表达了夏天的快乐,《要下雨了》通过童话的方式说明了夏天的气象常识,而《语文园地六》则通过一些和夏天有关的字词、谚语、美文等让学生在生活中发现夏天、观察夏天、体验夏天。为了帮助学生建立真实生活与课文内容的联系,更好地感受夏天的美好,本单元任务群将《语文园地六》中的各部分内容适当融入每一个学习任务中,并补充了一些有意思的语文实践活动,用来丰富学生的生活体验,帮助学生在事物与文字符号之间建立更加密切的联系。

考虑到一年级学生的学习兴趣,鼓励他们和家人朋友一起在生活中找夏天,联系生活实际,发现夏天的变化,积累描写夏天的词语,用语言、实物、照片、图画等方式,和小伙伴分享自己发现的夏天所特有的景物或动物;结合《语文园地六》"识字加油站"和"展示台"中的内容,通过不同的方式认识汉字,自主阅读,在游戏中积累汉字,同时拓展与夏天有关的词语,从而发现夏天的独特之处;并与伙伴们一起聊一聊,在夏天中,会想到哪些事、哪些物、哪些景?让学习与生活紧密相连,感受夏天的特点,体验语文学习的快乐。接着就进入

《古诗二首》和《荷叶圆圆》的学习，读出古诗的节奏感和儿童诗的韵味，在各种形式的朗读中，寻找“夏”的足迹，感受“夏”的美丽；学生在读演的过程中，运用做动作、结合图片、联系生活等方式理解诗文中的相关词句，感知诗文大意，激发学生阅读的兴趣和热情；以闯关的形式，融入听、说、读、写的练习，学习句子的多样表达方式，加强生生互评。最后，带领学生通过多种方式来朗读课文与理解词语，读好问答的语气，在读中感受句式相近、段落反复的结构特点，在读读演演中探求夏天气象的秘密；再开一个“夏夜分享会”，给予学生一个能够展示自己的欢乐课堂，结合“和大人一起读”《夏夜多美》，学生自主阅读有关夏天的绘本、唱儿歌、诵诗文……让学生在理解课文、感受夏天美好的基础上，逐步感受语文学习的快乐和热爱大自然的情感。

五、资源支持与技术支持

（一）学习资源

1. 文本资源：教材文本《古诗二首》《荷叶圆圆》《要下雨了》《语文园地六》；课外文本《夏日的一天》。

2. 网络资源：视频《牛郎织女》、有关夏天的图像视频介绍、课文朗读录音。

（二）工具技术

1. “夏夜分享会”评价表。

2. 小组线上分享交流 QQ 群，家长共同参与。

六、过程评价与单元测评（表 3-2）

表 3-2 “分享夏日的故事”过程评价与单元测评

评价	内容	基本标准
过程评价	任务一：我向夏日问好	1. 能和家人朋友一起，联系生活实际，在生活中找夏天，以此发现夏天的变化，积累一些描写夏天的字词；用语言、实物、照片、图画等方式，和小伙伴分享自己发现的夏天所特有的景物或动物。 2. 能通过不同的方式认识汉字，自主阅读，在游戏中积累汉字；同时在识字的基础之上拓展与夏天有关的词语，从而发现夏天的独特之处。
	任务二：走进夏日荷塘	1. 能读出古诗的节奏感和儿童诗的韵味，在各种形式的朗读中，寻找“夏”的足迹，感受“夏”的美丽。 2. 能借助课文插图，在读演的过程中，运用做动作、结合图片、联系生活等方式理解诗文中的相关词句，感知诗文大意，激发阅读的兴趣和热情。 3. 能学习句子的多样表达方式，练习仿写。
	任务三：感受夏日魅力	1. 能读好语气词以及包含语气词的句子，与小伙伴分角色朗读课文。 2. 能自主读有关夏天的绘本、唱儿歌、诵诗文……积极主动地感受夏天，表达真情。

续表

评价	内容	基本标准
单元测评	我是分享小能手	1. 能和老师或小伙伴们说说喜欢所选择的绘本或故事的理由。 2. 能讨论制定分享会的整体活动方案。 3. 能依据成功标准（评价表）进行个人准备或合作准备。 4. 结合分享会，回顾、复盘单元学习。

第二部分　典型课时设计

任务三　感受夏日魅力（2 课时）

【学习情境】

一起感受夏日魅力，与小动物们对话，研究夏雨的秘密，唱唱夏天的歌儿，说说夏天的故事，举行一场热闹的夏夜分享会……同时，尝试联系生活理解词语，读懂课文内容；学习生动多样的表达；积累夏天的词语和气象谚语，感受夏日的情趣。

【教学过程】

（一）夏雨的秘密

1. 学习《要下雨了》。

（1）谈话激趣，聚焦夏天的天气。

夏天有人们和小动物都十分喜欢的荷叶、荷花。有一句谚语是这么说的：六月的天，小孩的脸。就是说，夏天天气变化很快。那么，我们应该怎样判断天气会不会变化呢？今天我们要学习罗亚写的童话《要下雨了》，里面可藏着关于夏天天气的秘密呢。

（2）自主阅读发现。

给每个自然段标上序号，自主阅读，完成以下学习单。

> 一、先连线，再说一说小兔子是怎么知道要下雨的。
>
> 小燕子　　透透气
> 小鱼　　搬家
> 蚂蚁　　低飞
>
> 二、把下面的词语排一下顺序，再用上这些词语说一说天气是怎么变化的。
>
> 轰隆隆　　哗哗哗　　阴沉沉

（3）联系经验理解词语，分角色朗读课文。

① 学习第 1 自然段。

- 根据提示读好句子。

小白兔在干什么——小白兔在割草。 小白兔在哪里割草？——小白兔在山坡割草。 小白兔怎样在山坡上割草？——小白兔弯着腰在山坡上割草。

• 你见过“阴沉沉”的天吗？是什么样子的？小白兔看见“阴沉沉”的天，会怎么想？

② 学习第2、3自然段。

• 师生合作朗读第2、3自然段。

• 先联系燕子的话，再联系生活实际，说说“潮湿”的意思。

• 同桌分角色朗读第2、3自然段，注意读好问句和感叹句。

③ 学习后面的内容。

• 想象自己是小白兔、小鱼和蚂蚁，读一读，想一想：要下雨了，小鱼和蚂蚁在做什么？运用联系生活经验的方法，把自己读懂的新词圈出来，和同桌说一说。

• 展示朗读，说说自己读懂的新词。

• 同桌分角色朗读，说说读到蚂蚁搬家时，想到了哪句谚语。教师补充告诉学生与这个童话故事有关的两条谚语：“燕子低飞天降雨。”“鱼儿出水跳，风雨要来到。”

• 师生合作，分角色朗读课文，读好问句和感叹句的语气。

④ 练习写字，重点指导写好“直”和“边”。

2. 拓展故事、建立联结，持续理解。

（1）读读《夏夜真美》。

① 读熟故事，边读边思考，读懂故事内容。

② 利用上下文，联系生活经验，说说“静悄悄”“感激”“亮晶晶”的意思。

③ 练习有情有趣地朗读，把这个故事读给爸爸妈妈听，听听爸爸妈妈会说些什么。

（2）共读绘本故事《夏日的一天》。

① 师生一起读绘本。

② 说说自己发生在夏日里的有意思的生活故事。

③ 创作自己的夏日绘本故事。

（二）夏夜分享会

1. 选择自己喜欢的故事。

（1）从读过的课文、老师提供的故事或者自己读到的故事、儿歌、儿童诗中，选择一篇自己喜欢的，反复阅读，读熟，甚至记熟。

（2）和老师或同学说说喜欢这一篇故事的理由。

2. 做好分享的准备。

（1）讨论制定夏夜故事分享会的方案。

① 明确要求和评价标准。

② 讨论如何组织故事分享会。

（2）做好分享会的准备。

① 依据评价标准（表3-3）个人准备或合作准备。

表3-3　夏夜故事分享会评价表

分享内容	评价标准			得星数
	声音响亮，有情有趣	突出了至少三个和夏日有关的重要词语	提出了一个好问题	
故事	☆☆☆	☆☆☆☆☆	☆☆☆	
古诗	☆☆☆	☆☆☆☆☆	☆☆☆	
儿歌	☆☆☆	☆☆☆☆☆	☆☆☆	

② 小组内分享，推选一个组员参加班内分享。

3. 举办夏夜故事分享会。

（1）回顾、复盘单元学习。

（2）举办夏夜故事分享会。

（撰写：苏州市金筑实验小学校　赵　玥）

案例二　“童心童言”想象力大赛（二年级）

第一部分　单元设计

一、设计依据

《义务教育语文课程标准（2022年版）》中“文学阅读与创意表达”学习任务群在第一学段的学习内容提出：学习儿歌、童话，阅读图画书，体会童真童趣，感受多姿多彩的生活，初步体验文学阅读的乐趣。学生在学习本单元之前，已能做到“展开想象，获得初步的情感体验”，也学习过“读句子，想象画面”，面对本单元的学习重点“运用学到的词语把想象的内容写下来”，二年级学生会感受到由易到难、螺旋上升的梯度发展。创造性设计“‘童心童言’想象力大赛”任务群，引领学生珍惜童心、感受童心、表达童心，提高想象能力和语言运用能力。

二、主题内容与目标

（一）单元主题

“童心童言”想象力大赛。

（二）学习内容

文本阅读：

课内：儿童诗《彩色的梦》、儿童散文《枫树上的喜鹊》、儿童故事《沙滩上的童话》、自述性散文《我是一只小虫子》。

课外：金子美铃诗集、《安徒生童话》和《窗边的小豆豆》。

（三）学习目标

1. 认识48个生字，读准2个多音字，会写34个字，会写35个词语。

2. 能正确、流利地朗读课文。默读课文《枫树上的喜鹊》。

3. 能用自己的话说出《彩色的梦》中彩色铅笔画出的梦，能说出《枫树上的喜鹊》中“我”喜欢的是什么，能就《我是一只小虫子》中自己感兴趣的内容与同学交流。

4. 能展开想象，仿照课文相关段落把自己想画的内容写下来；能根据提供的情景展开想象，借助课文的句式把自己想到的内容写下来；运用学过的词语，根据故事的开头编故事；借助提示展开想象，能够进行多场景的描述、有时间轴的描述。

三、学习情境与任务框架

（一）学习情境

同学们，“‘童心童言’想象力大赛”就要开始啦！相信你丰富的想象力已经跃跃欲试，希望你的想象力就像梦中骏马，自由驰骋，沿途绽放缤纷鲜花，从我们握在手中的笔尖，倾泻出精彩曼妙的语句。

（二）任务框架

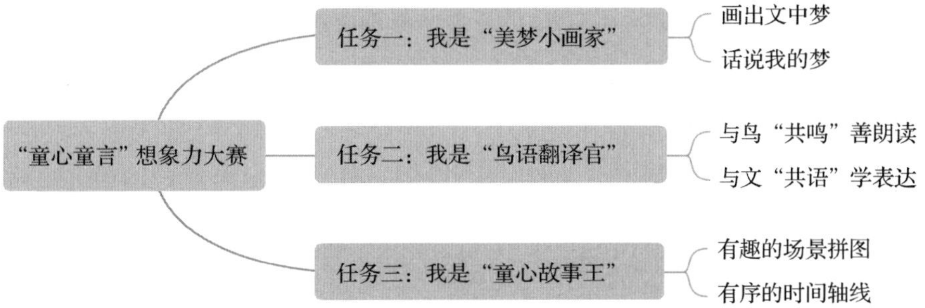

四、活动设计与教学提示

（一）活动设计（表3-4）

表3-4 “‘童心童言’想象力大赛”活动设计

单元任务	学习活动	学习内容	课时安排
『童心童言』想象力大赛	任务一：我是“美梦小画家”	1. 画出文中梦。自读课文，初步提取信息，用手中彩笔画出《彩色的梦》中出现的主要景物：蓝天白云、绿草红花、拉着手的雪松、唱着歌的小鸟、苹果般的太阳、静谧的小屋、流动的溪水…… 2. 话说我的梦。熟读课文，内化语言，仿照课文相关段落把自己想画的内容写下来。引导学生体会诗中有画，画中有诗的文学魅力，交叉呈现嗅觉、触觉、视觉、听觉的多重感受。	2

续表

单元任务	学习活动	学习内容	课时安排
『童心童言』想象力大赛	任务二：我是“鸟语翻译官”	1. 与鸟“共鸣”善朗读。朗读课文《枫树上的喜鹊》，用自己的话说说“我”喜欢的是什么，并试着用“一会儿……一会儿……一会儿……”说一句话。 2. 与文“共语”学表达。分角色朗读：一人读旁白，一人读喜鹊阿姨的话，一人读喜鹊弟弟的话，一人读“我”想象的话。指导学生能根据音节“鹊”的数量、提示语的要求和标点符号，想象合理有趣的鸟语。	2
	任务三：我是“童心故事王”	1. 有趣的场景拼图。 （1）自由读《沙滩上的童话》，小组合作表演，并联系自身生活经验，改编故事内容。 （2）为课文动画配音式朗读《我是一只小虫子》，对比式体现小虫子生活中的苦与乐，并积累描写心情的词语。 2. 有序的时间轴线。观察《语文园地四》的写话组图，借助表示时间顺序的词语，将小虫子、蚂蚁和蝴蝶用鸡蛋壳所做的事写下来。	3—4
单元测评	想象力漂流	集全班同学之力，汇编“童心童言”想象力漂流书。每位同学提供一篇自己最富有想象力的小练笔，由老师整理、装订成册，在同学之中传阅、评议，提高学生想象力和语言表达能力。	1

五、资源支持与技术支持

（一）学习资源

1. 文本资源：教材文本《彩色的梦》《枫树上的喜鹊》《沙滩上的童话》《我是一只小虫子》；课外文本《童话》。

2. 网络资源：动画《我是一只小虫子》、图片资料《彩色的梦》等。

（二）工具技术

PPT、自制画报等。

六、过程评价与单元测评（表3-5）

表3-5 “‘童心童言’想象力大赛”过程评价与单元测评

评价	内容	基本标准
过程评价	任务一：我是“美梦小画家”	1. 能借助重点词句，想象梦境，并在老师的指导下，用彩色画笔，以绘画方式呈现文中描述的梦境。 2. 能结合课文插图，展开想象，感受森林里雪松与小鸟的团结友爱以及人与自然和谐共生的美好画面。 3. 能充分发挥想象力，模仿课文的语言描述自己的梦境，并交叉汇合嗅觉、触觉、视觉、听觉的多重感受，让自己的梦境也有动态美。

续表

评价	内容	基本标准
过程评价	任务二：我是“鸟语翻译官”	1. 能从喜鹊简单的叫声中，听出语调的丰富变化，并展开想象，与喜鹊进行心灵的交流，体悟喜鹊的灵性与情感，感受纯真美好的童话世界。 2. 通过朗读“我喜欢”“我懂得”等反复出现的关键信息，感受散文往复回环的节奏美。 3. 能根据情境展开想象，通过喜鹊语音、语调、语气的变化，借助标点符号及对话的提示语，把自己想到的内容表达出来。
	任务三：我是“童心故事王”	1. 能基于前两部分的学习，充分调用视觉、听觉的感官体验，习得场景想象与充分表达的能力。 2. 能在想象与表达过程中，加入对内心感受的关注与体现，使得想象丰富而独特，表达具有感染力。 3. 能将单个场景的想象，以时间轴为线索，进行串联表达，并尝试表达人物内心的想法与感受。
单元测评	想象力漂流	1. 通过调用自己的多种感官，实现大胆想象，童真表达。 2. 通过阅读同伴的作品，进一步感受他人的想象空间，提高自身的理解能力。 3. 习得以时间为轴，串联多个场景的表达能力。

第二部分　典型课时设计

任务二　我是“鸟语翻译官”（2 课时）

【学习情境】

低年级儿童具有较为明显的泛灵性，认为世上万物都是有生命的，小动物们都是通灵性的，因此在学习《枫树上的喜鹊》时，会有不言而喻的理解力和沉浸其中的阅读体验。让学生根据字数和上下文描述的情境，发挥语音、语义方面的想象力，恰是水到渠成的事。

【教学过程】

（一）与鸟“共鸣”善朗读

1. 导入新课，找出秘诀。

（1）创设情境。播放枫树上喜鹊在叫的动画。

（2）明确任务。人们说：兽有兽言，鸟有鸟语。今天我们要学个有趣的故事，看一看喜鹊说了些什么，“我”是怎样听懂喜鹊的话的。

2. 学习第 1 自然段。

（1）看一看。你看到了一棵怎样的枫树？学生交流，并读出这种感觉。

（2）说一说。除了课文中的描写，你还想把什么词语送给枫树？四个字的词语：遮天蔽日、高大茂盛……

（3）画一画。请画出这段文字中你最喜欢的一句话，并说说你为什么喜欢这句话。

（4）写一写。大家注意“伞”字的写法，上面的“人”字头不要写得太尖了，稍微平缓一些，写完上面的“人”后，再写里面的两点，再写一横，最后写一竖。同学们练习一下。

（5）用一用。现在看谁能用“伞”字组几个词语。以后我们在组词的时候就要这样想，这个生字放在前面能组哪些词，放在后面又能组哪些词。

（6）议一议。除了树的外形长得好看外，“我”还喜欢什么呢？

（7）诵一诵。大家再读第1自然段，读的时候带着自己对喜鹊和枫树的爱。

2. 与鸟“共鸣”善朗读。

（1）对对碰。找出文中写鸟鸣叫的语句，读出鸟鸣的含义。

“鹊！鹊！鹊！”喜鹊阿姨教道。 —— 我知道，这便是a、o、e。

喜鹊阿姨指着上升的太阳问喜鹊弟弟：“鹊！鹊鹊鹊？” —— 我懂得，她问话的意思是：“看！那是什么？”

喜鹊弟弟一齐快乐地回答：“鹊！鹊鹊！鹊鹊鹊！” —— 我懂得，喜鹊弟弟很快给出了答案：“妈妈，那是太阳！太阳升起来了！”

（二）与文“共语”学表达

1. 画一画。仔细阅读课文，把文中表达喜欢枫树、喜鹊的句子画出来。

> 我像在童话书本里那样，在心中称呼她喜鹊阿姨。

2. 读一读。大家将这句话齐读一遍，在句子中找找看，哪个词可以读出“我”特别喜欢喜鹊阿姨。

3. 听一听。老师读一遍。大家听听，“我”将喜鹊称作“阿姨”是多么亲切啊！大家听出“我”喜欢喜鹊了吗？大家也像老师这样将句子读一遍。

4. 议一议。除了称呼“喜鹊阿姨”外，还称呼了什么呢？

> 从那一天起，我一有空，便来到渡口边，站在枫树下看望我的喜鹊弟弟。

5. 品一品。“我”一有空就来看望喜鹊，从中我们可以看出“我”对喜鹊的什么感情呢？

6. 变一变。我们再将这两句话的形式变一变，请大家再读读，配乐朗读。

我像在童话书本里那样，
在心中称呼她喜鹊阿姨。
从那一天起，
我一有空，
便来到渡口边，
站在枫树下看望我的喜鹊弟弟。

3. 想一想。喜鹊阿姨为小喜鹊做了什么呢？教他们的东西还有很多，课文中没有写出来。大家能不能补充一两例？如教喜鹊弟弟画画、教喜鹊弟弟洗澡……

喜鹊阿姨站在窝边 ，一会儿教喜鹊弟弟唱歌，一会儿教他们做游戏，一会儿教他们学自己发明的拼音字母……

4. 写一写。这句话中有我们学习的一对生字："游""戏"。"游"是左右结构的字，最右下角是个"子"字，大家千万不要写错了。"戏"字的右边只有一撇，右上角有一点，不要写掉了。大家试着写一写。

5. 找一找。这句话中有个词连用了三次，找找是哪个词。"一会儿"表示时间比较短，在短时间里做了这件事又做了那件事。请仿照上面的句子说一句话。

例：下课了，我一会儿跳远，一会儿跑步，一会儿做游戏。

6. 想象下面的情景，试着将它写下来。

喜鹊阿姨把虫子送到喜鹊弟弟嘴里，叫起来："鹊，鹊，鹊……"

____

____

7. 诵一诵。看到此情此景，我们心里暖暖的，齐读第 13 自然段。

8. 品一品。推荐郭风的另一首诗《童话》。在朗读声中结束学习。

童话

作者：郭风

小野菊坐在篱笆的后面，
侧着头，想道：
"我长大了，
要有一把蓝色的遮阳伞，
那时候，我会很好看，
我要和蜜蜂谈话！"

站在她旁边的蒲公英，插嘴道：
"可是，那有什么好呢？"
小野菊马上问道：

“可是，你会比我好吗？”

“我长大了，会有一顶
旅行用的，黄色的小便帽；
我要带一只白羽毛的毽子，
旅行到很多的地方！”
小野菊沉思地说：“那真的很好，
可是，我不要像你！”

任务三　我是“童心故事王”——有序的时间轴线（1 课时）

【学习情境】

本课已经到达“‘童心童言’想象力大赛”单元的第三站——我是“童心故事王”。本站是入学以来的第二次写作练习，借助图画编写关于小虫子、蝴蝶、蚂蚁和半个蛋壳的“有趣的一天”的故事。现在就让我们展开想象的翅膀翱翔吧。

【教学过程】

（一）我会看图

1. 看出顺序。

这次是从写一幅图向写多幅图的挑战，首先引导学生关注图右下角的小点，再引导学生关注图上的环境变化。指导学生按照顺序看图，把图看清楚。

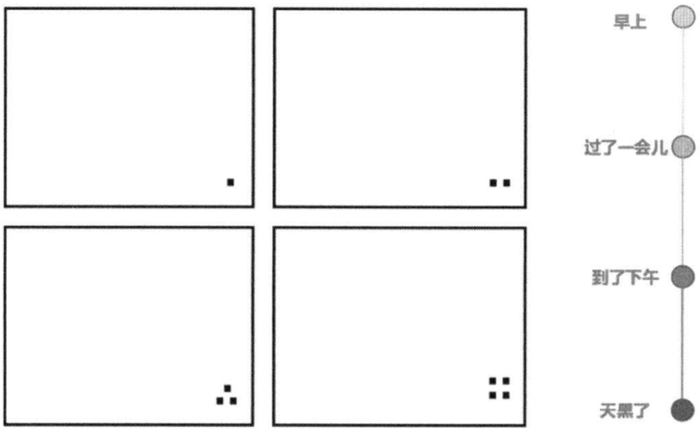

2. 看出相同。

引导学生看出这四幅图都是围绕小蚂蚁、毛毛虫、蝴蝶，还有半个蛋壳展开的。

3. 看出变化。

四幅图中，又有什么不一样的呢？原来，蛋壳的用途不一样，事件也随之在变，时间在变，天气也在变。

快乐的一天 时间表

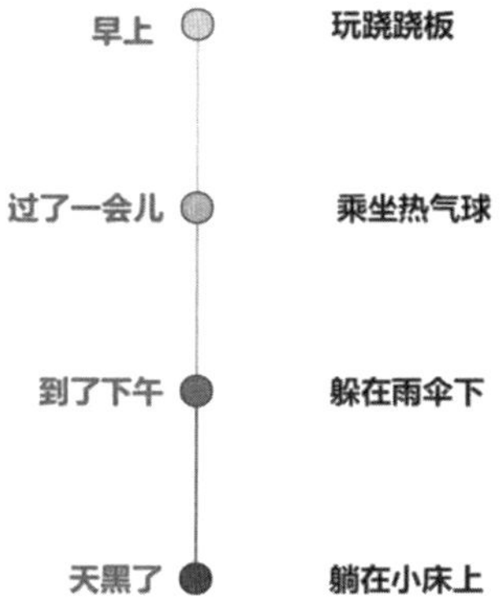

（二）我会表达

1. 话要写完整。

我们先来看第一幅图，鸡蛋壳变成了什么？引导学生用“什么时间＋谁＋做了什么事情”的句式，将句子说得完整且通顺，例如：“早上，蚂蚁、蝴蝶和小虫子用鸡蛋壳当跷跷板玩。”

> 早上，蚂蚁、蝴蝶和小虫子 用鸡蛋壳当跷跷板玩。
> 什么时间　＋　谁　＋　做了什么事情

2. 话要写有序。

四幅图那么多，怎么写呢？我们要一幅一幅写，写完一幅，再写第二幅，从早上发生的事写起，写好这一天。

3. 话要写有趣。

每个小组集体商议，自主选择创编情境。

（三）合作写话

1. 明确要求。

四个小组按顺序写，每组各写一幅，小组派代表，合作完成写话。

2. 规范标点。

提笔之前，提醒小朋友写话的时候要注意用好标点符号，标点虽小，但很重要。

3. 展示评议。

各小组派出代表，借助时间轴，汇报故事梗概。

（四）快乐的一天，我评价

1. 根据看图写话特点，形成评价标准（表3-6）。

表 3-6　看图写话星级评价表

时间轴	说得完整（☆☆）		说得具体（☆☆☆）			五星好评
	谁	做了什么事情	怎么说	怎么做	怎么想	
早上						☆☆☆☆☆
过了一会儿						☆☆☆☆☆
到了下午						☆☆☆☆☆
天黑了						☆☆☆☆☆

2．根据星级评价，提升看图写话水平。

各小组根据其他小组给出的星级评价，改进自己的表达，提高想象与表达水平。

3．课后继续想象，呈现写话成果。

课后，继续发挥想象力，延展写话成果。

（撰写：苏州市尚德实验小学校　张　丽）

案例三　举办趣味故事会（三年级）

第一部分　单元设计

一、设计依据

《义务教育语文课程标准（2022 年版）》中“文学阅读与创意表达”学习任务群第二学段的学习内容指出：阅读富有想象力和表现力的儿童文学作品，欣赏富有童趣的语言与形象，感受纯真美好的童心，学习用口头或者图文结合的方式创编儿童诗和有趣的故事，发展想象力。在“教学提示”中指出：引导学生综合运用朗读、默读、诵读、复述、评述等方法学习作品……鼓励学生在口头交流和书面创作中，运用多样的形式呈现作品，发挥自己的创造性；引导学生成长为主动的阅读者、积极的分享者和有创意的表达者。“举办趣味故事会”，引领学生了解故事主要内容，借助合适的支架（表格、示意图）复述故事，并根据提示展开想象，创编和展演童话故事，感受故事的趣味。

二、主题内容与目标

（一）单元主题

有趣的故事。

（二）学习内容

文本阅读：

课内：《慢性子裁缝和急性子顾客》《方帽子店》《漏》《枣核》《口语交际：趣味故事会》《习作：这样想象真有趣》。

课外:《中国民间故事》《最美的中国童话》。

（三）学习目标

1. 运用默读、分角色朗读等方式读故事,抓住故事中最有意思的情节,体会故事的趣味。

2. 借助表格、示意图等方式,梳理故事发展脉络,抓住重要情节,完整有序地复述故事。

3. 大胆想象,运用逆向思维、夸张等手法,编写一个有趣的童话故事,分享创编的乐趣。

三、学习情境与任务框架

（一）学习情境

裁缝店里,慢性子裁缝遇上急性子顾客,结果出人意料;方帽子店里变化更新的帽子,竟让人们的生活产生变革;一个“漏”字幽默地诠释出“做贼心虚”,一个只有枣核大小的孩子却机智勇敢地帮助老百姓夺回牲口、惩治恶官……有趣的故事总是很吸引人,带给我们阅读的快乐。你读过哪些有趣的故事呢？让我们举办一个趣味故事会,把自己喜欢的有趣的故事分享给大家,一起感受故事的魔力。我们还可以比一比,看看谁讲的故事最吸引人,给同学们带来的乐趣最多。我们还可以展示自己创编的故事,分享给更多喜欢听故事的人。

（二）任务框架

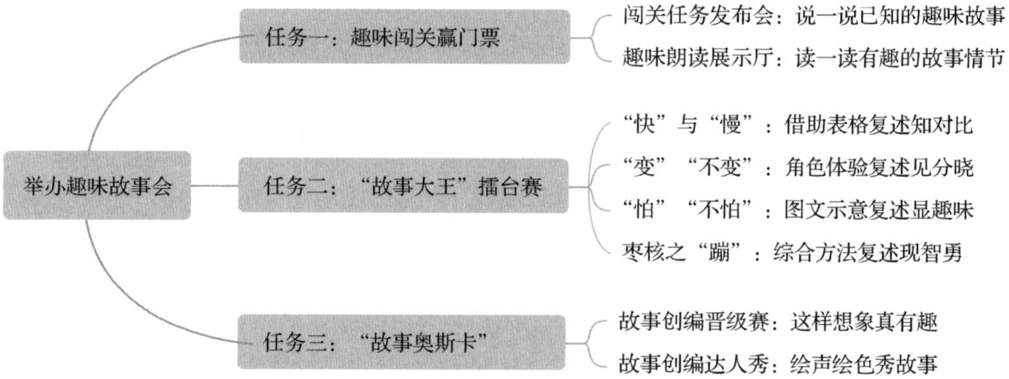

四、活动设计与教学提示

（一）活动设计(表3-7)

表3-7 “举办趣味故事会”活动设计

单元任务	学习活动	学习内容	课时安排
举办趣味故事会	任务一：趣味闯关赢门票	1. 闯关任务发布会：说一说已知的趣味故事。回顾已知故事，巩固复述故事的方法；通读单元课文，自主学习单元字词，完成看拼音写词语等基础练习，用闯关方式拿到参会门票，接受任务。 2. 趣味朗读展示厅：读一读有趣的故事情节。运用默读、分角色朗读等方式读故事，抓住故事中最有意思的情节，与小组同学分享，体会故事的有趣。	2
	任务二：“故事大王”擂台赛	1. “快”与“慢”：借助表格复述知对比。《慢性子裁缝和急性子顾客》讲了急性子顾客不断改变主意，而慢性子裁缝机智应对的故事。故事以对话推进情节发展，借助表格梳理情节来复述故事。 2. “变”“不变”：角色体验复述见分晓。《方帽子店》的故事以“方帽子店主人”和“小孩子为代表的年轻人”为线索展开，体现对“变”“不变”的思考。角色代入复述有助于学生加深角色体验。 3. “怕”“不怕”：图文示意复述显趣味。《漏》是“老虎怕漏”系列故事之一，故事心理活动描写细腻，趣味十足。借助示意图和文字提示复述是很好的策略。 4. 枣核之“蹦”：综合方法复述现智勇。《枣核》情节生动，人物形象鲜明。综合运用表格和示意图等复述方法有助于进一步理解人物的智勇形象和民间故事的传奇。	4
	任务三：“故事奥斯卡”	1. 故事创编晋级赛：这样想象真有趣。学生阅读《中国民间故事》《最美的中国童话》等书籍，进一步体会童话以及民间故事的有趣，拓宽视野，为下一步创编和最后的趣味故事分享做好准备；围绕单元写作主题，创设“疯狂动物城”挑选编剧情境，引导学生逐步拓展想象创编故事，实现从“青铜编剧”到“白银编剧”再到“黄金编剧”的晋级。 2. 故事创编达人秀：绘声绘色秀故事。小组商讨，通力合作，选择小组认为最优秀的创编故事改编成剧本，小组同学一起表演。	2
单元测评	我的故事我做主	把自己创编的故事以图画、海报等形式进行展出，并依托图画、海报等来给同学、家人等讲故事，分享自己创编故事的乐趣。	1

（二）教学提示

关于“文学阅读与创意表达”任务群教学，新课标提出：第二学段在阅读全文基础上，侧重考查学生对重要段落和语句的理解，以及对作品的语言和形象的具体感受。引导学生综合运用朗读、默读、诵读、复述、评述等方法学习作品……鼓励学生在口头交流和书面创作中，运用多样的形式呈现作品，发挥自己的创造性；引导学生成长为主动的阅读者、积极的分享者和有创意的表达者。

童话故事和民间故事中充满了大胆而有趣的想象。“举办趣味故事会”是指向学生积累、运用和提升的有趣情境。在这一情境中，故事朗读分享、故事讲解挑战、故事创编晋级到故事创编展演等，采取分层设计的方式，既巩固了基础，又落实了单元重点学习任务，还体现了小组合作或凸显了个性化需要。

任务群设计要以语文实践活动为主线，以学习任务为载体，整合学习内容、情境、方法和资源等，设计语文学习任务群，注重整体规划。我们整体规划了三个任务八个连贯的语文实践活动。

任务一“趣味闯关赢门票”。活动一“闯关任务发布会：说一说已知的趣味故事”，回顾已知故事，巩固复述故事的方法；完成单元基础性学习，用闯关的方式拿到参会门票，进入任务情境。活动二“趣味朗读展示厅：读一读有趣的故事情节”，重点指导学生梳理单元课文，用朗读的方式展示觉得最有意思的故事情节，为“故事大王擂台赛”预热。

任务二“‘故事大王’擂台赛”。创设“寻找故事大王”人物情境，围绕4篇课文，借助合适的支架进行复述故事。活动一“‘快’与‘慢’：借助表格复述知对比”，主要借助表格梳理情节来复述《慢性子裁缝和急性子顾客》。活动二“‘变’‘不变’：角色体验复述见分晓”，以角色代入复述《方帽子店》，加深学生角色体验。活动三“‘怕’‘不怕’：图文示意复述显趣味”，借助示意图和文字提示帮助理解《漏》的有趣情节。活动四“枣核之‘蹦’：综合方法复述现智勇”，综合运用表格、示意图等复述《枣核》，理解人物的智勇形象和民间故事的传奇。

任务三“‘故事奥斯卡’”。活动一“故事创编晋级赛：这样想象真有趣”，带领学生课后阅读《中国民间故事》《最美的中国童话》等书籍，进一步体会童话以及民间故事的有趣，为创编故事和趣味故事分享做好准备；围绕单元写作主题，创设“疯狂动物城”挑选编剧情境，引导学生拓展想象创编故事，实现从“青铜编剧”到“白银编剧”再到“黄金编剧”的晋级。活动二“故事创编达人秀：绘声绘色秀故事”，组织小组商讨，通力合作，选择小组认为最优秀的创编故事改编成剧本，小组同学一起表演。

此任务群用八个课时完成，课内课外相结合。教师为学生提供“闯关门票”“疯狂动物城”海报等图片、视频资源，开阔学生视野。任务驱动，让学生有事可做，做语文的事，在语文实践中学习语文。目标先行，预先研制评价标准，将评价贯穿学习始终，实现“教、学、评”一体。

五、资源支持与技术支持

（一）学习资源

1. 文本资源：教材文本《慢性子裁缝和急性子顾客》《方帽子店》《漏》《枣核》《口语交际：趣味故事会》《习作：这样想象真有趣》；课外文本《中国民间故事》《最美的中国童话》。

2. 网络资源：动画片《疯狂动物城》及《疯狂动物城》海报。

3. 其他资源："闯关门票"，自制画报。

（二）工具技术

1. 四篇课文学习任务单。

2. "我是童话小作家"创作单、"创趣味故事"评价表、"复述故事"评价表等。

3. 小组线上分享交流 QQ 群，家长共同参与。

六、过程评价与单元测评（表 3-8）

表 3-8 "举办趣味故事会"过程评价与单元测评

评价	内容	基本标准
过程评价	任务一：趣味闯关赢门票	1. 能够回顾说出复述故事的方法；熟练掌握本单元必会字词，熟读课文，完成词语等基础练习，拿到参会门票。 2. 运用默读、分角色朗读等方式读懂故事，能主动与小组同学分享故事，简要清楚地说出最有意思的情节。
	任务二："故事大王"擂台赛	1. 默读课文，厘清故事的情节；分角色朗读，体会人物的性格。 2. 抓住关键词句和主要情节，感受故事童话人物和民间故事中人物的神奇的形象和故事的有趣。 3. 能够借助表格、示意图，角色代入和借助图文有条理且详细地复述故事。
	任务三："故事奥斯卡"	1. 阅读《中国民间故事》《最美的中国童话》，体会童话以及民间故事的有趣；围绕单元写作主题进行想象创编故事，做到想象丰富，情节有趣。 2. 小组同学一起表演组内优秀的童话，做到生动有趣。
单元测评	我的故事我做主	通过图画、海报等形式展出自己创编的故事，并选择自己喜欢的方式如讲述、演示等来展示自己的故事。

第二部分　典型课时设计

任务二　"故事大王"擂台赛（2 课时）

【学习情境】

方帽子店里变化更新的帽子，竟然引发人们生活的变革；一个"漏"字幽默地诠释了什么叫"做贼心虚"……这些故事真有趣，带给我们许多欢乐！在"故事大王"擂台赛，你就是故事中的一员，讲出主人公有趣的故事，跟着他们一起嬉笑开怀。

【教学过程】

（一）"变""不变"：角色体验复述见分晓

1. 整体感知，梳理概要。

（1）默读课文，概括故事。

（2）找出对比，提取信息。

找到大人、孩子对待圆帽子与方帽子的不同态度，填入表格（表3-9）。

表3-9 《方帽子店》课文内容梳理表

店铺	帽子的特点	大人的态度	孩子们的态度
方帽子店	奇怪，不舒服		
圆帽子店	舒适，美观		

2. 抓住细节，复述故事。

（1）梳理情节，简单复述。

梳理概括主要两件事：① 小孩子们尝试戴圆帽子。② 方帽子店对面开了一家新帽子店。

方帽子店前面是怎样的？方帽子店从来没有做过别的帽子。他们的橱窗里都是方帽子。

孩子们戴圆帽子 → 方帽子店对面开了一家新帽子店 →

方帽子店后来怎样了？方帽子慢慢地成为古董，方帽子店开不下去了。

（2）添加细节，生动复述。重点讲清楚故事里孩子们的表现让人意想不到的地方，具体展开说说大人和孩子行为的不同之处。

① 第一件事：当小孩子们戴上圆帽子时，最让你意想不到的情节是什么？方帽子店老板的儿子也戴了一顶圆帽子。

② 面对这个意想不到的情况，找出大人和孩子的不同表现。

③ 圈出描述大人和孩子不同表现的关键词，根据他们的不同表现试着用自己的话讲一讲这件事。

大人：大吃一惊　　抓起　　丢在地上

孩子：嚷嚷着　　不理他　　拾起一溜烟似的跑了

④ 找出第二件事中大人和孩子的不同表现，互相讲一讲，借助评价表（表3-10）评一评。

表3-10 《方帽子店》故事评价表

评价标准	自评	互评	师评
	☆☆☆	☆☆☆	☆☆☆
能用自己的话复述。			
能体现人物的身份及表现。			
能添加细节，让故事更生动。			

3. 分享感受，体会道理。

（1）故事的结局是方帽子最终成了古董。你同情方帽子店的老板吗？

（2）下面哪些人的行为和方帽子店老板的差不多？联系实际说一说。

A. 小梅只用老师教的那一种方法去解答所有的数学题，而不主动思考其他方法。

B. 妈妈每天早上都让我吃一个鸡蛋,说是补钙。

C. 育婴店里只卖一个牌子的奶粉。

D. 小区门卫坚持让我们把垃圾分类后再扔进垃圾桶。

(3) 故事告诉我们的道理,你觉得下面哪一句话说得最好?

A. 我们要坚持自己的想法,不要随意改变。

B. 当旧的事物已不合适时,应该改变就要改变,不能墨守成规。

C. 适合自己的东西才是最好的。

D. 孩子的想法总比大人的正确。

(二)“怕”“不怕”:图文示意复述显趣味

1. 整体感知,体会趣味。

(1) 默读课文,圈出主要人物,用自己的话说一说发生了什么有趣的故事。

(2)在这些主要人物的眼中,“漏”究竟是什么? 填写阅读单。

《漏》课文阅读单

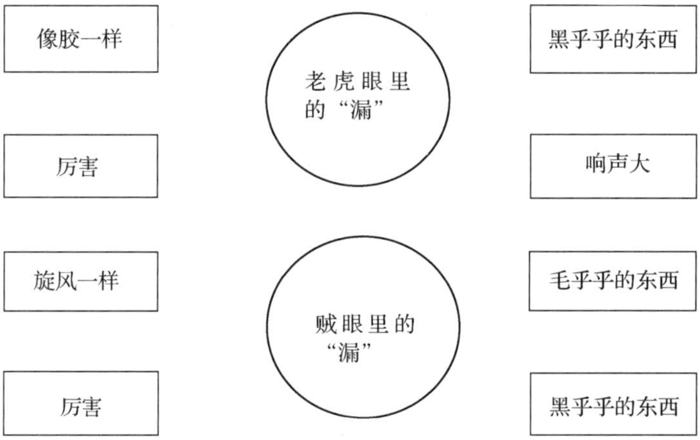

2. 发现规律,有序复述。

(1) 出示课后示意图中故事发生的不同地点。

学生观察发现：

——故事主要发生在5个地方。

——讲故事时可以按地点变化来讲。

（2）故事发生的地点是有规律的。学生交流发现：

——故事开始的地方是老屋，结束的地方也是老屋。

——故事发生的地点是对称的：屋子—路上—歪脖子老树前—路上—屋子。

3. 依据图示，粗略复述。

（1）各个地点究竟发生了什么呢？学生选一个地点用自己的话说一说。

（2）出示完整示意图，学生用自己的话简单讲述这个故事。

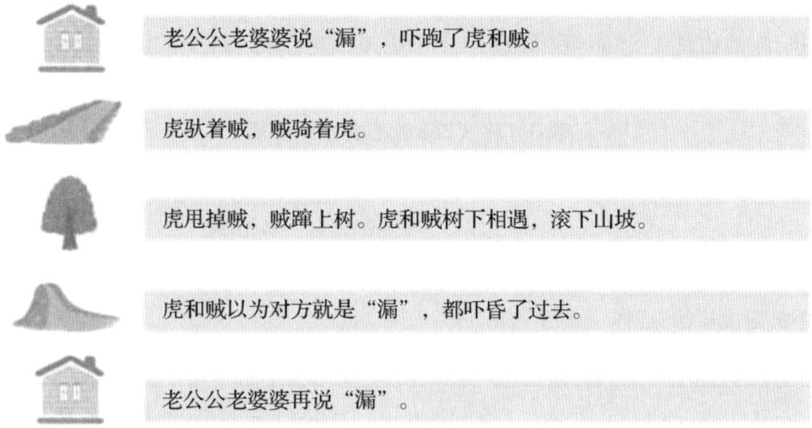

（3）老师范讲：

老公公和老婆婆在屋里说“漏”，吓跑了老虎和贼。老虎驮着贼，贼骑着老虎跑了一路。跑到一棵歪脖子老树前老虎把身子一歪，贼就蹿上了树。后来，老虎和贼又在树下相遇，他俩都滚下了山坡。老虎和贼都以为对方是“漏”，一起吓昏了过去。屋子里，老公公和老婆婆再次说“漏”。

学生练习讲述后交流。

4. 抓住细节，详细复述。

（1）借助示意图和文字提示，我们可以把故事讲得有条理，那么如何才能把故事讲得更生动有趣呢？学生再次回到文中找出另外一个规律：

具体的细节也是对称的：讲一下老虎，再讲一下贼。

①“对称”的情节。

山上住着一只**老虎**，山下住着一个**贼**。

老虎嘴馋，一心想着吃这头小胖驴；**贼**手痒，一心想着偷这头小胖驴。

②“对称”的动作。

一天晚上，下着蒙蒙小雨。**老虎**来了，**贼**也来了。**老虎**用爪在墙壁上抓，**贼**用手在屋顶上挖，不一会儿，墙被**老虎**抓了个窟窿，屋顶被**贼**挖了个窟窿。**老虎**钻进驴圈，**贼**也正想往下跳。

③“对称”的心理。

老虎趴在驴圈里想：“翻山越岭我什么都见过，就是没见过‘漏’，莫非‘漏’比我还厉害？”

贼蹲在屋顶上想：“走南闯北我什么都听说过，就是没听说过‘漏’，莫非‘漏’比我还厉害？”

前边有棵歪脖老树，**老虎**想：“‘漏’真厉害，像胶一样，粘住我了。到树跟前，得把它蹭下来，好逃命。”

贼也想：“‘漏’真厉害，旋风一样，停都不停，一定是驮到家再吃我。到树跟前，得想法蹿上去，好逃命。”

（2）根据老虎和贼的对应规律，选一个或几个地点，练习把故事讲具体。

5. 故事比赛，交流互评（表3-11）。

表3-11 《漏》故事复述评价表

评价标准	自评	互评	师评
	☆☆☆	☆☆☆	☆☆☆
能按照地点变换的规律简要讲故事。			
能根据故事中的对应规律，选择一处情节讲具体。			
能根据故事中的对应规律，完整、生动地复述整个故事。			

（撰写：苏州市沧浪实验小学校　陆志军）

案例四　聊聊我们的动物朋友（四年级）

第一部分　单元设计

一、设计依据

《义务教育语文课程标准（2022年版）》中“文学阅读与创意表达”学习任务群在第二学段的学习内容第2条指出：阅读描绘大自然、表现人类美好情感的诗歌、散文等文学作品，结合自己的生活体验，尝试用文学语言表达自己热爱自然、珍爱生命的情感。动物是人类的朋友，儿童对动物有着天然的好奇与喜爱。学生在以往的生活与学习中，已经积累了不少关于动物的知识常识、生活经验与情感体验。然而，如何将这种丰富的生活经验与美好的情感体验诉诸笔端，表现出动物的特点，表达出对动物的喜爱之情，对学生而言是有挑战的。本单元创设“聊聊我们的动物朋友”任务群，旨在引导学生阅读名家名篇，亲近、观察动物，用生动鲜活的语言描写自己喜欢的动物，使得笔下的动物形象鲜明，呼之欲出，进而呈现出人与动物和谐相处的美好意境。

二、主题内容与目标

（一）学习主题

聊聊我们的动物朋友。

（二）学习内容

文本阅读：

课内：老舍的《猫》《母鸡》，丰子恺的《白鹅》。

课外：夏丏尊的《猫》、周而复的《猫》、俄国叶·诺索夫的《白公鹅》、老舍的《母亲》片段、丰子恺的《白鹅》原文片段。

（三）学习目标

1. 通过整体感知、联想想象，感受名家笔下个性鲜明、栩栩如生的动物形象以及作者对动物的喜爱之情。

2. 通过反复朗读、品词析句、比较阅读，感悟作者是如何通过选取典型事例，用上明贬实褒、先抑后扬、对比等写作手法，运用细致生动、口语化的表达，突显动物鲜明特点的。

3. 认真观察自己熟悉的动物，选择习作中给出的情境或创设一个情境，用上本单元学习到的写作手法，突显动物鲜明的特点；并在多维互评之后，完善自己的作品。

三、学习情境与任务框架

（一）学习情境

可爱的动物，是我们人类的好朋友。你有哪些动物朋友？你喜欢你的动物朋友吗？快给他们拍拍照片或视频，和你的小伙伴们分享吧！作家们也有自己的动物朋友。让我们和名家一起聊聊吧！找一找老舍家的猫咪古怪在哪里，辨一辨老舍爱不爱母鸡，想一想丰子恺家的白鹅哪里像“鹅老爷”。我们还可以根据具体的情境，尝试用上名家手法写出动物朋友的特点，并配上插图，一起选出班级中“最受欢迎的动物朋友”。

（二）任务框架

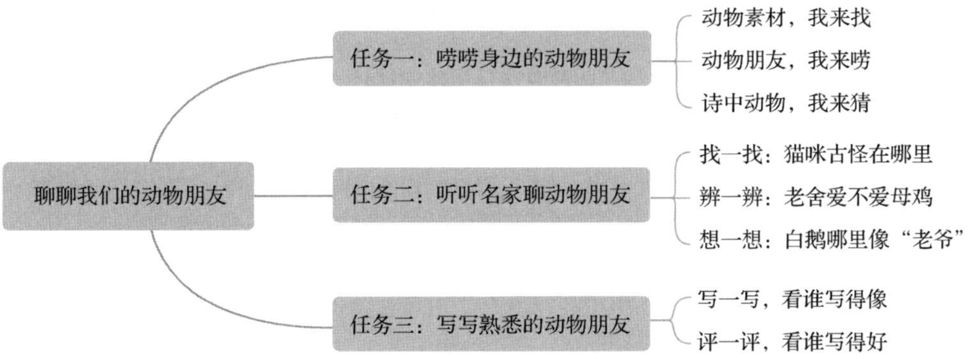

四、活动设计与教学提示

（一）活动设计（表3-12）

表3-12 “聊聊我们的动物朋友”活动设计

单元任务	学习活动	学习内容	课时安排
聊聊我们的动物朋友	任务一：唠唠身边的动物朋友	1. 动物素材，我来找。课前，给身边的动物朋友拍摄照片，录制视频，记录最能表现动物朋友特点的一面。 2. 动物朋友，我来唠。结合动物朋友的照片、视频，在组内、班级内唠唠自己的动物朋友，说说最能表现动物朋友特点的那些事儿。 3. 诗中动物，我来猜。根据图片，猜出相关的动物诗句，并根据具体诗文找出动物朋友的特点。	1
	任务二：听听名家聊动物朋友	1. 找一找：猫咪古怪在哪里。结合具体语句，说一说猫咪古怪在哪里。通过品词析句、想象画面、反复朗读、句式练习（说它……它的确……可是……）等多种方法，体会作者是如何通过选择典型事例、口语化表达等手法表达对猫咪喜爱之情的。将老舍、夏丏尊、周而复笔下的猫进行比较阅读，体会三位作家在情感和表达上的异同。 2. 辨一辨：老舍爱不爱母鸡。以“老舍爱不爱母鸡”开启思辨性阅读，发现作者对母鸡的态度变化及原因。通过品词析句、联想想象、联系作者生平、感情朗读等方法，感受母鸡的伟大。通过思考“爱母鸡，为什么不少写一点讨厌”，发现欲扬先抑的独特写法以及作者对母鸡的深厚情感。比较阅读老舍的《猫》与《母鸡》，感受表达上的异同。 3. 想一想：白鹅哪里像“老爷”。思考“白鹅哪里像‘老爷’”，发现作者是运用拟人化手法，从姿态、叫声、步态、吃相四个方面来刻画白鹅的高傲的。结合具体语句，通过联想想象、联系创作背景感受作者对白鹅的喜爱之情，感悟风趣幽默的语言风格，发现明贬实褒、对比的写作手法。拓展阅读《白公鹅》，发现两篇作品的共同点以及表达的相似之处。	3
	任务三：写写熟悉的动物朋友	1. 写一写，看谁写得像。先梳理本单元学习的名家手法；再结合特定的创作情境，尝试用上本单元学到的写法，突显动物的特点。 2. 评一评，看谁写得好。同桌、小组、全班互评，评价自己和他人的作文哪里巧妙地用上了本单元所学的方法，哪里还可以改进、如何修改。	2
单元测评	开心动物展	1. 动物小报，我来做。将自己的作文配上照片、手绘插图等做成小报，展示在黑板报中。 2. 最佳小报，我来选。将自己手中的五角星贴在最喜欢的动物小报下面，交流投票理由，选出“最受欢迎的动物朋友”。	1

（二）教学提示

本单元以“作家笔下的动物”为主题，编排了老舍的《猫》《母鸡》和丰子恺的《白鹅》3 篇作品。《猫》一文细致、生动地描述了大猫的古怪性格和小猫满月时的淘气可爱。《母鸡》则描写了作者对母鸡的态度变化，塑造了一位“伟大的鸡母亲”的形象，表达了对母爱的赞颂之情。在《白鹅》这篇课文中，作者从叫声、步态、吃相等方面写出了白鹅的高傲。此外，《猫》和《白鹅》课后的“阅读链接”，还安排了其他中外名家写动物的文章或片段，意在让学生进行比较阅读，体会不同作家如何表达对动物的喜爱之情。本单元的写作要素是“体会作家是如何表达对动物的感情的”，教材中课后练习、《语文园地》的交流平台都巧妙地渗透了对表达方法的指导。习作要求是“写自己喜欢的动物，试着写出特点”，与文本内容关系密切，由读到写，前后呼应，自成一体，为单元的整体设计以及具体推进提供了有力的抓手。

实践性是学习任务群的重要特征之一，“文学阅读与创意表达”任务群的学习活动具有鲜明的审美特征，遵循学科逻辑、学习逻辑、生活逻辑、审美逻辑的统一，将文本学习、儿童生活和言语实践有机结合，让学生在有关联的审美实践活动中习得审美语言，提高审美鉴赏能力，提升创意表达水平，发展学生核心素养。

就本单元而言，学生对动物有着天然的喜爱，已经积累了不少关于动物的生活经验与情感体验；然而，读懂名家是怎样写出动物特点、表达喜爱之情的，如何像名家一样有创意地描写动物，对学生而言是有挑战的。基于此，本单元设计“聊聊我们的动物朋友”这一任务群，并设有三个子任务。任务一“唠唠身边的动物朋友”，从学生生活经验出发，走进单元学习。任务二“听听名家聊动物朋友”，设计“找一找：猫咪古怪在哪里”“辨一辨：老舍爱不爱母鸡”“想一想：白鹅哪里像‘老爷’”三个学习活动，通过驱动型话题引导学生研读文本，充分感受作者对动物的喜爱之情，发现名家创意表达的密码（典型事例、拟人手法、明贬实褒、先抑后扬、对比等）。任务三“写写熟悉的动物朋友”，尝试运用名家手法描写自己的动物朋友。本单元的学习活动循序渐进，融通“文学阅读”与“创意表达”，始终聚焦的都是“如何有创意地表达”，让学生在一系列的审美感知、审美理解、审美创造活动中，获得丰富的审美体验，习得多样的审美语言，学会有创意地审美表达，提高自身的审美素养。

五、资源支持与技术支持

（一）学习资源

1. 文本资源：教材文本《猫》《母鸡》《白鹅》；课外文本为夏丏尊的《猫》、周而复的《猫》、俄国叶·诺索夫的《白公鹅》、老舍的《母亲》片段、丰子恺的《白鹅》原文片段。

2. 网络资源：各种动物的图片，白鹅叫声的音频，净角出场的视频等。

3. 其他资源：学生自己拍摄的动作照片和动物视频。

（二）工具技术

1. 学习任务单。

2. 小组线上交流群。

3．“最受欢迎的动物朋友”评价表等。

六、过程评价与单元测评(表3-13)

表3-13 “聊聊我们的动物朋友”过程评价与单元测评

评价	内容	基本标准
过程评价	任务一：唠唠身边的动物朋友	1．能借助素材搜集单，搜集动物朋友相关素材，并根据动物朋友的特点拍摄照片或视频。 2．能结合动物素材，条理清晰、具体生动地介绍动物朋友的特点，表达喜爱之情。 3．能就具体图片，猜出相关动物诗句，找出动物特点。
	任务二：听听名家聊动物朋友	1．能借助框架导图，梳理老舍笔下的猫咪有什么特点，以及猫咪古怪在哪里；能通过多种方法，品读具体语句，体会作者是如何通过选择典型事例、口语化表达等手法表达对猫咪的喜爱之情的；能借助表格，将老舍、夏丏尊、周而复笔下的猫进行比较阅读，发现异同点。 2．能借助框架导图，梳理文脉，搞清楚老舍到底爱不爱母鸡；能走进文本，通过品词析句等多种方法，感受母鸡的伟大；能通过对比阅读，思考“爱母鸡，为什么不少写一点讨厌”，发现欲扬先抑的独特写法以及作者对母鸡的深厚情感；能借助表格，发现《猫》与《母鸡》的异同点。 3．能借助框架导图，厘清作者是从哪四个方面刻画白鹅高傲的形象的；能结合具体语句，感受白鹅的高傲以及作者对白鹅的喜爱之情，感悟风趣幽默的语言风格，发现明贬实褒、对比的写作手法；拓展阅读《白公鹅》，能借助表格发现白鹅的共同点以及两篇文章表达的相似之处。
	任务三：写写熟悉的动物朋友	1．能自主梳理本单元学习的名家手法；并结合特定的创作情境，用上本单元学到的写法，突显动物的特点。 2．能通过多种形式互评，明晰自己和他人的作文哪里用上了本单元所学的方法，哪里还可以改进、如何修改。
单元测评	开心动物展	1．能为自己的作文配上合适的照片、手绘插图等，做成小报。 2．能为最喜爱的动物小报贴上五角星，选出“最受欢迎的动物朋友”。

第二部分 典型课时设计

任务二 听听名家聊动物朋友(2课时)

【学习情境】

老舍到底爱不爱母鸡？老舍为什么爱母鸡？爱母鸡，为什么不少写一点“讨厌”？丰子恺家的白鹅哪里像“老爷”？作者为何会如此喜爱“鹅老爷”？现在，就让我们走进文字，去看看名家和动物朋友之间发生了哪些有趣的故事，作者又是如何表达出喜爱之情的。相信你一定会有很多独特的发现！

【教学过程】

（一）*辨一辨：老舍爱不爱母鸡*

1. 老舍到底爱不爱母鸡？

（1）抛出话题——老舍到底爱不爱母鸡？

（2）默读课文，圈画关键语句，寻找证据。

（3）借助框架导图，全班交流，梳理脉络。

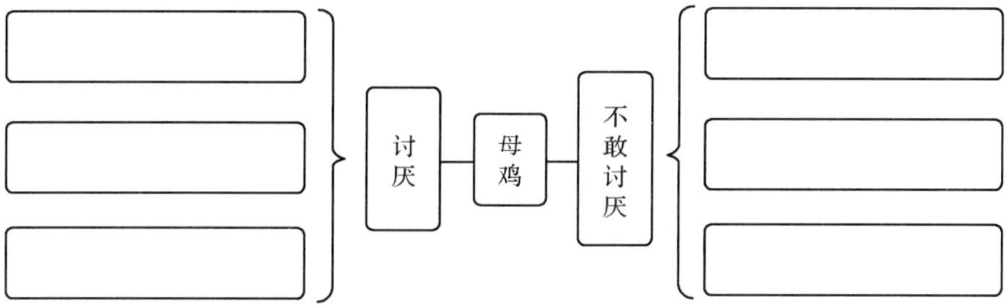

2. 老舍为什么爱母鸡？

（1）揣摩文本，体会情感。

默读第6、7、8三个自然段，抓住关键处，想象画面，有感情地朗读，感受母鸡的"负责、慈爱、勇敢、辛苦"，体会喜爱与敬佩之情。

① 细节处："咕咕地紧叫""马上便放下""一天不知道教多少次""半蹲着""一声也不吭""顶尖锐""顶凄凉"。

② 对比处：每一只鸡雏的肚子都"圆圆地下垂"，自己却"消瘦了许多"。

（2）拓展阅读，加深感悟。

阅读老舍的《母亲》中的感人片段，想想老舍笔下的母鸡和老舍的母亲有何相似之处，进而理解老舍为何说"它伟大，因为它是鸡母亲""一个母亲必定就是一位英雄"。

3. 爱母鸡，为什么不少写一点"讨厌"？

（1）抛出问题，自主思考。

（2）对比阅读，直观感受。

将以下片段与课文第1—4自然段对比阅读，说说更喜欢哪种写法。

我一向讨厌母鸡，因为它叫声难听、欺软怕硬、喜爱炫耀。可是，现在我改变了心思，我看见一只孵出一群小鸡的母亲。

（3）全班交流，启发梳理。

① 自由交流。

② 梳理：更加真实，老舍之前之所以讨厌母鸡，是因为母鸡的确"叫声难听、欺软怕硬、喜爱炫耀"；"文似看山不喜平"，从"讨厌"到"不敢讨厌"，形成鲜明对比，更有可读性。

③ 总结：欲扬先抑手法。

4. 比较阅读，发现《猫》与《母鸡》的异同点。

（1）出示表格（表3-14），明确学习任务。

表3-14 《猫》与《母鸡》的异同点

比较内容		《猫》	《母鸡》
结构	同		
	异		
情感	同		
	异		
语言	同		
	异		

（2）自主思考，完成表格。

（3）全班交流，完善表格。

（二）想一想：白鹅哪里像“老爷”

1. 初读课文，看看白鹅哪里像“老爷”。

默读课文，找出关键语句，完成框架导图。

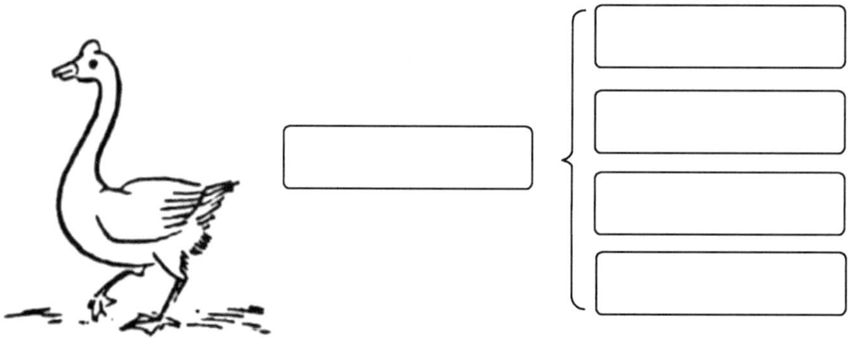

2. 再读课文，充分感受白鹅的高傲。

（1）细听叫声，品品如何写叫声的高傲。

① 默读第3自然段，用“△”标出表现白鹅叫声高傲的语句。

② 发挥想象，补白画面。凡有生客进来，鹅必然厉声叫嚣，好像在对来客说：“________________________”甚至篱笆外有人走路，它也要引吭大叫，好像在对路人说：“________________________”那叫声不亚于狗的狂吠。

③ 感悟：这样的“厉声叫嚣”“引吭大叫”在丰子恺耳中是____________________。

（2）观赏步态，品品如何写步态的傲慢。

① 默读第4自然段，用“△”标出表现白鹅步态傲慢的语句，完成表格（表3-15）。

表 3-15 步态的对比描写

鸭的步态	鹅的步态

② 观看净角出场视频，学学鹅老爷走路的样子。

③ 感悟：这样“傲慢的步态”在丰子恺眼中是________________。

（3）聚焦吃相，品品如何写吃相的好笑。

① 默读第5自然段，圈画关键语句，完成《“鹅老爷”用餐说明》（表3-16）。

表 3-16 “鹅老爷”用餐说明

主食		用餐次数	
辅食			
用餐顺序			
用餐风格			

② 默读第6、7自然段，圈画关键语句，同桌交流，完成表格（表3-17）。

表 3-17 鹅、狗、人的形象及传神语句

对象	鹅	狗	人
形象			
传神语句			

③ 感悟：这样“好笑的吃相”在丰子恺心中是________________。

3. 拓展链接，感悟作者对白鹅的深深喜爱。

阅读《白鹅》的创作背景以及原文的两个片段，圈画最打动你的语句，走进丰子恺的内心世界，感悟丰子恺对白鹅的深深喜爱。

4. 比较阅读，发现内容及表达的相似之处（表3-18）。

表 3-18 《白鹅》与《白公鹅》的相似之处

对比内容		《白鹅》与《白公鹅》的相似之处
内容	鹅的特点	
	描写角度	
表达	文章结构	
	语言风格	
	写作手法	

（1）小组合作，完成表格。

（2）全班交流，完善表格。

（撰写：苏州市平江实验学校分校 殷业凤）

案例五　坐上童年时光机（五年级）

第一部分　单元设计

一、设计依据

《义务教育语文课程标准（2022 年版）》中“文学阅读与创意表达”学习任务群在第三学段的学习内容提出：阅读反映少年成长的故事、小说、传记等，交流自己获得的启示；学习运用细节描写等文学表现手法，描述自己成长中的故事。学生在一至四年级的阅读与生活中，已经积累了关于美好童年的诗词与美文，也学习过一些叙事抒情的表达。低、中年段感受较多的是当下正经历着的多姿童年和多彩趣事，但是还有一种童年，是他人的童年，是回忆里的童年。与童年往事交织在一起的，除了童真童趣，还有对于祖国、故乡、母亲的眷恋。这个单元所选编的诗文，用一个个具体的场景、故事诠释了童年经历的成长价值，唤醒了读者的童年记忆。创造性设计“坐上童年时光机”学习任务群，引领学生乘坐童年时光机，穿梭于岁月长河，走进他人的童年，描摹自己的童年，用生动优美的语言捕捉童年场景，留下光影故事中的童年往事。

二、主题内容与目标

（一）单元主题

坐上童年时光机。

（二）学习内容

文本阅读：

课内：《古诗三首》《祖父的园子》《月是故乡明》《梅花魂》。

课外：《小儿垂钓》《所见》《池上》《宿新市徐公店》。

（三）学习目标

1. 围绕“童年时光机”主题情境，开展文学阅读和表达活动，通过阅读不同年代、不同人物的童年经历，积累丰富多样的情感体验，引领学生的精神成长。

2. 运用多种阅读策略，体会作者的思想感情，感受文学作品语言、形象、情感等方面的独特魅力，提升审美能力。

3. 在了解他人童年故事的基础上，学习运用细节刻画等文学表现手法，描述自己成长中的故事，表达自己的思想感情。

三、学习情境与任务框架

（一）学习情境

童年往事，是属于每个人“心动神移”的记忆。让我们坐上童年时光机，穿越在古诗词中，约稚子一起玩耍；一起采撷古时童年“趣果”。让我们穿梭到近代，进入不同作家笔下的童年岁月。和萧红一起回忆园子中的自由和快乐；倾听季羡林、陈慧瑛两位老人讲述童年最难忘的一瞬；发现小月亮里的家乡情，梅花里牵着的爱国心，共同感受成长的那一刻。让我们回到现在，陪长辈聊成长故事，回顾最值得铭记的童年画面，一起制作童年时光手账吧！在“时光留影”发布会上分享他人的、自己的童年时光留影，留下那一段难忘的记忆，回味成长的“五味”。

（二）任务框架

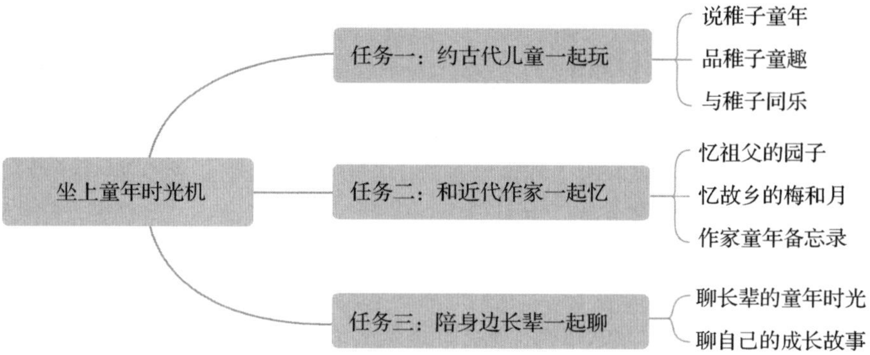

四、活动设计与教学提示

（一）活动设计（表3-19）

表3-19 “坐上童年时光机”活动设计

单元任务	学习活动	学习内容	课时安排
坐上童年时光机	任务一：约古代儿童一起玩	1. 说稚子童年。诵读《四时田园杂兴（其十三）》《稚子弄冰》《村晚》，说说古代儿童是怎样玩的。捕捉画面，想象三首古诗中的童年景，用图文结合的方式呈现古代儿童童年的“勤劳之趣”“游戏之趣”和“悠闲之趣”。 2. 品稚子童趣。对比阅读《小儿垂钓》《所见》《池上》《宿新市徐公店》，发现古代儿童的不同玩法。 3. 与稚子同乐。以“投壶诵诗”“击鼓传诗”“诗词魔方”等形式，诵读其他描写儿童生活的经典古诗，记录古时童年“趣果”。	3

续表

单元任务	学习活动	学习内容	课时安排
坐上童年时光机	任务二：和近代作家一起忆	1. 忆祖父的园子。感受园内温情，回忆童年画面。一忆祖父园子里的人和景；二忆“我”在园子里的快乐时光；三忆园子中蕴含的情感，结合“阅读链接”画面，进行对比，学习寄情于景，寓情于事的写作手法。 2. 忆故乡的梅和月。循着一梅一月，探秘别样童年。比较阅读《梅花魂》《月是故乡明》，把自己想象成文中的“我”，梳理关于月亮和梅之事，意象中探秘月之情和梅之魂，聚焦最能打动自己的“那一刻”，写写自己的感悟，体会独特的情感密码。 3. 作家童年备忘录。阅读分享名家名篇，寻找作家的童年回忆，以图文的形式，制作“作家童年备忘录”。通过抓住作者具体描写的事物、景物及场景等细节描写，体会作者表达的思想感情，分享打动自己的“那一刻”。	3
	任务三：陪身边长辈一起聊	1. 聊长辈的童年时光。设计提问清单，通过采访、访谈等方式，陪长辈聊他们的童年。用音频或视频记录采访过程，用书面文字整理了解到的情况和自己的感受。 2. 聊自己的成长故事。和长辈聊聊自己成长经历中难以忘怀的事情，谈谈当时的心情，发表自己的成长感言，再现“那一刻”。	1
单元测评	“时光留影”发布会	1. “时光留影”发布会。制作“童年时光手账”，以图文、视频的方式分享他人的、自己的童年时光留影，交流童年的记忆，回味成长的“五味”。 2. 小组展示互评，现场展示评价，家长参与评价。	1

（二）教学提示

统编版语文教材五年级下册第一单元的人文主题为“童年往事”。围绕这一主题，教材精选了《古诗三首》《祖父的园子》《月是故乡明》3 篇精读课文，1 篇略读课文《梅花魂》，还设置了《习作》《口语交际》《语文园地》。本单元语文要素是“体会课文表达的思想感情”，习作要素是“把一件事的重点部分写具体”。这个单元的主题内容是围绕“不同年代、不同人物的童年生活”“不同表现形式的情感流露”，针对不同的文本内容，不同的表现手法，运用以前所学的“抓关键词句”“体会特殊的语言”“借助具体事例”“结合资料”“抓住场景细节”等方式，体会字里行间的情感。

“坐上童年时光机”任务群通过一系列的学习情境，开展文学阅读和创意表达活动，引导学生感受文学之美，表达自己的独特感受，促进学生的精神成长。整合听说读写，引导学生综合运用朗读、默读、诵读、复述、评述等方法学习与童年有关的作品。重视古代诗文的诵读积累，感受文学作品语言、形象、情感等方面的独特魅力和思想内涵，提升审美能力和审美品位。侧重考查学生对语言、形象、情感、主题的领悟程度和体验，评价学生文学作品的欣赏水平，关注研讨、交流以及创意表达能力。本任务群整体规划了三个任务八个连贯的语文实践活动。

任务一“约古代儿童一起玩”，让学生通过诵读、背诵、捕捉画面，想象古诗中的童年景，感受古代儿童童年之趣；课内课外相结合，通过比较阅读，发现古代儿童的不同玩法，记录古时童年“趣果”。任务二“和近代作家一起忆”，聚焦作家笔下的童年画面，品味画面中包含的情感，学习寄情于景、寓情于事的写作手法；通过比较阅读，把自己想象成文中的“我”，梳理童年往事，聚焦最能打动自己的“那一刻”，体会独特的情感密码；阅读分享名家名篇，寻找作家的童年回忆，制作作家童年备忘录，分享打动自己的“那一刻”。任务三“陪身边长辈一起聊”，通过采访、访谈等方式，陪长辈聊聊他们的童年，和长辈聊聊自己成长经历中难以忘怀的事情，发表自己的成长感言，再现“那一刻”。单元测评“‘时光留影’发布会”，指导学生制作“童年时光手账”，以图文、视频的方式分享他人的、自己的童年时光留影，交流童年的记忆、成长的“五味”。

此任务用八个课时完成，课内课外相结合。教师设计学习情境，重组、整合教材的相关内容，在结构化的任务中引导学生深度建构。通过读与诵的融合、读与说的结合、读与写的互动，让学生感受童年的美好，感悟文字的美妙，将学习与生活联通，表达自己对不同童年生活的理解与审美体验。聚焦目标先行，预先研制评价标准，将评价贯穿学习始终，实现“教、学、评”一体。

五、资源支持和技术支持

（一）学习资源

1. 文本资源：教材文本《古诗三首》《祖父的园子》《月是故乡明》《梅花魂》；课外文本《小儿垂钓》《所见》《池上》《宿新市徐公店》。

2. 网络资源：轻柔背景音乐、活泼背景音乐，有关古代、近代、现代童年生活场景的图片，《呼兰河传》相关视频。

（二）工具技术

1. 古诗、学习任务单、问题清单。

2. 诵读会评价表、“情感密码”评价表、“作家童年备忘录”评价表、“童年时光手账”评价表等。

3. 小组线上分享交流 QQ 群，家长共同参与。

六、过程评价与单元测评（表 3-20）

表 3-20 “坐上童年时光机”过程评价与单元测评

评价	内容	基本标准
过程评价	任务一：约古代儿童一起玩	1. 能正确、流利、有感情地诵读诗词，能借助关键词和插图想象画面。 2. 能用生动的语言描述看到的、想到的画面内容，再现稚子的童年生活。 3. 能灵活运用图文结合的方式呈现想象到的画面内容。

续表

评价	内容	基本标准
过程评价	任务二：和近代作家一起忆	1. 能借助具体的描写想象画面，体会作者表达的思想感情。 2. 能灵活地联系关键词语，运用生动的语言表述自己内心的感受。 3. 能以图文的形式，制作“作家童年备忘录”，通过抓住作者具体描写的事物、景物及场景等细节描写，分享打动自己的“那一刻”。
	任务三：陪身边长辈一起聊	1. 能多角度地提前列好问题清单。 2. 能根据问题清单灵活地与长辈交流，并能认真倾听，边听边记录。 3. 能主动整理记录的内容，并有条理地表达了解到的情况和感受。
单元测评	“时光留影”发布会	1. 查阅资料，借助图片、视频、音频资料，制作“童年时光手账”。 2. 通过线上、线下两种渠道，自信、大方地分享他人的、自己的童年时光留影，交流童年的记忆。

第二部分　典型课时设计

任务一　约古代儿童一起玩（2 课时）

【学习情境】

坐上童年时光机，穿越在古诗词中，找找古代儿童的多样称呼，学学稚子童年的游戏方法，约稚子一起玩耍。通过朗读与传诵，捕捉画面，想象古诗中的童年场景，用自己的方式呈现古代儿童童年的“勤劳之趣”“游戏之趣”“悠闲之趣”，采撷古时童年“趣果”。

【教学过程】

（一）说稚子童年

1. 读稚子活动。

情境任务：同学们，这节课让我们穿越时空，走进古代的儿童生活。之前我们学过的关于儿童的古诗你还记得吗？［出示《所见》《夜书所见》《四时田园杂兴（其二十五）》，学生诵读。］今天我们学的三首古诗和儿童生活有关。

（1）读三首诗的诗题，说说自己的理解。

① 引导学生理解“四时”“杂兴”的意思。

② 简介范成大及《四时田园杂兴》组诗的内容。

③ 诗题告诉我们一件什么事？

（2）自由读古诗，读准字音，读出节奏。

① 引导学生回忆七言诗的朗读节奏。

② 关注“昼”“漪”“供”“陂”的读音。

（3）三首诗分别写了哪三种儿童的生活？

（4）你还知道哪些古代对儿童的称呼？

2. 说稚子童年。

（1）借助注释、插图，说说稚子童年的事。

（2）捕捉画面，展开想象，说出童年的景。

①《四时田园杂兴（其十三）》：想象“学种瓜”画面，想象儿童的动作和神态，突出“勤劳之趣”。

②《稚子弄冰》：抓住儿童的动作，想象稚子“取冰当钲”的“游戏之趣”。

③《村晚》：想象儿童“横牛背、信口吹”的画面，突出“悠闲之趣”。

（3）比较阅读，说说这三首诗的相同之处和不同之处。

（4）诗人笔下的儿童给你一种怎样的感觉？你更喜欢其中哪一个？

3. 绘稚子童趣。

（1）小组合作，完成学习单。选择其中一首诗，想象稚子的童年生活场景，画一画插图，同时把诗改写成短文，记录“趣果”。

文说童趣	图绘童趣
______________________ ______________________ ______________________ ______________________ ______________________	

（2）交流图画以及改写的小短文。

（3）评一评谁的想象更丰富，语言更生动。

（二）品稚子童趣

1. 拓展阅读描写儿童生活的四首诗《小儿垂钓》《所见》《池上》《宿新市徐公店》。

（1）诵读诗句，借助注释理解诗句。

（2）想象古代儿童童年生活的画面，感受稚子的天真、烂漫。

① 如果此时此刻，你就身处其中，和稚子一起玩，会看到什么，听到什么呢？

② 小组合作，想一想画面，画一画插图。

2. 比较阅读描写儿童生活的古诗。

（1）对比阅读这七首古诗，发现古代儿童的不同玩法。

（2）小组交流，完成诗词阅读学习单（表 3-21）。

表 3-21　诗词阅读学习单

古诗	时间	地点	怎么玩	趣在哪
《四时田园杂兴(其三十一)》				
《稚子弄冰》				
《村晚》				
《小儿垂钓》				
《所见》				
《池上》				
《宿新市徐公店》				

（3）交流描写儿童生活古诗的异同点。

3. 分享描写儿童生活古诗中的情趣。

（1）以小组为单位，讨论描写儿童生活古诗的描写手法及“趣果”。

（2）选择其中最喜欢的一个稚子形象，说说喜欢的理由。

4. 师生共同评价。

表 3-22　“约古代儿童一起玩”星级评价表

评价标准		★★★	★★	★
1. 能正确、流利、有感情地诵读诗词，能借助关键词和插图想象画面。				
2. 能用生动的语言描述看到的、想到的画面内容，再现稚子的童年生活。				
3. 能灵活运用图文结合的方式呈现想象到的画面内容。				
我的评语				
评价人				

（撰写：苏州市沧浪实验小学校　宋婷婷）

案例六　民风民俗万花筒(六年级)

第一部分　单元设计

一、设计依据

《义务教育语文课程标准(2022 年版)》中“文学阅读与创意表达”学习任务群第三学段的学习内容指出:阅读表现人与社会的优秀文学作品,走进广阔的文学艺术世界,学习品味作品语言、欣赏艺术形象,复述印象深刻的故事情节,积累多样的情感体验,学习联想与想象,尝试富有创意地表达。“民风民俗万花筒”学习任务群,旨在让学生通过阅读文本以及查阅资料,对全民族共有的传统民俗活动有更加深刻的认识,对家乡的独特民俗活动有更全面的了解,同时能够通过对民俗活动的系统认识,体会到蕴含其中的淳朴民风与浓浓亲情,进而产生对传统民俗文化的喜爱之情与传承之志。

二、主题内容与目标

(一) 单元主题

民风民俗。

(二) 学习内容

文本阅读:

课内:《北京的春节》、《腊八粥》、《古诗三首》(《寒食》《迢迢牵牛星》《十五夜望月》)、《藏戏》。

课外:莫言《过去的年》、斯妤《除夕》。

(三) 学习目标

1. 在单元统整学习中,能分清课文内容的主次,了解课文的详略安排及其效果,体会详写主要内容的好处。

2. 能迁移学法。在自主阅读中通过关联、对比等方式,体会课文不同的语言风格,感受不同时代、不同地域的丰富民俗文化。

3. 通过查阅资料、实地走访、家庭或者社区邻里实践,感受当地传统节日和风俗活动。

4. 能根据表达的需要,抓住内容重点,介绍一种风俗或写自己参加一次风俗活动的经历,用汇编民俗作品集等方式完成主题成果。

三、学习情境与任务框架

(一) 学习情境

中国的民风民俗流淌着五千年文化的馨香,散发着各地特有的气息,闪耀着古国文明的璀璨光芒。它是节日,更是企盼,它流传于当世,却串联起古今。在看似程式化的仪式背后，有着怎样美丽而神奇的传说？有着怎样丰富而深邃的文化底蕴？有着怎样美好而甜蜜的向往与企盼？让我们一起出发，开启“民风民俗万花筒”之旅。

（二）任务框架

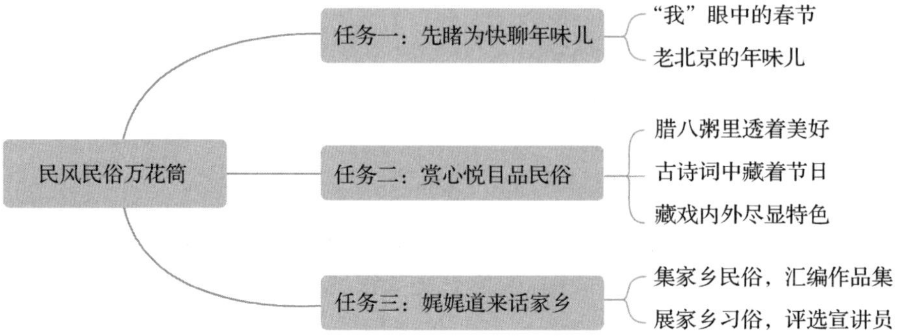

四、活动设计与教学提示

（一）活动设计（表3-23）

表3-23 “民风民俗万花筒”活动设计

单元任务	学习活动	学习内容	课时安排
民风民俗万花筒	任务一：先睹为快聊年味儿	1.“我”眼中的春节。引导儿童通过上网搜索、听人讲述、亲身体验春节的热闹与喜庆以及春节文化的源远流长。开展“家乡春节真热闹”学习交流，以“分享会”的形式分地域来介绍家乡过节的习俗，感受春节习俗的“同”与“异”。聚焦各地“与众不同”的风俗，结合图片、文字、视频等进行生动的介绍，启发学生了解各地春节习俗的独特之处。 2. 老北京的年味儿。按时间顺序发现各个时间里老北京的不同习俗，了解课文的脉络。引导学生根据描写的方式、段落的长短等，借助思维导图梳理出五个详写的日子，在对比中感受老北京过节时的热闹、忙碌、隆重，并与斯妤笔下的《除夕》片段进行赏析对比，解锁作者的表达密码。	3

续表

单元任务	学习活动	学习内容	课时安排
民风民俗万花筒	任务二：赏心悦目品民俗	1. 腊八粥里透着美好。了解家乡的腊八节及腊八节传统习俗之一——喝腊八粥。学习《腊八粥》第1自然段关于腊八粥的描写，体会作者语言表达的特点。写一写自己忘不了的美食。聚焦"等粥"，关注课文对人物动作、语言、神态的语句，边读边想象，深刻感受主要人物"馋"的形象特点以及内心活动的变化，体会作者借助人物所见所闻，侧面写腊八粥美味诱人的写法。感受腊八粥带来的温馨美好，感受腊八习俗的人情美。 2. 古诗词中藏着节日。"读古诗明习俗"，借助学生已有认知，说说古诗里的一些传统习俗。"查资料知由来"，学生通过查阅资料了解节日的来龙去脉和习俗中的故事等，借助补充的课外资料帮助学生更好地理解古诗的意思，拉近学生与传统节日的距离。"读古诗想画面"，读诗句展开想象，联系生活经验，结合搜集到的传说故事或民俗资料展开丰富想象，体会诗歌所表达的情感。"小小民俗发布会"，引导学生结合课后选做题，互相分享从其他古诗中研究的传统习俗的成果，展现"古诗中的节日"的成果汇编。 3. 藏戏内外尽显特色。借助阅读提示进行自主阅读，通过作业"藏戏特点我梳理"，用个性化的思维导图把握课文内容，并了解作者是从哪几个方面把藏戏的特点介绍清楚的。品味藏戏，开展"藏戏大家讲"的学习活动，充分体会藏戏的地方特色。	3
	任务三：娓娓道来话家乡	1. 集家乡民俗，汇编作品集。写一写自己的家乡风俗文化或自己参加的风俗活动，对班级"家乡的风俗"作品进行分类、汇编。 2. 展家乡习俗，评选宣讲员。可以借助图片、视频等方式，向大家介绍印象最深的家乡风俗，评出最佳家乡民俗文化宣讲员。	2
单元测评	夸夸咱家乡风俗美	结合问题情境，介绍一种风俗或写自己参加一次风俗活动的经历，用音视频、表演、汇编民俗作品集等方式完成主题成果。	1

（二）教学提示

基于"民风民俗"的人文主题，本单元编排了4篇课文，包括3篇精读课文和1篇略读课文，分别是《北京的春节》、《腊八粥》、《古诗三首》（《寒食》《迢迢牵牛星》《十五夜望月》）和《藏戏》。本单元的语文要素主要体现了两个关键点，一个是"分清内容的主次"，另一个是"体会如何详写主要部分"，这两点之间具有一定的逻辑关联。六年级文本材料组织上有更高级的"技巧"，由于不同方面的材料对于主题表达具有不同的意义和作用，材料与材料之间会在比重安排上呈现出一定的"失衡"，而不再是并列关系。结合六年级下册《语文园地》中"交流平台"部分的结论，即"文章主要写什么，次要写什么，是根据作者想要重点表达的意思决定的”，在文本阅读时，引导学生分清文章的主次，可以更好地领悟文本的内容以及中心思想。另外，我们通过阅读文本也可发现，详写的内容，也并不是面面俱到，铺开来写，而是突出最具特色的部分，着重笔墨，从而给读者留下深刻印象。

结合“文学阅读与创意表达”学习任务群第三学段的学习内容，提炼了单元任务群主题“民风民俗万花筒”，设计三个任务。任务一“先睹为快聊年味儿”，旨在启发学生了解各地春节习俗的独特之处，在对比中感受老北京过节时的热闹、忙碌、隆重。任务二“赏心悦目品民俗”，由“腊八粥里透着美好、古诗词里藏着节日、藏戏内外尽显特色”三个活动呈现，让学生感受腊八习俗的人情美，联系生活经验，结合搜集到的传说故事或民俗资料，体会诗歌所表达的情感。通过“藏戏特点我梳理”体会藏戏的地方特色。任务三“娓娓道来话家乡”，结合“写一写自己的家乡风俗文化或自己参加的风俗活动”和“向大家介绍印象最深的家乡风俗”两个活动，对家乡独特的民俗活动有更全面的了解，同时通过对民俗活动的系统认识，体会到蕴含其中的淳朴民风与浓浓亲情，洞悉和理解八方民俗所承载的文化精神，领悟民俗文化中所蕴含的精神内涵。

五、资源支持与技术支持

（一）学习资源

1. 文本资源：教材文本《北京的春节》《腊八粥》《寒食》《迢迢牵牛星》《十五夜望月》《藏戏》。

2. 网络资源：拓展阅读文本，民风民俗等图片、视频。

（二）工具技术

1. 学习任务单。

2. 过程评价及单元测评表。

六、过程评价与单元测评（表3-24）

表3-24 “民风民俗万花筒”过程评价与单元测评

评价	内容	基本标准
过程评价	任务一：先睹为快聊年味儿	1. 在单元统整学习中能分清课文《北京的春节》内容的主次，了解课文的详略安排及其效果，体会详写主要内容的好处。 2. 能学习作者抓住有特色的民俗进行细致描写的方法。 3. 能以小见大，回归生活，聚焦春节，畅聊自己家乡的年俗。 4. 联系生活与课文内容进行对比，阅读比较闽南春节、北京春节和我们家乡春节的风俗异同。

续表

评价	内容	基本标准
过程评价	任务二：赏心悦目品民俗	1. 能分清课文《腊八粥》内容的主次，了解课文的详略安排及其效果，体会详写主要内容的好处。感受美好的腊八风俗，感受腊八粥的甜蜜，家庭生活的温情。 2. 能有感情地朗读《古诗三首》，背诵积累古诗。了解诗中涉及的节日习俗或传说，感受诗中体现的传统文化内涵。 3. 能说出藏戏的主要特色，了解作者是从几个方面介绍藏戏的，感受少数民族风情，感受戏曲的艺术魅力。
	任务三：娓娓道来话家乡	1. 能了解家乡风俗的来历、相关活动寓意等，通过资料查询访问等方式，记录家乡的风俗并进行交流。 2. 能结合图片、视频等方式介绍家乡的一种风俗，为自己感兴趣的民俗撰写词条。
单元测评	夸夸咱家乡风俗美	介绍一种风俗，能根据表达需要，安排详略，抓住重点介绍。

第二部分　典型课时设计

任务一　先睹为快聊年味儿——老北京的年味儿(2 课时)

【学习情境】

俗话说：“十里不同风，百里不同俗。”民俗是由民众创造并世代传承的民间文化，遥远的先民遗风，时下的世态人情，尽在其中。现在，我们就跟随作家老舍，走进北京，过一个京味十足的春节，感受北京独特的民风民俗和魅力十足的年文化吧。

【教学过程】

(一) 探寻老北京的年味儿

1. 在初读中探寻春节时间点。

(1) 老舍在此文中回忆了老北京的春节，他回忆了春节中的哪几个时间点？从文章的语言和内容中，你体会到了老北京的春节有什么“味”？

(2) 交流回忆中的几个时间点。根据老舍回忆的老北京春节的几个时间点，了解文章是按照什么顺序来写作的。

完成任务单(表 3-25)。

表 3-25 《北京的春节》学习任务单

时间	人们的活动
腊八	熬腊八粥、泡腊八蒜
腊月初九至腊月二十二	准备年货

2. 于词段中摩挲“京韵十足”。

（1）自读老舍笔下的春节，从语言和内容中感受给你留下深刻印象的春节之味——朴实而耐人寻味，来自老北京的春节之味就是“浓郁的京腔京味”。

（2）画出老舍笔下有京腔京味的词语，对照联系时间节点的词语，发现这些词语和春节中的每个时间点对应。

（3）寻出介绍腊八粥的句子，了解腊八粥如何熬，样子如何，味道怎样。浓浓的腊八粥的香味拉开了老北京春节的序幕，老舍将腊八粥介绍得这么详细，那是因为他印象深刻。

（4）学读儿化音，了解儿化音表达的好处，用带着京腔的儿化音来表达更能体现老北京的春节特色、隆重热闹、温馨美好和喜庆。

3. 于词句中想象“浓郁的京味之春”。

引导想象：几排词语，京味十足，跟春节的时间点一一对应，让我们了解了那么多老北京的逸闻趣事。透过这些词语，你仿佛看见了老北京春节的哪个时间点，哪一幅画面？可以用自己的话来说一说，也可以加上自己的联想。

4. 于词语中记住“浓郁的京春习俗”。

（1）在这京腔京味的词语中，我们闻到了腊八粥的香味，尝到了麦芽糖的香甜，逛过了热闹的庙会，记住了老北京春节中每个时间点的习俗。请你借助这些词语联系文中内容，将老北京春节的每个时间点上的习俗填入任务单。

（2）想一想：作者按照时间顺序介绍老北京人过春节的习俗，写得有详有略，这样写的好处是什么？

（二）赏老北京春节画卷

1. 热闹，品味“京韵十足”。

（1）请学生读著名戏剧家曹禺先生的话：他（老舍）作品中的语言更有特色，没有一句华丽的辞藻，但是感动了人心，其深厚美妙常常不可言传。没有华丽的辞藻，为什么让我们觉得深厚美妙？这朴实的语言到底美在哪里？

（2）请每组学生每人读一个习俗。这些习俗介绍，像唠家常一样朴实、亲切、娓娓道来，但我们却在这样唠家常的语言中，清晰地从这三方面看到了老北京除夕的热闹。交流完善任务单(表3-26)。

表3-26 “除夕”习俗介绍的语言特点

节日名称	详写句子	语言特点
除夕	男女老少都穿起了新衣……	“唠家常”似的通俗、直白的语言

2. 灯海,品味“京韵十足”。

(1)老舍心中的春节哪个时间点是最美满的?自由默读元宵节的片段,找一找你觉得老舍把元宵节写得火炽而美丽的句子,想一想这个句子写法美在哪里。请在句子旁边进行批注。

(2)小组交流讨论,共同完成以下学习单(表3-27)。

表3-27 “元宵节”习俗介绍的语言特点

节日名称	详写句子	语言特点
元宵节		

(3)交流体会“重复”是一种美。把目光聚焦到重复表达的句子,说说你发现了什么。(这样重复地写出了老北京元宵节的一片火炽与美丽。)这样的重复表达是一种美,也像曹禺说的那样,让人觉得其深厚美妙不可言传。

(4)交流体会“简洁”也是一种美。“家中也有灯:走马灯、宫灯、各形各色的纸灯,还有纱灯,里面有小铃,到时候就叮叮地响。”这句话在写法上有什么不同?

(5)交流体会“留白”也是一种美。“吃元宵那必是元宵节的习俗”,在这里,元宵的样子写了吗?元宵是什么馅儿写了吗?什么味写了吗?人们怎么吃元宵的写了吗?只是这么一句:“大家还必须吃元宵”。这是什么写法?是的,这叫留白。老舍虽然什么也没写,但你却在这段话里看到了什么?

(6)于留白中勾想自己的年味。在留白中想象自己的春节,选一个情景来写一段话。可以运用细节描写的写法,也可以运用老舍在此文中的写法。

3. 对比,感受闽南的年味。

(1)同一个春节,不同的地方又有怎样不同的味道呢?让我们自由阅读“阅读链接”,边读边思考闽南的年味和老北京的年味有什么不同。完成任务单(表3-28)。

表 3-28　对比老北京的春节与闽南的春节

事项	老北京的春节	闽南的春节
阅读文本	《北京的春节》	《除夕》
作者	老舍	斯妤
内容		
写法		
年味		

（2）集体交流品味不同的年味。

（撰写：苏州市沧浪新城第三实验小学校　杨剑梅）

第四章 “思辨性阅读与表达”学习任务群

本学习任务群旨在引导学生在语文实践活动中，通过阅读、比较、推断、质疑、讨论等方式，梳理观点、事实与材料及其关系；辨析态度与立场，辨别是非、善恶、美丑，保持好奇心和求知欲，养成勤学好问的习惯；负责任、有中心、有条理、重证据地表达，培养理性思维和理性精神。

——摘自《义务教育语文课程标准(2022年版)》

案例一 生活里面问号多(一年级)

第一部分 单元设计

一、设计依据

《义务教育语文课程标准(2022)年版》中“思辨性阅读与表达”学习任务群第一学段提出：阅读有趣的短文，发现、思考身边的鸟兽虫鱼、花草树木、家用电器等日常事物的奇妙之处，说出自己的想法；大胆提出生活和学习中遇到的问题，通过阅读、观察、请教、讨论等方式，积极思考、探究，乐于分享自己解决问题的方法，说出一两个理由。本单元的三篇课文都融科学常识和生活常识于故事情节中，既有童趣又有教育性，要求学生在平时的生活中要留心观察。在我们的生活中问号是非常多的，必须引导学生学会思考，学会探究身边的问题。引导学生主动观察、提问并表达，在具体的情境中激发儿童的好奇心和求知欲。

二、主题内容与目标

(一) 单元主题

生活里面问号多。

(二) 学习内容

文本阅读：

课内：《棉花姑娘》《咕咚》《小壁虎借尾巴》《语文园地八》。

课外:《十万个为什么》《小猪变形记》《这样的尾巴可以做什么》《昆虫医生的医药手记》。

(三) 学习目标

1. 学习借助连环画阅读,能读懂故事内容,并能借助图片说说故事的主要情节。

2. 学习分角色读对话,能读出祈使句的语气。

3. 能根据故事情节,提出问题,边读边思考,增强根据信息作简单推断的阅读能力,掌握文中的科学常识和生活常识。

4. 能养成在阅读时思考的习惯,并联系生活,大胆说出自己的收获和看法。

三、学习情境与任务框架

(一) 学习情境

谁能治好棉花姑娘的病?“咕咚”到底是谁?小壁虎向谁借尾巴,最终它借到尾巴了吗?小熊一家为什么还是住在山洞里?我们的生活里有无数的小问号,这些小问号都需要我们去寻找答案。让我们带着好奇心,边读边思考,解开这一个又一个的小谜团。让我们一起探秘益虫益鸟的世界,了解不同动物捕不同害虫的科学知识;跟随小壁虎一起去借尾巴,发现小动物尾巴的用途;夸一夸野牛和小熊,分享我们对动物们的看法,并谈谈收获。让我们在动物王国的探秘过程中,产生探索、发现的欲望,学会观察,大胆提问,积极思考。

(二) 任务框架

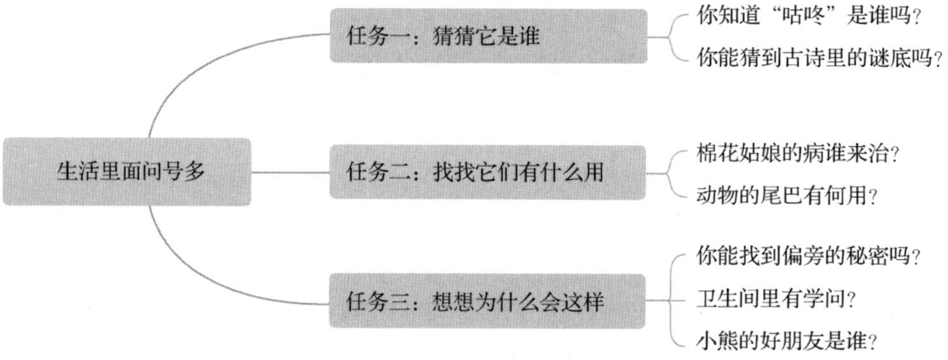

四、活动设计与教学提示

（一）活动设计（表4-1）

表4-1 “生活里面问号多”活动设计

单元任务	学习活动	学习内容	课时安排
生活里面问号多	任务一：猜猜它是谁	1. 你知道“咕咚”是谁吗？以“‘咕咚’是谁”这一问题引导学生读故事，通过分段朗读的方式，圈画出故事中出现的人物。借助四格连环画，引导学生厘清人物出场顺序，鼓励学生说一说故事情节，再和小伙伴合作演一演这个故事，演出时用上课文中的语言描写，从而思考野牛的做法，大胆谈谈自己从野牛身上得到的启示。 2. 你能猜到古诗里的谜底吗？收集古诗里的谜语，引出古诗《画鸡》，猜一猜诗中写的是谁。学习《画鸡》一诗。	3
	任务二：找找它们有什么用	1. 棉花姑娘的病谁来治？通过圈一圈、画一画、分角色朗读的方法，借助插图，以演代讲，感悟故事情节。认识七星瓢虫医生，知道它们能吃蚜虫，治好了棉花姑娘的病。学做小老师，介绍不同的动物医生治疗不同病的技能；再设计连线游戏，让学生连一连，找到动物医生和它相对应的害虫，从而掌握相关的科学知识。拓展阅读绘本故事《昆虫医生的医药手记》，了解大自然的奇妙。 2. 动物的尾巴有何用？引导学生读故事，在读中提出问题，找到答案。通过分角色朗读课文，注意不同角色语气的变化，从而体会小壁虎、小鱼、老牛、燕子的不同心情。在读中了解每种动物尾巴的特点及用途，并大胆总结动物们尾巴的作用。拓展阅读绘本故事《这样的尾巴可以做什么》，谈谈书中的动物尾巴可以做什么。课前布置搜集有关动物尾巴的相关知识，分组完成“动物尾巴作用卡”，展示各组成果，比一比哪一组的知识面最广。	3
	任务三：想想为什么会这样	1. 你能找到偏旁的秘密吗？让学生通过观察三组图片和字，总结偏旁的秘密，再尝试说一说生活里更多关于偏旁的发现。 2. 卫生间里有学问？联系生活，让学生在真实的情境中识得藏在卫生间里的生字宝宝们。 3. 小熊的好朋友是谁？引导学生提出问题“小熊的好朋友是谁？”，借助连环画，小组共读故事《小熊住山洞》，引导学生在阅读中提出问题，并在读的过程中找到答案，交流读书收获。	3
单元测评	奇妙的自然与生命	1. 学生分组共读绘本故事《小树的四季》，各组根据故事提出问题，小组交换问题，通过讨论交流，解决问题。 2. 小组成员分工完成故事思路图，根据思路图，讲一讲这个故事。 3. 围绕“这棵小树最终变成了什么样子？”谈谈自己的收获。	1

（二）教学提示

统编版一年级下册第八单元安排了《棉花姑娘》《咕咚》《小壁虎借尾巴》及《语文园地八》，文本的故事都非常有趣，但也藏着疑惑与思考：谁能治好棉花姑娘的病？“咕咚”到底是谁？小壁虎向谁借尾巴？最终它借到尾巴了吗？小熊一家为什么还是住在山洞里？故事里的这些疑惑，为低年级学生进行思辨性阅读与表达提供了很好的载体。因此，我们为本单元的内容设计了“生活里面问号多”这一大情境，以“观察—质疑—解答”为主线，在真实的问题情境中，整合了三大任务七个活动，将识字写字与读、说、演等实践活动结合起来，在具体的情境中激发一年级儿童的求知欲和表达欲。

第一个任务是“猜猜它是谁”。以“‘咕咚’是谁”这一问题引导学生读故事，通过分段朗读的方式，圈画出故事中出现的人物。借助四格连环画，引导学生厘清人物出场顺序，鼓励学生说一说故事情节，再和小伙伴合作演一演这个故事，演出时用上课文中的语言描写，从而思考野牛的做法，大胆谈谈自己从野牛身上得到的启示。学生收集古诗里的谜语，引出古诗《画鸡》，猜一猜诗中写的是谁。学习《画鸡》一诗。

第二个任务是“找找它们有什么用”。学生通过圈一圈、画一画、分角色朗读的方法，借助插图，以演代讲，感悟故事情节。认识七星瓢虫医生，知道它们能吃蚜虫，治好了棉花姑娘的病。学做小老师，介绍不同的动物医生治疗不同病的技能；再设计连线游戏，让学生连一连，找到动物医生和它相对应的害虫，从而掌握相关的科学知识。拓展阅读绘本故事《昆虫医生的医药手记》，了解大自然的奇妙。引导学生读故事，在读中提出问题，找到答案。通过分角色朗读课文，注意不同角色语气的变化，从而体会小壁虎、小鱼、老牛、燕子的不同心情。在读中了解每种动物尾巴的特点及用途，并大胆总结动物们尾巴的作用。拓展阅读绘本故事《这样的尾巴可以做什么》，谈谈书中的动物尾巴可以做什么。课前布置搜集有关动物尾巴的相关知识，分组完成“动物尾巴作用卡”，展示各组成果，比一比哪一组的知识面最广。

第三个任务是“想想为什么会这样”。让学生通过观察三组图片和字，总结偏旁的秘密，再尝试说一说生活里更多关于偏旁的发现。联系生活，让学生在真实的情境中识得藏在卫生间里的生字宝宝们。引导学生提出问题“小熊的好朋友是谁?”，借助连环画，小组共读故事《小熊住山洞》，引导学生在阅读中提出问题，并在读的过程中找到答案，交流读书收获。

整个单元的设计围绕着孩子们生活里的问号，启发一年级学生留心观察动物们的各种行为，学会在阅读中提出问题，联系文本与生活探究这些问题，从而掌握一些科学知识和生活常识，让他们在自己的思考中主动用语言文字大胆地表达，鼓励他们积极分享自己的看法。

五、资源支持与技术支持

（一）学习资源

1. 文本资源：教材文本《棉花姑娘》《咕咚》《小壁虎借尾巴》《语文园地八》；课外文本《小猪变形记》《这样的尾巴可以做什么》《昆虫医生的医药手记》《十万个为什么》。

2. 网络资源：相关音频、视频、图片。

（二）工具技术

网络搜索、评价标准等。

六、过程评价与单元测评（表 4-2）

表 4-2 “生活里面问号多”过程评价与单元测评

评价	内容	基本标准
过程评价	任务一：猜猜它是谁	1. 通过分角色演绎故事，能读出故事中人物的不同语气，感受故事情节的跌宕起伏。 2. 能根据课后问题找出相关信息进行推断。
	任务二：找找它们有什么用	1. 通过分角色朗读课文，能读出祈使句的语气，读好多个角色之间的对话，明确七星瓢虫医生治好了棉花姑娘的病。 2. 能掌握不同的动物医生所能够治疗的不同的病，掌握一些科学知识和生活常识。 3. 能借助连环画，读懂故事内容，说清楚故事的主要情节，了解壁虎、鱼、牛、燕子尾巴的不同作用。 4. 能初步学会收集资料，整理资料，并说一说搜集整理的内容。
	任务三：想想为什么会这样	1. 学会用偏旁归类识字的方式来识记汉字。 2. 通过小组共读的方式理解故事内容，能大胆分享自己读了故事后的看法，懂得保护环境是一种美德。
单元测评	奇妙的自然与生命	1. 在读绘本的过程中，能够针对故事提出问题。 2. 能够理解故事的内容，并说说获取了哪些大自然的小奥秘。 3. 能积极参与讨论，通过故事推测小树最终会变成什么样子。 4. 能大胆表达自己从绘本故事中获得的启发。

第二部分 典型课时设计

任务一 猜猜它是谁——你知道“咕咚”是谁吗？（2 课时）

【学习情境】

“咕咚”到底是谁？小动物们到底为什么害怕“咕咚”？野牛和其他小动物有什么不同？让我们带着好奇心，闯入森林动物王国，和一群小动物们一起去奔跑，去思考，去寻找问题的答案，并在这个过程中明白"遇事要多动脑，不能盲从"的道理。小朋友们，我们出发吧！

【教学过程】

（一）你知道"咕咚"是谁吗？（第1课时）

1. 游戏激趣，猜字揭题。

（1）玩游戏：辨声猜猜猜。

出示动物图片：猫、狗、青蛙、老鼠。

学生自选一种动物，模拟它的叫声。

连一连：出示四种动物叫声的汉字，学生将汉字和动物进行连线。

（2）说发现：观察这些表示声音的词语，你发现了什么？

学生观察，结合生活经验，自由发言，总结这些表示动物叫声的汉字特点，说出形声字的识字规律。

（3）看表演：拿起水，大口大口喝。教师板书"咕咚"，学生猜猜这两个字的读音。

（4）说理由：学生自由猜，说出理由，明确读音。

（5）读一读："咕咚"。

（6）小结："咕咚"两字左边的偏旁表义，右边的字表音，这样的字是形声字，我们可以用同样的方法猜猜汉字的读音和意思。

（7）聊"咕咚"：聊聊"咕咚"是谁。

学生自由表达，只要能够说通说顺，就可以根据自己的猜想畅所欲言。

2. 图文对照，讲讲故事。

（1）识字大比拼。

展示生词卡：熟了　掉进　可怕　跟着　大家　山羊　小鹿　逃命　大象　野牛

我是小老师：请学生做小老师，摘取自己会读的生字卡，带领全班读一读，并说一说你是怎么认识这个字的。

开开小火车：按照顺序读一读。

（2）看图读故事。

明确角色：出示四幅连环画，请学生分段读课文，边读边圈画出故事中出现的动物们。

厘清出场顺序：按顺序张贴动物的图片，厘清动物出场顺序。

梳理故事：借助连环画和动物的出场顺序，梳理故事内容。

简述故事：根据四幅图片和板书，按照顺序简单讲讲这个故事的主要内容。

3. 观察比较，写好汉字。

（1）我会给生字归类。

将本课生字按结构进行分类，明确左右结构、上下结构和独体字分别是哪些字，分类进行指导。

（2）我会观察找要点。

观察要点：左右结构的字左右的宽窄、长短、高低和笔画的穿插。学生自由说一说自己观察的结果，大胆说说识记的好方法。

教师范写，学生书写，随后练写。

（3）我会评价我自己。

学生对照每个字的要点，自我评价，找出自己的不足之处，说一说，改一改。

（二）你知道“咕咚”是谁吗？（第2课时）

1. 温故知新，走进课文。

（1）看谁摘的木瓜多？

木瓜图上显示上节课学过的生字词，学生选择自己会读的，摘取木瓜，每摘下一个木瓜都配上“咕咚”的音效。

（2）连一连。

教师准备连线游戏，学生将图和生字进行连线。

2. 创设情境，角色朗读。

（1）画一画：出示四格连环画，回顾动物的出场顺序，画出故事山。

（2）读一读：学生挑选自己喜欢的动物，分角色读故事。

（3）聊一聊：“咕咚”到底是谁呢？

关注课后习题：说说动物们为什么会跟着兔子一起跑，野牛又是怎么做的。

学生自由表达，说说自己的看法。

（4）谈一谈：读了故事，你从动物们，特别是野牛身上，得到了什么启示？

学生大胆自由表达。

3. 借助插图，合作讲演故事。

（1）出示四格连环画，四人小组合作表演。

（2）小组上台讲演故事，教师评分，选出获胜的小组。

4. 小组共读绘本《小猪变形记》，谈收获。

（1）找人物：找出故事里的人物。（人物：太阳、彩虹色的花、蚂蚁、蜥蜴、老鼠、小鸟、刺猬。）

（2）理顺序：厘清小猪想变成的几种动物的顺序，让学生入情入境地感受文本、理解文本。

（3）明道理：在指导朗读的过程中，引导学生理解“在生活中不要盲目去模仿别人，做真实的自己才最快乐”的道理。

（3）说想法：小猪每一次变形失败分别是什么原因造成的？

（4）谈收获：读了《咕咚》和《小猪变形记》这两个故事，你有何收获？

（撰写：苏州市三元实验小学校　吕　淳）

案例二　遇到问题怎么办？（二年级）

第一部分　单元设计

一、设计依据

《义务教育语文课程标准（2022 年版）》中“思辨性阅读与表达”学习任务群第一学段的学习内容共有两方面：一是“阅读有趣的短文，发现、思考身边的鸟兽虫鱼、花草树木、家用电器等日常事物的奇妙之处，说出自己的想法”；二是“大胆提出生活和学习中遇到的问题，通过阅读、观察、请教、讨论等方式，积极思考、探究，乐于分享自己解决问题的方法，说出一两个理由”。本单元围绕“遇到问题怎么办”这个主题编排了课文《寓言二则》《画杨桃》《小马过河》，以及《口语交际：图书借阅公约》和《语文园地五》。《寓言二则》中两个寓言故事《亡羊补牢》和《揠苗助长》故事情节简单有趣，语言条理清晰，却包含深刻的道理。《画杨桃》记录了生活中平常的小事，却寄寓着深刻的哲理。《小马过河》是一篇童话故事，情节跌宕起伏，巧妙设置悬念，富有童趣，能引发学生思考。三篇课文分别是寓言故事、生活中的故事和童话故事，内容主题有很大的相关性，从故事入手，引导学生在阅读、讲述、比较、质疑、辩论的过程中深度理解其中所蕴含的道理，同时结合自己在生活中遇到的真实问题，体验想办法解决问题的过程，建构理性思维，培养创新精神。

二、主题内容与目标

（一）单元主题

遇到问题怎么办？

（二）学习内容

文本阅读：

课内：《寓言二则》《画杨桃》《小马过河》《口语交际：图书借阅公约》《语文园地五》。

课外：《好天气和坏天气》《了不起的狐狸爸爸》《林海音奶奶讲寓言》。

（三）学习目标

1. 阅读寓言故事，通过了解故事情节，探究人物解决问题的方法合适与否，感悟寓言故事蕴含的道理，获得启发。拓展阅读课外寓言故事，联系生活经验谈感受，积极思考探究生活中解决问题的好办法。

2. 阅读生活中的故事，通过关注人物的动作、语言和神态，体验人物认识和情感的变化，获得从不同角度看待事情的启示。用换个角度看问题的办法尝试解决问题，逐渐懂得在生活中要多角度去看待问题的道理。

3. 阅读童话故事，思考老牛和松鼠的建议对小马是否有帮助，小马是如何解决问题的,并借助以上支架讲好故事。从故事中懂得我们要勤于动脑,乐于思考,善于想办法解决问题的道理。合作完成口语交际的实践交流,感悟积极主动解决问题的快乐。

三、学习情境与任务框架

(一) 学习情境

羊丢了要不要补羊圈?我能不能蹚过这条河?我看到的怎么和别人不一样?我们在生活中总会遇到这样那样的问题。遇到问题怎么办?读读《亡羊补牢》《揠苗助长》这些古代寓言,我们便可以明白很多道理;讲讲《小马过河》《画杨桃》的故事,学会从多个角度看待问题。相信通过自己的观察与思考,我们总能想出解决问题的好办法。

(二) 任务框架

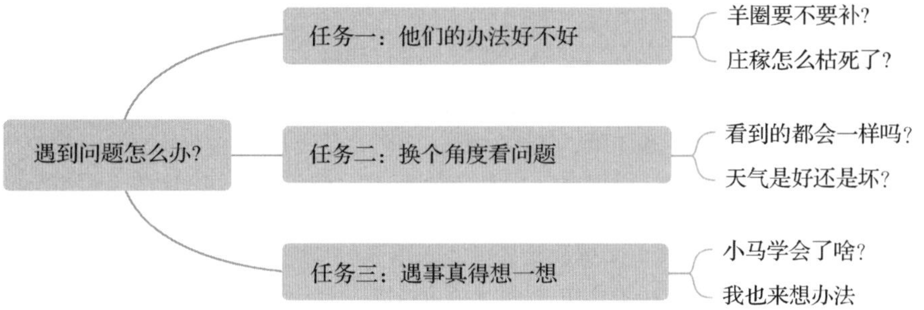

四、学习活动与课时安排

(一) 活动设计(表 4-3)

表 4-3 “遇到问题怎么办?”活动设计

单元任务	学习活动	学习内容	课时安排
遇到问题怎么办?	任务一:他们的办法好不好	1. 羊圈要不要补?阅读《亡羊补牢》,思考交流养羊人遇到的问题,面对这个问题,养羊人和街坊的不同看法;讨论交流“羊圈到底要不要补?”“街坊和养羊人谁的办法好?”并说清楚理由。说一说成语“亡羊补牢”的意思,明白寓言故事的道理。联系生活实际,说说生活中类似的事例以及解决的办法。 2. 庄稼怎么枯死了?阅读《揠苗助长》,思考交流种田人遇到的问题,面对这个问题,他是怎么做的;讨论交流“庄稼为什么会枯死?”并说清楚理由。说一说成语“揠苗助长”的意思,明白寓言故事的道理。阅读《林海音奶奶讲寓言》,开展交流会,讨论故事中人物的办法好不好。	2

续表

单元任务	学习活动	学习内容	课时安排
遇到问题怎么办？	任务二：换个角度看问题	1. 看到的都会一样吗？阅读《画杨桃》，根据故事内容说说同学笑话“我”的原因；画个草图说说“我”和其他人看到的杨桃的不同。抓住描写老师的动作、语言和神态的词句，说一说老师是如何来看待问题，思考问题的。通过探究讨论，懂得生活中要多角度看问题，从不同的角度去思考，勤于动脑，乐于思考。 2. 天气是好还是坏？阅读《好天气和坏天气》，列个表格说说老奶奶的烦恼；开动脑筋，从不同的角度去看待问题，想一想让奶奶露出笑脸的好办法。同桌演一演，一起来宽慰老奶奶。	2
	任务三：遇事真得想一想	1. 小马学会了啥？阅读《小马过河》，梳理故事情节，读好对话中人物不同的语气，体会人物心情。思考交流小马一路上遇到的问题，辨析河水到底是深还是浅；合作探究小马过河的经验。借助词语支架，讲一讲这个故事。评选“故事大王”，分享讲好故事的好办法。 2. 我也来想办法。讨论本单元口语交际主题：图书借阅公约。小组合作，思考交流班级里的图书角管理办法，列出公约清单；班级交流，形成班级《图书借阅公约》，张贴在班里的图书角。“金点子大王”自荐会：联系生活实际，说说你还想了哪些好办法解决生活中的问题，自荐参选“金点子大王”。	2
单元测评	解决问题了不起	1. 阅读《了不起的狐狸爸爸》，找一找狐狸爸爸遇到的问题，用思维导图的形式画一画问题线索。 2. 选择故事中一处你认为最困难的问题，交流狐狸爸爸是用什么办法解决的。 3. 列表格梳理狐狸爸爸解决问题的好办法，说说你获得的启示。	1

（二）教学提示

二年级下册第五单元共有三篇课文：《寓言二则》《画杨桃》《小马过河》。有古代寓言故事、现代生活中的故事、童话故事，每个故事都蕴含着深刻的道理。故事丰富的人文内涵可以引发学生从多角度思考，使其获得丰富的人生启迪。

本单元以“遇到问题怎么办?”为本单元任务群主题，将识字写字、课文阅读、表达练习统整在主题任务中。根据不同的故事，引导学生在具体的情境中体验角色，读出不同角色说话的语气，感悟人物特点及其思考的过程。了解课文内容，从故事的不同角度进行思考，交流看法，联系生活经验谈事例，懂得在生活中要多角度看问题，勤于动脑，善于思考，乐于想办法解决问题。

本任务群三个任务之间也具有层级递进的关系，任务一“他们的办法好不好”借助寓言故事，引导学生初步感知办法与结果之间的关系，用好的办法解决问题就有好的结果，用不恰当的方法解决问题就会造成不好的后果。学生通过这种思辨，明确何为“好办法”。此任务即为“知”。任务二“换个角度看问题”，借助生活中的故事《画杨桃》，引导学生发现老师和同学们做法的不同之处，懂得从不同角度看事情，会有不一样的结果，在思考解决问题的办法时，也需要有这样的思维。此任务重在“理解”，也就是学习理解如何产生好办法。引导学生通过自主阅读《好天气和坏天气》，学完以后，小试牛刀，分角色朗读《好天气和坏天气》，演一演用好办法来宽慰老奶奶。任务三“遇事真得想一想”，梳理故事情节，通过朗读、辨析、复述形成解决问题的高阶思维，并且运用至管理班级图书角这一真实的情境中，此任务即为“行”。通过参加“金点子大王”的自荐，获得“遇到问题，我能想出好办法来解决”的成就感。通过“知→理解→行”这一系列思维的进阶，实现学生思维能力的跃迁，培养学生的理性精神。

五、资源支持和技术支持

（一）学习资源

1. 文本资源：教材文本《寓言二则》《画杨桃》《小马过河》《口语交际：图书借阅公约》《语文园地五》；课外文本《好天气和坏天气》《了不起的狐狸爸爸》《林海音奶奶讲寓言》。

2. 网络资源：相关音频、视频、图片。

（二）工具技术

网络搜索、评价标准等。

六、过程评价与单元评测（表4-4）

表4-4 “遇到问题怎么办？”过程评价与单元测评

评价	内容	基本标准
过程评价	任务一：他们的办法好不好	1. 通过阅读，能有条理地说一说养羊人和种田人遇到的问题，解决问题的办法；讨论探究“他们的办法好不好”，人人都能参与讨论，大胆地说出观点，表达有理有据；能主动交流从寓言故事中获得的启示。 2. 能够图文结合自主阅读《林海音奶奶讲寓言》，选择其中两个寓言故事说说自己的收获；能联系生活中类似的事例说一说自己的看法，提出合理化建议解决问题。
	任务二：换个角度看问题	1. 能抓住描写动作、语言和神态的词句，读好人物对话；能有条理地说一说老师看待问题、思考问题的方法；能懂得生活中要多角度看问题；能分享一个生活中从不同角度看待问题的例子，表达清楚明白。 2. 通过阅读，能梳理不同天气给老奶奶带来的烦恼；能开动脑筋，想出好办法来宽慰老奶奶，融入情境演一演，让老奶奶露出笑脸。

续表

评价	内容	基本标准
过程评价	任务三：遇事真得想一想	1. 能关注人物对话，体会人物心情，读好对话中人物的语气；能梳理小马过河使用的方法，并作出评价；能总结小马过河的经验，汲取智慧；能借助词语支架，完整地讲故事；交流讲好故事的好办法。 2. 能积极参与讨论，合作梳理形成班级《图书借阅公约》；能够大方地自荐参加“金点子大王”评选，有条理地向大家介绍自己用好办法解决生活中问题的经历。
单元测评	解决问题了不起	1. 能自主阅读故事《了不起的狐狸爸爸》，能借助思维导图，画一画问题线索。 2. 能主动交流故事中精彩的部分，表达清晰有条理。 3. 能借助表格梳理故事中解决问题的好办法，从中获得启示。

第二部分　典型课时设计

任务二　换个角度看问题——看到的都会一样吗？（1课时）

【学习情境】

苏轼在《题西林壁》中写道：“横看成岭侧成峰，远近高低各不同。”从不同的角度看同样的事物，结果可能是不一样的。我们在生活中经常会遇到问题，如果你能从不同的角度去看待，去思考，问题可能就迎刃而解啦！

【教学过程】

（一）我是小小观察员

1. 我有火眼金睛。

（1）读课文，画草图，说说“我”看到的杨桃是什么样子的。

（2）思考交流“我”看到的杨桃和同学们看到的不一样的原因，表达要清楚。

（3）说一说课堂上发生的事情，表达要完整。

图画课上，“我”__________地画杨桃，把杨桃画成了__________，同学们__________。老师让同学们轮流坐到“我”的座位上，结果发现__________。老师的__________让“我”终生难忘。

2. 我会“察言观色”。

(1) 默读第2—17自然段，观察同学们和老师的前后反应，填写表格(表4-5)。

表4-5 同学们和老师的前后反应

观察内容	看到“我”画的杨桃	我的发现
同学们一开始的反应		
老师一开始的反应		
同学们换个位置观察后的反应		
老师之后的反应		

(2) 交流汇报同学们和老师看到“我”画的杨桃前后的不同反应。

指导：① 交流中理解“审视”“严肃”“和颜悦色”等词语的意思。② 借助近义词来理解词语的意思。

(3) 说说为什么会有这样的变化，交流你的发现。

(4) 体验情境，分角色朗读。

指导：① 关注对话中的感叹号和省略号，读出感叹号的干脆与不假思索；读出省略号的吞吞吐吐与不好意思。② 关注人物说话时的动作，可以加上动作读。

(二) 换个角度看一看

1. 老师的办法好在哪儿？

(1) 再读第17自然段老师的话，说一说你读懂了什么。小组讨论交流。

我认为：从不同的角度看问题，______________________________

我觉得：______________________________________

(可以选用以上句式交流)

(2) 思考讨论：老师的办法好不好？好在哪里？说两点理由。

2. “换个角度看问题”讨论会。

(1) 小组讨论交流：生活中你遇到过哪些类似课文中从不同的角度看问题，结果也会不一样的事例。

(2) 小组中筛选一两个典型的例子向全班同学分享，说清楚面对这样的问题你是怎么做的。

(3) 补充阅读古诗《题西林壁》。

① 作者苏轼从哪些角度欣赏了庐山的美景？② 他发现了什么？

(4) 小结：古时苏轼看庐山，今天我们看杨桃。跨越了漫长的岁月，却获得了相同的领悟：看事物的角度不同，所看到的也就不一样，所以我们在遇到问题时，可以从不同的角度去思考，这样问题就能迎刃而解了。

任务三　遇事真得想一想——小马学会了啥？（1 课时）

【学习情境】

我们可以从古代寓言中读到古人的智慧，而生活在现代社会的我们更需要主动学习、思考。生活中，我们总会遇到这样那样的问题，遇到问题怎么办呢？和小马一起过河吧，想一想解决问题的好办法。

【教学过程】

1. 我会梳理故事。

（1）读课文，圈一圈故事中出现了哪几个人物。

（2）读课文 1—3 自然段，说说小马接到的任务是什么，遇到的困难是什么。

（3）读课文 4—8 自然段，关注小马与老牛、松鼠、妈妈之间的对话，圈画信息，梳理故事。

表 4-6　小马与老牛、松鼠、妈妈的对话

人物	老牛	松鼠	妈妈
河水情况			
建议			

（4）交流三位人物关于河水情况的判断以及他们的建议。

（5）梳理故事的主要情节：

> 小马要帮妈妈____________，在路上被__________。他问了________，________认为________，小马打算过河，却被________拦住了，__________认为________。小马不知道该怎么办，便跑回家问__________，__________告诉他____________。最后小马____________。

2. 我会辨析情节。

（1）小组思考讨论：老马说浅，松鼠说深，河水到底是深还是浅？为什么大家对同一条河的说法不一样呢？

（2）交流：因为老牛________________，所以它觉得河水________________。
因为松鼠________________，所以它觉得河水________________。
对于小马来说，河水既不像老牛说的那样______________，也不像松鼠说的那样______________。
（可参考以上句式交流）

（3）思考：最后，小马是怎么做的？

（4）看来遇事真得好好想一想，小马这一路上学会了啥？

指导:① 再读课文第3、6、7自然段,思考:每一次遇到困难,拿不定主意的时候,小马分别是什么样的表现?

② 关注描写小马神态的词语:“为难”“叹气”“难为情”,指导学生读好小马在对话中的语气。

③ 启发学生在故事中体会:向他人请教是个解决问题的好办法,但有时候还得自己动脑筋,自己去试一试。

3. 我会讲好故事。

(1) 出示课后词语表,读一读这些词语,想一想这些词语能让你想到什么情节。

(2) 出示小马与老牛、松鼠和妈妈对话的片段,并在文中圈画描写小马动作的词语。

(3) 关注书上三幅插图,作为讲故事的提示。

(4) 同桌两人按照以上三步练习讲故事。

(5) 全班展示,评选故事大王。

评价标准:① 故事讲述完整,不缺情节。
② 声音响亮,体态大方。
③ 故事讲述生动,有角色感。

(6) 故事大王颁奖,发表获奖感言,分享讲故事的好办法。

(7) 小结:同学们,生活中我们也会遇到各种各样的问题,遇到了不要慌张,不要着急,可以开动脑筋好好想一想,关键还得自己去尝试。

(撰写:苏州市金阊外国语实验学校　李月虹)

案例三　寻找寓言魔袋里的秘密(三年级)

第一部分　单元设计

一、设计依据

《义务教育语文课程标准(2022年版)》中“思辨性阅读与表达”学习任务群第二学段的学习内容共有三方面:一是“阅读有关科学的短文,尝试发现日月星辰、风雨雷电、山川草木等大自然的奥秘,依据事实和细节,运用口头和图文结合的方式,表达自己的观点和思考”。二是“阅读解决生活问题的故事,尤其是中华智慧故事,结合自己在生活中遇到的问题学习思考的方法,尝试运用列提纲、画思维导图等方式,表达故事中的道理”。三是“在日常学习和生活中,主动记录、整理、交流自己发现的问题和思考,学习辨析、质疑、提问等方法”。

统编语文三年级下册第二单元以“寓言”为主题编排,寓言小故事中的大道理并没有直接呈现,而是要学生抓住人物的语言、动作、心理,通过辨析、对比、讨论等学习方式来探寻问题的本质与事物的规律，从而发现道理，启示生活，进而学会联系生活，陈述观察到的现象并表达自己的观点。

就学情而言，首先，寓言故事短小有趣，学生学习兴趣浓厚。其次，学生对寓言并不陌生，已经学过《乌鸦喝水》《狐狸和乌鸦》《坐井观天》《狐假虎威》《亡羊补牢》《揠苗助长》等故事，因此他们对寓言有一定的认知和学习经验。再次，三年级的学生正在从低年级向高年级过渡，他们开始从被动学习转向主动学习，逐渐开始有自己的想法，有思辨的意识和欲望。然而，他们辨别是非的能力有限，思辨意识不强，思辨能力不足。

因此，我们设计了以寓言为主题的任务群，引导学生通过观察人物的神态、动作、语言和心理来分析人物的变化和思想，通过列提纲、画思维导图等方式帮助学生提取和梳理信息，探寻"事"与"理"的关系。

二、主题内容与目标

（一）单元主题

寻找寓言魔袋里的秘密。

（二）学习内容

文本阅读：

课内：教材文本《守株待兔》《陶罐和铁罐》《鹿角和鹿腿》《池子与河流》《口语交际：该不该实行班干部轮流制》《快乐阅读吧》《语文园地》。

课外：《伊索寓言》《克雷洛夫寓言》《中国古代寓言故事》。

（三）学习目标

1. 联系寓言旧知与单元寓言故事，绘制寓言图谱，建构寓言整体认知；正确朗读课文，梳理故事信息绘制情节图讲述故事，体会故事的趣味和语言的魅力。

2. 围绕议题"他们为什么可笑""到底谁更有用""你更赞同谁的观点"，与同学讨论、分析故事中的前因后果，借用提纲或思维导图从不同角度深入探究，联系文本和生活经验，辨析问题的本质与事物的规律。

3. 掌握通知的格式，用简洁明了的语言为"寓言故事会"写通知；能从不同角度改写寓言故事或新创寓言故事，与同学分享，蕴含道理，启示生活。

4. 围绕《口语交际》中"该不该实行班干部轮流制"的话题展开讨论，摆明自己的观点，通过搜集事例和联系班级生活表达观点。

三、学习情境与任务框架

（一）学习情境

你知道为什么《守株待兔》里的农夫被宋国人嘲笑吗？你觉得陶罐和铁罐哪个更有价值呢？你认为小鹿应该珍惜自己的鹿角还是鹿腿呢？你了解池子和河流不同的看法吗？这些有趣的故事，不仅能让我们开怀大笑，还能激发我们的思维和探索，让我们从不同的角度看待问题，学习正确的价值观和人生态度。现在，就让我们一起打开神奇的寓言魔袋吧，魔袋里藏着无数精彩的故事，等待着我们去发现、去欣赏、去品味、去思索。魔袋虽小，却能带给我们无穷的乐趣和智慧,让我们变得更聪明、更明智,快来一起探索寓言的奥秘,感受它的魔力吧!

（二）任务框架

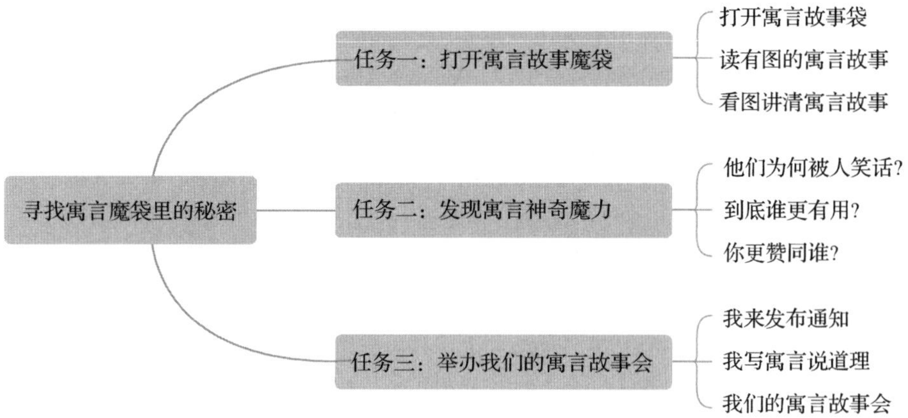

四、活动设计与教学提示

（一）活动设计(表 4-7)

表 4-7 “寻找寓言魔袋里的秘密”活动设计

单元任务	学习活动	学习内容	课时安排
寻找寓言魔袋里的秘密	任务一：打开寓言故事魔袋	1. 打开寓言故事袋。交流并分类整理本单元中出现的与之前读过的寓言故事和相关作家,绘制寓言图谱,形成寓言的整体认知,了解寓言故事特点和分类,认识一些著名的寓言作家和作品。 2. 读有图的寓言故事。正确朗读课文,欣赏作者的语言技巧和想象力,感受寓言故事人物、情节的趣味。 3. 看图讲清寓言故事。梳理故事信息,绘制情节图,完整讲述故事。	2
	任务二：发现寓言神奇魔力	1. 他们为何被人笑话？围绕课文《守株待兔》,阅读链接《南辕北辙》,以及《语文园地》“日积月累”中的寓言故事,发现中国寓言故事的特点,与同学一起讨论、分析前因后果中的变化因素,找到愚人可笑的原因。 2. 到底谁更有用？围绕课文《陶罐和铁罐》《鹿角和鹿腿》,以“谁更有用”为议题,借助列提纲、画思维图等方式,以探究的态度对待故事中的人物与想法,从不同的角度分析问题,辨别是非、善恶、美丑,认识事物本质。 3. 你更赞同谁？围绕课文《池子与河流》,以“你更赞同谁的观点”为议题,联系文本与生活,学会审视自己和他人的观点,建设性地参与交流。	2

续表

单元任务	学习活动	学习内容	课时安排
寻找寓言魔袋里的秘密	任务三：举办我们的寓言故事会	1. 我来发布通知。了解通知的格式，给“寓言故事会”写一份通知，用简洁明了的语言来介绍故事会的内容和要求。 2. 我写寓言说道理。从不同角度改写寓言或根据寓言特点创作一篇寓言故事，用生动有趣的方式来表达自己的思想和观点，蕴含一定道理，对生活有一定的启示。 3. 我们的寓言故事会。分享自己创作的寓言故事，欣赏和评价同伴作品，相互学习借鉴，从寓言故事中汲取智慧和启示，感受美好和正义。	2
单元测评	我是小辩手	1. 借助《口语交际》中“该不该实行班干部轮流制”的话题展开讨论，摆明观点。 2. 通过搜集事例，联系班级生活，表达观点。 3. 用智慧解决生活中真实的难题。	1

（二）教学提示

“思辨性阅读与表达”任务群，对接“思维能力”这一语文核心素养内涵，突出了“思辨”特性，指向“理性思维主导下的阅读与表达”，培养有见识的阅读者与负责任的表达者。

本任务群以统编版三年级下册第二单元寓言故事为主要学习材料。本任务群将通过阅读、探究和表达等活动，培养学生的理性思维和辩证思维能力，引导学生关注人物语言、动作、心理，分析变化原因，学会评价与表达，明辨是非、善恶、美丑等。

借用《快乐读书吧》中著名儿童文学家严文井对寓言的精妙比喻，确定单元学习任务群“寻找寓言魔袋里的秘密”。三大任务分别为“打开寓言故事魔袋”“发现寓言神奇魔力”“举办我们的寓言故事会”，三个任务逐层深入，引领学生思考、探索、实践、表达，从“读故事、辩道理、讲故事”三个层次领会小故事中的大道理，领会寓言的魅力。三个任务中的多项学习活动也相互关联、逐层深化，带领学生在学习寓言中提升思辨性阅读与表达的能力。

任务一“打开寓言故事魔袋”：交流并分类整理本单元中出现的与之前读过的寓言故事和相关作家，绘制寓言图谱，形成对寓言的整体认知；正确朗读课文，感受寓言故事人物、情节的趣味；梳理故事信息，绘制情节图，根据故事情节图完整讲述有趣的寓言故事。

任务二“发现寓言神奇魔力”：围绕议题引发学生思考，以探究的态度对待故事中的人物与观点，分析故事中的前因后果；借用提纲或思维图等方式从不同角度深入探究，联系文本和生活经验，辨析问题的本质与事物的规律，把握“事”与“理”的关系，形成正确的价值观和道德观，揭开寓言魔袋的秘密。

任务三“举办我们的寓言故事会”：了解通知的格式，围绕“寓言故事会”的内容写一份通知；创作并分享一篇寓言故事，用生动有趣的方式来表达自己的思想和观点，蕴含一定道理，对生活有一定的启示。

三个任务以“寻找寓言魔袋里的秘密”为主任务，既有联系又有层次，体现了从认知到分析到创造的过程：这个过程展示了思辨性阅读与表达的核心能力，即能够从不同的角度和层次理解、评价和创造文本，形成自己的观点和论据，展现自己的思想和价值；三个任务体现了从趣味到深刻到美好的体验：这个体验展示了寓言故事的魅力，即能够通过生动有趣的故事形式，传递深刻的道理和启示，激发美好的情感和想象；三个任务体现了从阅读到思考到表达的实践，这个实践展示了语文学习的目标，即能够通过阅读各种类型和风格的文本，培养思维能力和价值认同，通过创作各种形式和内容的故事，提高语言能力和创造力。

五、资源支持与技术支持

（一）学习资源

1. 文本资源：教材文本《守株待兔》《陶罐和铁罐》《鹿角和鹿腿》《池子与河流》，课外文本《伊索寓言》《克雷洛夫寓言》《中国古代寓言故事》。

2. 网络资源：辩证的示例视频。

（二）工具技术

网络搜索、评价标准等。

六、过程评价与单元评测（表 4-8）

表 4-8 “寻找寓言魔袋里的秘密”过程评价与单元测评

评价	内容	基本标准
过程评价	任务一：打开寓言故事魔袋	1. 能联系旧知与单元内容绘制寓言图谱，形成寓言的整体认知。 2. 能正确朗读课文，体会故事的趣味和语言的魅力。 3. 能梳理故事信息，绘制情节图，根据图画完整讲述故事。
	任务二：发现寓言神奇魔力	1. 能围绕问题“他们为何被人笑话？”与同学讨论，分析故事中的前因后果，找出可笑的原因，发现中国寓言故事的特点。 2. 能围绕问题“到底谁更有用？”从不同角度思考，用提纲或思维导图等方式深入探究，联系文本和生活经验，辨析事物本质。 3. 能围绕问题“你更赞同谁？”展开思考，联系文本与生活，表达观点。
	任务三：举办我们的寓言故事会	1. 掌握通知的格式，能用简洁明了的语言为“寓言故事会”写通知。 2. 能从不同角度改写寓言故事或新编寓言故事，蕴含道理，启示生活。 3. 能与同学分享自己创作的寓言故事，能根据寓言特点评价作品。
单元测评	我是小辩手	1. 能围绕《口语交际》中“该不该实行班干部轮流制”的话题展开讨论，摆明自己的观点，听取他人的意见。 2. 能通过搜集事例和联系班级生活，学会表达观点。 3. 能在倾听中整理信息，辩证思考，不盲目赞同或反对。

第二部分　典型课时设计

任务二　发现寓言神奇魔力——他们为何被人笑话？（1课时）

【学习情境】

《守株待兔》里的农夫为什么会被宋国人嘲笑？《南辕北辙》里赶车人为什么会离楚国越来越远？哪些故事里也有可笑的人？他们又可笑在哪里？现在，就让我们一起登上寓言故事里的“智慧山”，探索奥秘，寻找原因，收集“智慧石”吧。

【教学过程】

（一）为什么“兔不可复得”？

1．画出“智慧山”。再读《守株待兔》，在老师指导下，小组合作，根据故事起因、经过、结果画“智慧山”，班内交流。

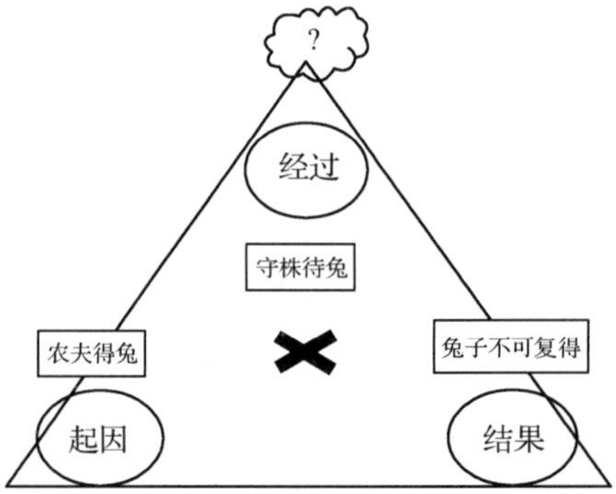

2．问出农夫疑惑。攀爬“智慧山”，走进故事，围绕起因、经过、结果，提出农夫心中疑惑。

3．探出故事奥秘。登上“智慧山”，走出故事，道出“兔子不可复得”的原因，以“我对农夫说”的句式为其解惑。

4．说出故事道理。用上“要……不要……”的句式来概括发现，收集“智慧石”。

5．道出人生智慧。联系生活例子，分享人生智慧。

6．完成“智慧石”收集卡第一季评价表（表4-9）。

表4-9　“智慧石”收集卡（第一季）

内容与标准	自评	互评
第一阶：画出“智慧山”。小组学习评价标准：认真聆听，主动参与，能给组员提供合理的建议。	▲▲▲	▲▲▲
第二阶：问出疑惑。	▲▲▲	▲▲▲
第三阶：发现奥秘。	▲▲▲	▲▲▲

续表

内容与标准	自评	互评
第四阶：说出道理。	▲▲▲	▲▲▲
第五阶：乐于分享。	▲▲▲	▲▲▲
“智慧石”数量。		

（二）赶车人为什么离楚国越来越远？

1. 自主学习。学生用《守株待兔》故事中学到的方法学习《南辕北辙》，画出故事“智慧山”，问出赶车人的疑惑，探寻故事奥秘，分享人生智慧。

2. 交流提升。学生交流，解析思维过程，用“如果……就……”的句式道出故事奥秘，分享学习收获；教师组织引领，鼓励表达。

3. 完成“智慧石”收集卡第二季评价表。

（三）他们为什么也可笑？

1. 读一读。认读《语文园地》中“日积月累”的寓言故事。

2. 展一展。选择一个故事画“智慧山”，张贴到展板上，现场进行星级评价。获奖者分享思维过程，揭开寓言故事奥秘。教师鼓励学生补充观点，提升思维深度与广度。

3. 理一理。师生一起罗列所学的中国寓言故事。与小组同学一起梳理出中国寓言故事的特点，全班交流分享，形成对中国寓言故事的整体认知。

4. 阅一阅。阅读《中国寓言故事》，探寻更多的奥秘，获得更多智慧。

5. 完成“智慧石”收集卡第三季评价表。

任务二 发现寓言神奇魔力（1课时）

【学习情境】

陶罐和铁罐哪个更有价值呢？小鹿应该珍惜自己的鹿角还是鹿腿呢？池子和河流的看法有什么不同呢？现在，就让我们再一次登上寓言故事里的“智慧山”，探索奥秘，寻找原因，收集更多的“智慧石”吧。

【教学过程】

（一）到底谁更有用？

1. 画出“智慧山”。再读《陶罐和铁罐》《鹿角和鹿腿》，通过小组合作，选择一个故事，根据起因、经过、结果画“智慧山”。

要求：认真聆听，主动参与介绍，能给组员提供合理的建议。每个小组选出一位同学进行班内的交流与分享。

《陶罐和铁罐》“智慧山”例图：

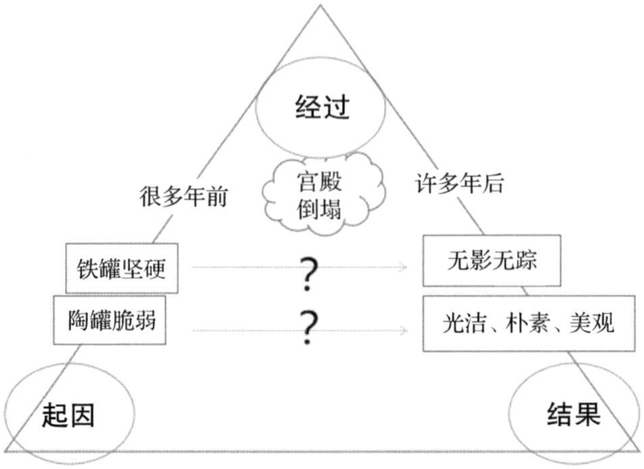

2. 探寻本质。以“我对……说”的句式解答“智慧山”中的疑惑，探寻事物本质，揭开寓言奥秘。

3. 摆出观点。“铁罐与陶罐”“鹿角和鹿腿”，你觉得谁更有用？摆出自己的观点，同一观点的学生组成合作团队。

4. 说出理由。同队合作学习，联系文本与生活经验整理观点。推荐代表参与班级交流，分别阐述观点，队员可以相机补充，进一步认识事物本质。

5. 收集“智慧石”。用“既要……又要……”的句式表达这两个故事中的智慧。

6. 完成“智慧石”收集卡第四季评价表。

（二）你更赞同谁？

1. 前后比一比、画一画。再读《池子与河流》，找出它们前后的不同比一比，画出故事“智慧山”，探索事物本质，揭示故事奥秘。

2. 两者比一比、说一说。池子与河流生活态度不同，导致了结果的不同，你更赞同谁的做法？同一观点的同学组成团队合作学习，联系文本整理看法。推荐代表参与班级交流，分别阐述，队员可以补充，进一步认识事物本质。

3. 我们比一比、写一写。生活中，我们是池子还是河流？联系生活谈一谈，用“要……不要……”的句式写一句勉励的话语送给自己或同学。

4. 完成“智慧石”收集卡第五季评价表。

5. 颁发智慧奖章。根据学生“智慧石”数量，颁发智慧奖章。

（撰写：苏州市新康实验小学校　钱敏月）

案例四 做解决问题的小能手（四年级）

第一部分 单元设计

一、设计依据

《义务教育语文课程标准（2022 年版）》中“思辨性阅读与表达”学习任务群第二学段学习内容提出：阅读有关科学的短文，尝试发现日月星辰、风雨雷电、山川草木等大自然的奥秘，依据事实和细节，运用口头和图文结合的方式，表达自己的观点和思考。本单元学习内容围绕“自然奥秘、科学技术”这一人文主题编排，让孩子习得提出问题并运用策略解决问题的能力。《琥珀》在课后给出了“提出不懂的问题”的示范举例，紧承四年级上册“提出问题”的语文要素，进一步引导学生提出问题；《飞向蓝天的恐龙》课后要求“写下不懂的问题”，继续引导学生记录、梳理问题；《纳米技术就在我们身边》课后要求“和同学交流”，给出了解决问题的一种方式。这是对课程目标的具体落实，也是对中年段“学段目标与内容”中的“能对课文中不理解的地方提出疑问”的落实。基于此，设计四年级下册第二单元主题为“做解决问题的小能手”，通过“我有好多疑问”“我来试着解决”“我有新的想法”三个任务，培养学生的思维能力，掌握科学的思维方法。

二、主题内容与目标

（一）单元主题

做解决问题的小能手。

（二）学习内容

文本阅读：

课内：教材文本《琥珀》《飞向蓝天的恐龙》《纳米技术就在我们身边》《千年梦圆在今朝》《习作：我的奇思妙想》。

课外：《黄河象》（刘后一）、《奇怪的大鸡蛋（节选）》（巴特沃斯）、《神奇的纳米技术》（郭川）、《梦圆飞天》。

（三）学习目标

1. 通过“问题收集卡”，阅读时能自主从多角度提出问题，并尝试通过多种方式解决问题，培养提问意识和积极解决问题的习惯。

2. 通过绘制时间轴、思维导图、分条列举、表格填写等多种方式来试着解决所提问题；体会科普小品文行文的严谨准确和语言表达的生动，能用自己的话有中心、有逻辑、有条理地解说课文主要内容；培养阅读科普文的兴趣，热爱科学，关注科技发展。

3. 能结合阅读和生活经验，充分发挥想象，说说自己的新点子。借助图表或思维导图等工具,把发明对象的样子和功能描绘出来,采用图文结合的方式,有重点、有条理、清楚地写一写自己的发明。

三、学习情境与任务框架

(一)学习情境

那块透明的琥珀是怎样形成的?鸟类的祖先真的是恐龙吗?纳米技术会给人类的生活带来哪些变化?中华民族的飞天梦是怎样一步一步实现的?我们可以与蓝天、森林、大海和过去、现在和未来对话,发现自然的奥秘,科技的精彩。在阅读中提出自己的问题,并尝试去解决问题,记下奇思妙想,做个解决问题的小能手。

(二)任务框架

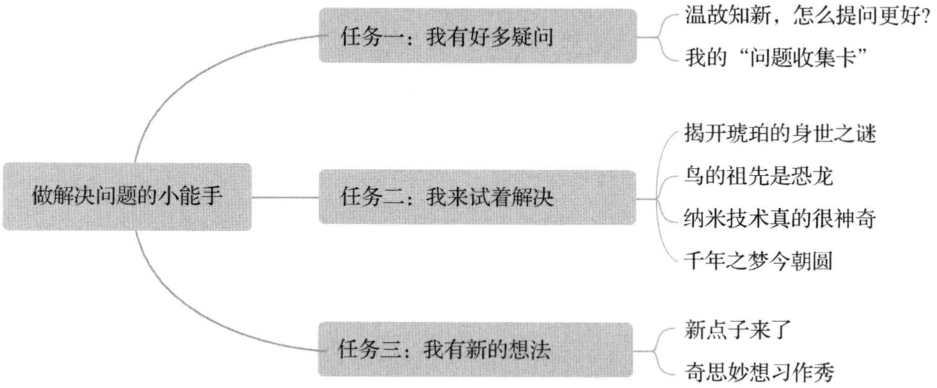

四、活动设计与教学提示

(一)活动设计(表4-10)

表4-10 "做解决问题的小能手"活动设计

单元任务	学习活动	学习内容	课时安排
做解决问题的小能手	任务一:我有好多疑问	1. 温故知新,怎么提问更好?通过与四年级上册第二单元导语页的对比,唤醒学生关于自主阅读提问的相关学习经验。 2. 我的"问题收集卡"。读本单元课文,通过"问题收集卡"将不懂的问题记下来。学生在默读后提出不懂的问题,再通过结合上下文和查资料的方式进行初步筛选梳理。	1

续表

单元任务	学习活动	学习内容	课时安排
做解决问题的小能手	任务二：我来试着解决	1. 揭开琥珀的身世之谜。学习《琥珀》，选用最恰当的方式（时间轴、思维导图、表格等）聚焦“形成”。通过思考推测的依据，梳理形成过程，当好小小解说员，有条理地介绍形成过程。 2. 鸟的祖先是恐龙。学习《飞向蓝天的恐龙》，通过联系上下文、查阅资料等方法，用表格的形式展现恐龙飞向蓝天演化成鸟类的过程，再简明扼要地介绍。 3. 纳米技术真的很神奇。学习《纳米技术就在我们身边》，结合课文内容和查找的资料，谈谈对“纳米技术就在我们身边”“纳米技术可以让人们更加健康”的理解，再有条理地介绍纳米技术的使用和给生活带来的变化。联系《语文园地》“交流平台”，总结遇到不懂的问题该如何解决（联系上下文、结合生活经验、查阅资料、请教别人等）。 4. 千年之梦今朝圆。学习《千年梦圆在今朝》，判断筛选有价值的问题后进行归纳梳理，再根据梳理出的资料，解决所提问题。	4
	任务三：我有新的想法	1. 新点子来了。想一想生活中的奇思妙想，交流自己想发明的东西和想解决的问题。将自己的初步想法以思维导图的形式呈现出来，小组内进行讨论。采用文稿的形式介绍发明事物的样子、功能等。 2. 奇思妙想习作秀。根据评价量表，参考评价标准，对习作进行自我评价，同学互评。修改习作后参加习作秀展。也可根据习作绘制设计图纸并制作模型参展。	2
单元测评	科技畅想秀	选择阅读中感兴趣的科技问题搜集最新研究成果，以图画、思维导图、表格等形式呈现。进行书面表达展示，评出“科技小达人”。	1

（二）教学提示

本任务群以统编版四年级下册第二单元课文为主要学习材料，根据学习需要补充其他关于“自然奥秘、科学技术”这一人文主题的阅读文本，聚焦于“提出问题，并试着解决”，这是对课程目标的具体落实，也是对中年段“学段目标与内容”中的“能对课文中不理解的地方提出疑问”的落实。这个目标既是语文学科素养的要求，也是思维能力和科学思想方法的体现。本单元思辨性阅读与表达任务结合文本内容和语文生活，基于四年级上册第二单元“阅读时尝试从不同角度去思考，提出自己的问题”的要求，设置了结合资料分析推断、提出问题、解决问题等相对高阶的任务类型，达到对学生思维能力、科学的思维方法的培养。

任务一“我有好多疑问”，将目光放大于整个单元的课文，“学贵有疑，小疑则小进，大疑则大进”。学生在通读的过程中基于已有的学习经验，进行思考提问，并试着解决。这样的设计凸显了“思辨性阅读与表达”中的问题意识，真正推动思维发展。

任务二“我来试着解决”，紧紧围绕学习重点“提问并试着去解决”，学生可以通过联系上下文、结合生活经验、查资料、请教别人等方式解决问题。每课课后习题都有一个核心问题，它的解决是通过层层铺垫、搭建学习支架逐步完成的，接着以绘制时间轴、思维导图、分条列举、填写表格等方式来梳理问题的答案，最后让学生当解说员去介绍。学生在这一过程中做到“思辨性阅读”和“思辨性表达”相结合，在思辨性阅读中学习思辨性表达方法，又以思辨性表达促进思辨性阅读。

任务三“我有新的想法”，把解决问题的方法迁移到习作教学中来，学生看懂写作结构图例后进行自己的思维导图绘制。有了图示作为写作的“前奏”，写作其实就是对自己的思想的回应，是思维的文字再现。

五、资源支持与技术支持

（一）学习资源

1. 文本资源：教材文本《琥珀》《飞向蓝天的恐龙》《纳米技术就在我们身边》《千年梦圆在今朝》《习作：我的奇思妙想》；课外文本《黄河象》（刘后一）、《奇怪的大鸡蛋（节选）》（巴特沃斯）、《神奇的纳米技术》（郭川）、《梦圆飞天》。

2. 网络资源：琥珀相关图片、恐龙演化成鸟类的过程图片、“生活中的纳米技术”相关视频、“神舟五号”发射视频。

（二）工具技术

网络搜索、PPT演示文稿、评价标准表。

六、过程评价与单元测评（表4-11）

表4-11 “做解决问题的小能手”过程评价与单元测评

评价	内容	基本标准
过程评价	任务一：我有好多疑问	1. 能通过单元导语页的对比，梳理出阅读提问的方法。 2. 能通过“问题收集卡”将不懂的问题记下来。 3. 能通过结合上下文和查资料的方式筛选梳理所记录的问题。
	任务二：我来试着解决	1. 能在学习中通过不同的方式解决问题（绘制时间轴、思维导图、分条列举、填写表格……）。 2. 能结合课文内容和查找到的资料，介绍琥珀的形成过程和恐龙飞向蓝天的演化过程，了解纳米技术就在我们身边，了解我国航天事业的发展历程与成就。 3. 能体会科普小品文行文的严谨准确和语言表达的生动，培养阅读科普文的兴趣，热爱科学，关注科技发展。
	任务三：我有新的想法	1. 能发挥想象，说出自己想发明的东西，并能借助思维导图等工具介绍清楚样子和功能。 2. 能恰当地使用说明方法，突出特点。 3. 能采用图文结合的方式，抓住事物的不同方面，多角度、有重点、有顺序地描述。做到结构完整、思路清晰、文通字顺。

续表

评价	内容	基本标准
单元测评	科技畅想秀	1. 能选择合适的科学主题相关书籍,在阅读中思考并找到有价值的问题。 2. 能通过多种途径搜集资料,解决问题。 3. 能通过图画、思维导图、表格等形式呈现并介绍自己的成果,最终评选出“科技小达人”。

第二部分　典型课时设计

任务二　我来试着解决——揭开琥珀的身世之谜(1课时)

【学习情境】

那透明的、金黄色的是什么宝贝？几十年、几百年、几千年、又是几千年……那块透明的琥珀到底是怎么在这漫长的过程中形成的呢？自然界有太多的奥秘等着你去探寻,在文字中发现问题,在质疑中不断思索,在寻找答案的路上不断总结方法,你会成为解决问题的小能手。

【教学过程】

(一)思考,我有许多问题

1. 读一读。

(1)朗读课文,读准字音。

(2)圈出文中的生字新词,结合上下文或查字典理解“琥珀、怒、挣扎”等词语的意思。

2. 说一说,议一议。

(1)组内交流“问题收集卡”(表4-12),与组内成员分享你产生了哪些疑问,你又是如何解决这些疑问的。

表4-12　问题收集卡

课文	我的问题

(2)分享解决问题的方法。如:联系上下文、查资料、请教他人、联系生活实际等。

(3)聚焦问题:我们回到柏吉尔的文字,聚焦“琥珀是怎样形成的?”这个问题。

（二）研究，我来解决问题

1. 细读文本。

带着问题再次浏览柏吉尔的文字，我们能够清晰地看到不仅有琥珀形成的过程（第1—12 自然段），还有琥珀的发现过程、具体样子及对其产生的推测（第 13—28 自然段）。

2. 提炼关键。

（1）柏吉尔的故事娓娓道来，琥珀形成的过程渐渐完整。从松脂到松脂球，再到化石，经历了很久很久，几十年、几百年、几千年……他的故事总有时间词在串联，可见他是按照什么顺序写的？默读第 1—12 自然段，标出表示时间的词语或短语。

（2）柏吉尔是怎么知道这么久以前的事呢？

（3）理解“推测”的意思。是否可以用“想象”来替代呢？推测不是随意猜测，要有一定的依据，本文作者所做出的推测主要依据是琥珀形成的条件，请你再次默读课文，圈画出琥珀形成的关键词句。

（4）聚焦课后习题，思考推测的依据。

3. 绘制时间轴。

（1）通过联系上下文，依据阅读链接等材料，用时间轴的形式呈现琥珀形成的过程。

（2）独立完成时间轴梳理设计，在时间轴上记录下不同时间段内发生的事件关键词。

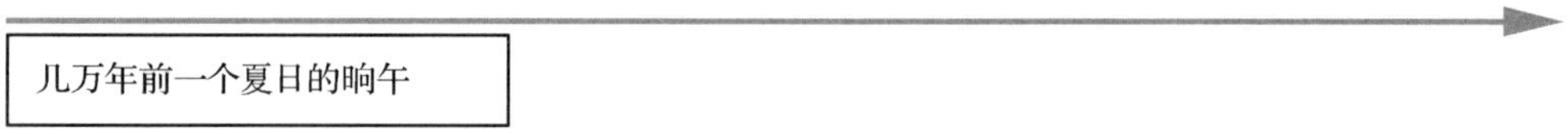

（3）同桌互相讨论，修改完善。

（三）我来向你解说

1. 我是解说员。

（1）根据时间轴，组内互相进行解说，有条理地揭开琥珀的身世之谜。

（2）组内推选最优秀的解说员，向全班进行介绍。

2. 迁移阅读，拓展巩固。

阅读《黄河象》，假如你是自然奥秘奇观的解说员，你会怎么向大家介绍黄河象化石的形成过程呢？用上今天学到的方法，大胆试一试吧！

任务二　我来试着解决——鸟的祖先是恐龙（1 课时）

【学习情境】

通过前面的学习，我们已经能够从不同的角度提出问题，并且有一定的解决问题的策略，但离“解决问题的小能手”这一称号仍有一些距离。这一次，我们从自然奇观走向动物奇观，继续学习解决问题的好办法。

【教学过程】

（一）回顾策略，尝试解决

1. 温故，我掌握了这些方法。

（1）自读课文，读准字音。

（2）回顾已掌握的提问策略、解决问题的方法。

2. 梳理提问，尝试解决。

（1）根据“问题收集卡”，组内进行交流。通过讨论发现，同学们提出的问题有些指向词语理解，有些指向课文内容，有些指向写作方法。这些问题你是怎么解决的呢？用了什么方法呢？

（2）组内代表交流。

（3）看来大家离“解决问题的小能手”这一称号越来越近了，现在留给我们的问题是“恐龙是怎样飞上蓝天的？”，让我们开始今天的探索吧！

（二）填写表格，了解演化过程

1. 想一想，议一议。

（1）点拨方法。要想解决这一问题，可以抓住关键语句提取信息，借助表格或思维导图等工具来梳理思路。

（2）默读课文，用横线画出介绍恐龙和鸟类的句子，想想它们之间有什么关系。

（3）讨论：什么信息是关键信息？

2. 小组合作，完成表格。

引导学生自读课文，提取关键信息，圈画出恐龙向鸟类演化的主要阶段，厘清演化过程，小组合作完成表4-13。

表4-13　恐龙演化成鸟类的过程

时间顺序	繁衍生息情况	演化过程中的特点

（三）借助表格，介绍演化过程

1. 和你的同桌说一说。

同桌互相试说，简明扼要地介绍恐龙飞向蓝天的演化过程。

点拨：① 可以圈画表示演变过程的关键词，如：第一种恐龙→形态各异的庞大家族→一些猎食性恐龙→鸟类。② 可以借助表格，分类介绍。③ 可以加上表示时间、顺序或起合转承的词语，如：“数千万年以后”“起先……然后……再后来”“不过”“然而”。④ 可以画流程图、鱼骨图、思维导图来辅助说明。

2. 向你的同学讲一讲。

指名复述，集体补充、评价。

3. 我还能解说更多的奥秘。

阅读主题阅读中的《奇怪的大鸡蛋(节选)》,化身动物奥秘的解说员。你会怎样简明扼要地介绍大鸡蛋里的恐龙的生长过程呢?用上今天学到的方法,试着画画思维导图,你一定能成为解决问题的小能手,优秀的解说员!

(撰写:苏州市沧浪新城第一实验小学　陈　希)

案例五　揭开思维的秘密(五年级)

第一部分　单元设计

一、设计依据

《义务教育语文课程标准(2022 年版)》中"思辨性阅读与表达"学习任务群第三学段提到:阅读哲人故事、寓言故事、成语故事等,感受其中的智慧,学习其中的思维方法。五年级的孩子需要把阅读思辨性文本与探究自己发现的真实问题联系起来,进而学习有理有据地表达观点。基于此,结合五年级下册第六单元文本,设计"揭开思维的秘密"任务群,通过"我喜欢的智慧故事""与故事人物面对面""学会思考办法多"三个任务,聚焦思维过程的体验,将语文要素转化为通过阅读、交流、习作,促进思维成长的"思辨性阅读与表达"学习任务群。

二、主题内容与目标

(一)单元主题

揭开思维的秘密。

(二)学习内容

文本阅读:

课内:教材文本《自相矛盾》《田忌赛马》《跳水》《习作:神奇的探险之旅》。

课外:《围魏救赵》《三十六计》等。

(三)学习目标

1. 借助古今智慧故事分享会,在讲述智慧故事的过程中感受思维的多样性,初步走进人物的思维过程;阅读《自相矛盾》《田忌赛马》《跳水》三篇课文,借助描绘人物言行、客观条件的关键语句,通过思维导图,梳理起因、经过、结果,有条有理地讲述故事,初步体验人物的思维过程;在阅读中提问,逐步形成一种积极思维的阅读习惯。

2. 能通过与人物面对面访谈的形式,了解故事中人物的思维过程,在辩论中分析主人公关键时刻做出正确判断的思维形成之关键,获得根据具体情况思考问题、解决问题的思维能力。

3. 举行"我来夸夸他"沙龙,分享人物评述,有理有据地表达自己的观点;在创作新故事的任务中,从设计困境与摆脱困境的角度进行创作,感受主人公行动背后不同的思维过程,培养乐于分享,乐于为他人排忧解难的品质。

三、学习情境与任务框架

(一) 学习情境

"思维的火花跨越时空,照亮昨天、今天和明天",这一充满哲理的语句中的"思维"到底是什么?"昨天""今天""明天"又是指什么?思维如何照亮"昨天、今天和明天"?让我们跨越时空,走进智慧故事,与故事人物面对面,一同来揭开思维的面纱。阅读课文,发现智慧故事,探索不同故事背后的思维类型;与故事人物面对面,梳理课文中人物分析问题、解决问题的思维过程;撰写我的历险故事,在陷入困境与摆脱困境的过程中习得根据具体情况思考问题、解决问题的思维能力。

(二) 任务框架

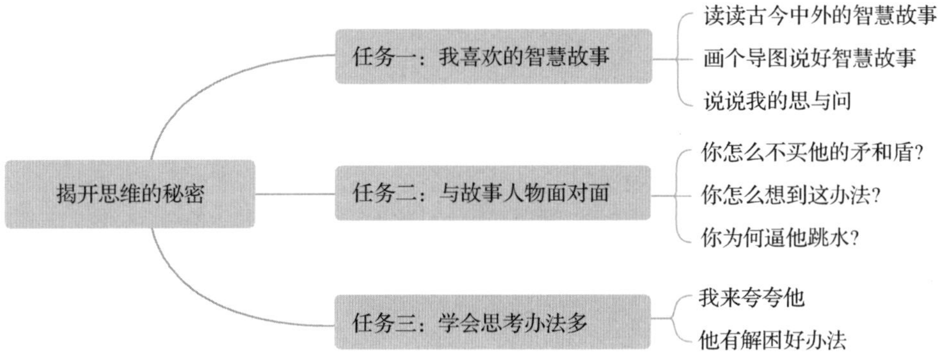

四、活动设计与教学提示

(一) 活动设计(表4-14)

表4-14 "揭开思维的秘密"活动设计

单元任务	学习活动	学习内容	课时安排
揭开思维的秘密	任务一:我喜欢的智慧故事	1. 读读古今中外的智慧故事。搜集古今中外的智慧故事,梳理能够体现思维的语句,通过沙龙有条有理地和同学们分享,感受思维的多样性,初步感受思维带给我们的启示。 2. 画个导图说好智慧故事。阅读《自相矛盾》《田忌赛马》《跳水》三篇课文,借助描绘人物言行、客观条件的关键语句,通过思维导图,梳理起因、经过、结果,有条有理地讲述故事。 3. 说说我的思与问。阅读智慧故事,每读一个故事提一个问题,例如:他为什么这么聪明?他是怎么思考问题的?……逐步形成一种积极思维的阅读习惯。	3

续表

单元任务	学习活动	学习内容	课时安排
揭开思维的秘密	任务二：与故事人物面对面	1. 你怎么不买他的矛和盾？阅读《自相矛盾》，小组合作，借助表格、思维导图，在角色演绎中品析人物的思维过程。 2. 你怎么想到这办法？阅读《田忌赛马》《围魏救赵》，从原因、优势、办法、漏洞四个方面分析孙膑的思维过程，运用关联词将其思维过程完整表述出来。 3. 你为何逼他跳水？阅读《跳水》，分析当机立断的想法是直觉还是思维；在辩论中，借助思维导图，梳理船长命令孩子跳水背后的原因，探索做出正确决策的思维形成的关键。	4
	任务三：学会思考办法多	1. 我来夸夸他。从智慧故事中选择自己喜欢的人物，从事件、原因、启示三方面对主人公的思维进行评价，夸夸他们的智慧思维，进而在“我来夸夸他”沙龙上有理有据地表达自己的观点。 2. 他有解困好办法。基于《习作：神奇的探险之旅》，从人物、场景、装备、险情等方面绘制思维导图，合作交流脱险的办法，从设计困境与摆脱困境的角度进行创作，有理有据地交流自己的探险和背后隐藏的思维。	3
单元测评	《三十六计》中的智慧谋略	自主阅读《三十六计》中自己感兴趣的故事，借助思维导图梳理故事内容，通过人物访谈的形式，在合作展示的过程中体会人物的思维过程。	1

（二）教学提示

本任务群以统编版五年级下册第六单元课文为主要学习材料，聚焦思维过程的体验。《自相矛盾》借用路人的诘问，让卖家无言以对，体现思维的批判性；《田忌赛马》体现了孙膑思维的创造性；《跳水》中的船长用当机立断的决策让儿子自救成功，体现出思维的敏捷性。三篇课文讲述了古今中外的智慧故事，打破了思维的定式。《习作：神奇的探险之旅》围绕如何利用智慧思维脱险的话题展开，对学生进行思维的深化训练。基于此，设计单元大任务主题“揭开思维的秘密”，通过阅读课文，发现智慧故事，探索不同故事背后的思维类型；与故事人物面对面，梳理课文中人物分析问题、解决问题的思维过程；撰写我的历险故事，在陷入困境与摆脱困境的过程中习得根据具体情况思考问题、解决问题的思维能力。

任务一“我喜欢的智慧故事”，学生自主搜集能体现思维的小故事，通过沙龙进行分享，感受思维的多样性，初步感受思维带给我们的启示。在画导图说好故事中，借助描绘人物言行、客观条件的关键语句，通过思维导图进行梳理，有条有理地讲述故事。最后让学生对故事提问，每读一个故事提一个问题，逐步形成一种积极思维的阅读习惯。

任务二“与故事人物面对面”，借助面对面访谈的形式，通过学生提出的三个问题链接三篇课文及拓展阅读资料：发问“你怎么不买他的矛和盾”，借助表格、思维导图，在角色扮演中品析人物的思维过程；发问“你怎么想到这办法”，从原因、优势、办法、漏洞四个方面分析孙膑的思维过程，运用关联词将其思维过程完整表述出来；发问“你为何逼他跳水”，在辩论中，借助思维导图梳理关键时刻作出正确决定背后的原因。

任务三“学会思考办法多”，学生从智慧故事中选择自己喜欢的人物，从事件、原因、启示三方面对主人公的思维进行评价，有理有据地表达自己的观点。同时借助《习作：神奇的探险之旅》，从人物、场景、装备、险情等方面绘制思维导图，从设计困境与摆脱困境的角度进行创作，有理有据地展现探险和脱险中隐藏的思维。

三个任务都紧扣“揭开思维的秘密”这一主题，从“发现智慧故事”“访谈故事人物”“习得智慧思维”三个环节层层深入，体现了思辨性阅读的内在逻辑与发展层级，借助面对面的任务、情境，将思维可视化。

五、资源支持与技术支持

（一）学习资源

文本资源：教材文本《自相矛盾》《田忌赛马》《跳水》《习作：神奇的探险之旅》；课外文本《围魏救赵》《三十六计》等。

（二）工具技术

网络搜索、电子表格、演示文稿、学习任务单、过程评价与单元测评表。

六、过程评价与单元测评（表 4-15）

表 4-15 “揭开思维的秘密”过程评价与单元测评

评价	内容	基本标准
过程评价	任务一：我喜欢的智慧故事	1. 能根据搜集的智慧故事材料进行梳理，将体现思维的部分有条有理地与同学们分享，并简要说明自己获得的启示。 2. 能够独立绘制故事情节的思维导图，导图能够清晰地体现课文的起因、经过、结果，能借助绘制的导图有条有理地讲述故事。 3. 能自主且有条理地每读一个故事提一个问题，逐步形成积极思维的阅读习惯。
	任务二：与故事人物面对面	1. 能借助表格、导图在角色演绎中品析人物的思维过程。 2. 能基于原因、优势、办法、漏洞，运用关联词有条有理地讲述人物的思维过程。 3. 能够梳理船长命令跳水背后的原因，作出自己“直觉还是思维”的判断，有条理地说出做出正确决策的思维形成的关键。
	任务三：学会思考办法多	1. 能够基于故事情境找到思维背后的依据，通过人物评述的方式有条有理地夸夸他们的思维智慧。在分享时，有理有据地表达自己的观点，评价他人的观点。 2. 能从人物、场景、装备、险情等方面绘制思维导图，从设计困境与摆脱困境的角度进行创作，有理有据地展现探险和脱险中隐藏的思维。 3. 能运用学到的思维方法，判断、解决生活中遇到的困惑，愿意为他人提供解决困难的方法。

续表

评价	内容	基本标准
单元测评	《三十六计》中的智慧谋略	能通过对故事信息的梳理与整合，借助思维导图，自主梳理思维过程，并通过访谈的形式展现出来。

第二部分　典型课时设计

任务二　与故事人物面对面——你怎么不买他的矛和盾？（1课时）

【学习情境】

通过“我喜欢的智慧故事”这一任务的实践，同学们已经能够借助思维导图有条有理地讲述智慧故事了。从本课时起，我们将跨越时空，开启“与故事人物面对面”这一新任务，我们将通过人物访谈，聚焦思维过程的体验，从故事人物身上习得根据具体情况思考问题、解决问题的思维能力。

【教学过程】

（一）演说“自相矛盾”，了解商人思维

1. 白话文，我来演。

（1）独立演说：

> 自主学习要求：
> ① 自由读课文，画出停顿线。
> ② 如果有不懂的地方，打上问号。

（2）合作演说：

> 合作学习要求：
> ① 轮流读文，说说谁的停顿最合适。
> ② 相互解答不懂的问题。
> ③ 用白话文分角色演一演。

2. 文言文，我能演。

（1）准确断句：教师指导学生准确断句，练习读好停顿。

（2）心理代入：如果你是商人，你用怎样的语气来卖你的商品？

（3）自评互评：依据评价标准（表4-16）进行有理有据的评价。

表 4-16　演说评价标准

评价标准	自评	互评
语言表达正确、流利，并能读好停顿。	☆☆☆☆	☆☆☆☆
演说时，加入适当的表情、动作、语气。	☆☆☆☆	☆☆☆☆
自信、大方地展示自己的表演。	☆☆☆☆	☆☆☆☆

（二）图说“自相矛盾”，探究顾客思维

1. 填写导图，感受思维。

“其人弗能应也”的原因是什么？让我们化身小记者来采访一下当时在场的人吧。同学们可以选择一张思维导图，在完成的过程中分析顾客的思维。

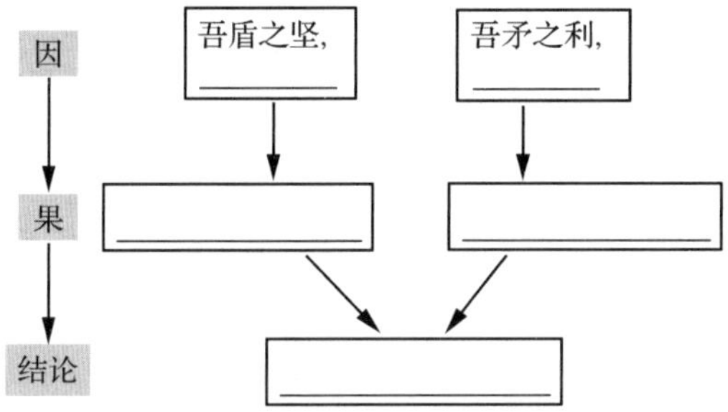

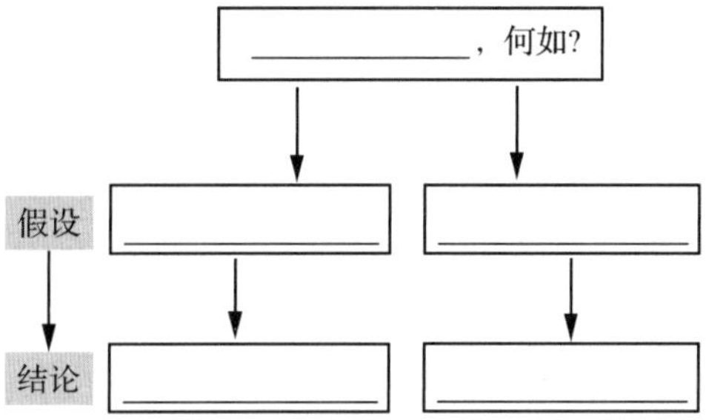

2. 交流导图，出示评价标准（表 4-17），自评、互评。

表 4-17　导图评价标准

☆	☆☆	☆☆☆
导图绘制较清晰，内容较完整，能简单说出自己的想法。	导图绘制清晰，内容完整，能清楚地说出自己的想法。	导图绘制清晰，内容完整，分析全面，能有理有据地说出自己的想法。

3. 小结：第一张图是先说原因后说结论，第二张图是由结论出发进行假设，一正一反两种思维方式，都得到了相同的结论，那就是“不可陷之盾”和“无不陷之矛”不可能同时存在，证明商家说的话相互冲突。

4. 访谈商人：听到路人的话后内心怎么想？化身小记者，小组内访谈，并推选代表展示。

（三）辩说“自相矛盾”，打破原有思维

1. 访谈顾客，矛盾转换。

（1）小组交流：作为一名小记者，你想向顾客提哪些问题？

（2）梳理问题：商人的做法完全错了吗？他的叫卖真是“自相矛盾”的吗？商人怎样做，你才会买他的矛和盾？

（3）顾客访谈：组内开展访谈，一人提问，多人回答，取长补短，最后推选代表进行全班交流。

（4）小结：原来，自相矛盾的事物是可以转化的，你们能发现矛盾，还能把矛盾转化并化解掉，这就是智慧的思维。

2. 辩说生活中的“自相矛盾”。

（1）想一想：你在生活中遇到过哪些“自相矛盾”的事情？

（2）议一议：你们能说出化解“自相矛盾”的做法吗？

3. 总结回顾，学以致用。

我们经过了演绎、访谈，明白了“其人弗能应也”的原因，并且学以致用，发现了生活中自相矛盾之处，并利用我们的思维恰当地将矛盾转化，有条理地说出自己的思维过程，思维就是这样，我们不仅要能看到，更要把它用到学习生活中去。

任务二　与故事人物面对面——你为何逼他跳水？（1 课时）

【学习情境】

本课时已经是任务二“与故事人物面对面”的最后一个课时了，通过前面的人物访谈，我们了解了《自相矛盾》中借用路人的诘问，让卖家无言以对，体现了思维的批判性，《田忌赛马》中孙膑调换了马匹出场顺序，获得了胜利，体现了思维的创造性。两次面对面访谈的地点都在中国，这一次我们登上远洋的轮船，在与故事人物的访谈中，看看这次能发现什么新的打破定式的思维方式。

【教学过程】

（一）责任辩论，还原真相

1. 回顾导图，聚焦疑问。

（1）小组交流：借助之前绘制的《跳水》故事内容思维导图，交流你最关心的问题。

（2）集体评议：投票选出最关心的问题：“谁该为这件事买单？”“船长为什么要用枪逼着儿子跳水呢？”。

2. 责任辩论，有理有据。

（1）想一想：你认为谁该为这件事买单？从孩子、水手、猴子中任意选择一人。

（2）找一找：用波浪线画出你得出这个结论的理由与证据。

（3）写一写：在画出的句子边上批注，体会“罪魁祸首”当时的想法。

（4）理一理：完成学习单“访谈 · 还原真相”思维导图。

我认为(　　　　　　　　)该为这件事"买单"。

(5) 说一说：小组内交流自己的想法，推选说得最有条理的同学拿着学习单和课本上台交流。

3. 以辩促思，有些思维要小心。

(1) 想一想：同学们，看着思维导图，你们发现了什么？发现他们思维的共同点了吗？思考猴子、孩子、水手思维背后隐藏的祸患。

(2) 议一议：这样的思维给予我们哪些启示？(猴子：做事要有度，开玩笑也不能过头；孩子：不能冲动，学会情绪管理；水手：不能只想到自己，要考虑他人感受。)

(二) 人物访谈，体验思维

1. 方法辩论，我的思维行得通吗？

(1) 迅速思考：你有什么办法救孩子？情况紧急，请快速思考，说出你的答案。

(2) 小组辩论：你的方法行得通吗？

2. 行为辩论，直觉还是思维？

船长为什么要用枪逼着儿子跳水呢？这一瞬间做出的正确决定是直觉吗？

(1) 找一找：圈画影响船长走出船舱的"所见"。

(2) 写一写：完成学习单，写出船长走出船舱的"所思"。

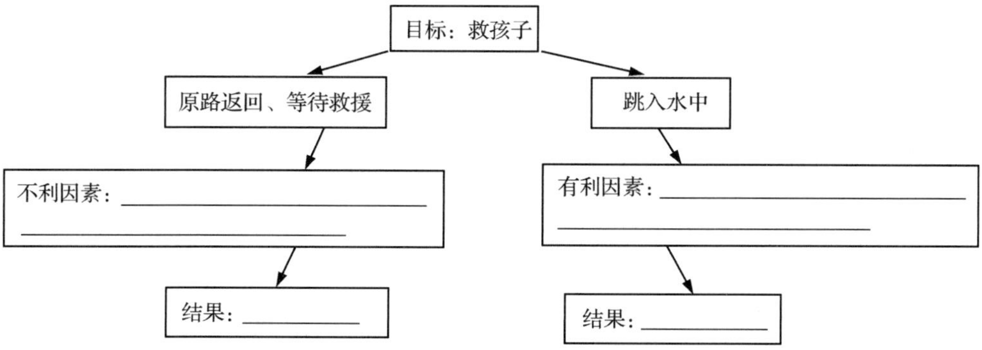

(3) 议一议：学生交流，船长又快又准的决定是直觉吗？

3. 访谈船长，探秘思维的秘密。

(1) 聊一聊，小组交流："船长，你怎么就能在这一瞬间做出这么准确的决定呢？"

（2）填一填：在充分交流的基础上，学生站在船长的角度进行填空。

“我观察到＿＿＿＿＿＿＿＿＿＿等有利因素，思考了＿＿＿＿＿＿＿＿＿＿等不利因素，最终采取了逼孩子跳水这一最＿＿＿＿、最＿＿＿＿的方式，救下了孩子。”

“我观察到＿＿＿＿＿＿＿＿＿＿等有利因素，思考了＿＿＿＿＿＿＿＿＿＿等不利因素，这来源于我平时＿＿＿＿＿＿、＿＿＿＿＿＿，才能在关键时刻采取了逼孩子跳水这一最＿＿＿＿、最＿＿＿＿的方式，救下了孩子。”

（3）小结：通过平时的仔细观察和不断积累，就能在紧要关头，基于你的观察及经验做出正确的决策。

（撰写：苏州市阳光城实验小学校　李文奇）

案例六　辩论小达人成长营（六年级）

第一部分　单元设计

一、设计依据

《义务教育语文课程标准（2022 年版）》中“思辨性阅读与表达”学习任务群第三学段提出：阅读哲人故事、寓言故事、成语故事等，感受其中的智慧，学习其中的思维方法。六年级学生已经有了较为明显的自我意识，在学习和生活中，他们追求思维的独立性，喜欢对某一事件发表观点，但是由于其思辨能力还处在萌芽时期，思维的逻辑性和深刻性还亟待增强，因此在阐述、交流甚至是辩论的时候，常常出现词不达意，表达不明的现象，以至无法做到有理有据地说明观点。

基于以上情况，本任务单元以“辩论小达人成长营”为主题，基于统编六年级下册第五单元课文，拓展相关文本，引导学生从生活中的问题出发，在阅读、比较、交流、质疑、辩论的过程中辨析观点与事例之间的关系，在与同伴的讨论中逐渐明晰倾听的重要性，做到有理有据表达，逐步形成理性思维，养成理性思考、清晰表达的习惯。

二、主题内容与目标

（一）单元主题

辩论小达人成长营。

（二）学习内容

文本阅读：

课内：教材文本《文言文二则》《真理诞生于一百个问号之后》《表里的生物》《口语交

际:辩论》。

课外:《为人民服务》《只有一个地球》。

（三）学习目标

1. 能够通过阅读文本,了解各个文本的基本内容,流畅、完整、清晰地说明文本中人物的观点及论据。

2. 通过分析证据与观点之间的联系,明白总分、并列、因果等关系,学习借助不同事例、从不同角度论证观点的方法。

3. 通过分析人物语言,探究人物思维过程,发现他人论证表达中的矛盾或漏洞。

4. 围绕一个辩题,开展辩论实践,做到有理、有据、有思考地表达。

三、学习情境与任务框架

（一）学习情境

我们在与人相处的过程中,常常难以清晰、有效地表达自己的观点,更难以让对方接受自己的观点,从而产生了许多言不达意的问题。究其原因,在于我们在说明观点时缺少依据,缺少逻辑,难以做到有理有据地表达。最近,学校的“话题热搜榜”在同学中流传,其中有一些话题受到了大家的重点关注。那你对于这些话题又是怎么想的呢,你的观点是什么呢？欢迎大家一同参与讨论。

（二）任务框架

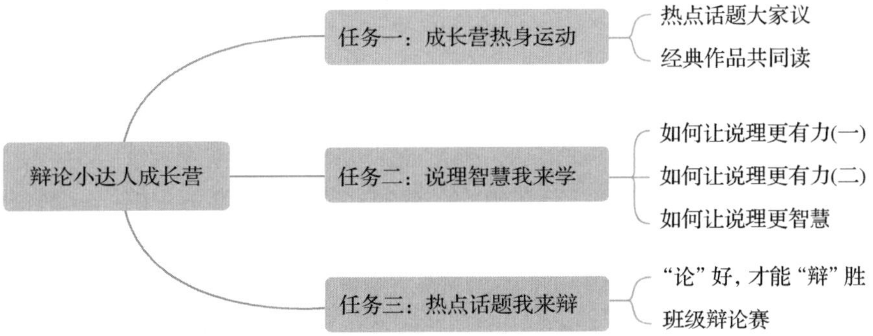

四、活动设计与教学提示

（一）活动设计（表 4-18）

表 4-18 “辩论小达人成长营”活动设计

单元任务	学习活动	学习内容	课时安排
辩论小达人成长营	任务一：成长营热身运动	1. 热点话题大家议。教师营造学习情境，出示热点话题，请同学们围绕某一个话题进行观点碰撞。学习《口语交际：辩论》，明白什么是“辩论”。学生对照标准，明确辩论的基本要求。教师发布“最佳辩手召集令”活动。 2. 经典作品共同读。教师指导学生初步学习《学弈》《两小儿辩日》《真理诞生于一百个问号之后》《表里的生物》，感知文章大意，理解其观点、论据以及论证的基本步骤。	2
	任务二：说理智慧我来学	1. 如何让说理更有力（一）。阅读《真理诞生于一百个问号之后》《学弈》，借助表格、思维导图等方式，学习作者通过不同事例来论证同一观点的方法，习得辩论秘诀。 2. 如何让说理更有力（二）。引导学生读懂《表里的生物》《两小儿辩日》，结合拓展文本《为人民服务》《只有一个地球》，学习作者从不同角度，运用不同方法来论证观点的方法。 3. 如何让说理更智慧。回顾《两小儿辩日》，明确观点、论据、结论；借助三段论思维图，梳理两小儿论证过程，发现漏洞，我与“两小儿”辩理，立足漏洞进行反驳。	3
	任务三：热点话题我来辩	1. “论”好，才能“辩”胜。在立足前学的基础上，学生将学习成果融会贯通。围绕任务一所提出的辩题，按要求完成一份 5 分钟的立论陈词。 2. 班级辩论赛。围绕“该不该为了学业而放弃兴趣”，以四人小组为单位进行班级辩论赛。明确“一辩”“二辩”“三辩”“四辩”责任，最后根据标准评选出“十佳辩手”。	2
单元测评	我心中的社团 NO. 1	1. 学习《他们那时候多有趣啊》，梳理文中人物对不同时代“学校”的想法，借助表格梳理其喜恶的原因。 2. 思考“最好的社团”是否就是“最适合的社团”，以小组为单位准备材料，进行讨论。 3. 围绕以上辩题进行辩论，有理有据地表达观点。	1

（二）教学提示

本任务群以统编版六年级下册第五单元课文为主要学习材料，根据学习需要补充其他关于说理辩论的阅读文本，聚焦于说理的作用，辩论的方法以及它们之间的关系。“思辨性阅读与表达”学习任务群第三学段要求，学生要“学习有理有据地口头或书面表达自己的观点”，教师要引导学生分析证据和观点之间的联系，辨别总分、并列、因果等关系，有条理地表达自己的观点，鼓励学生对文本进行评价。六年级下册第五单元单元要素指出要“体会文章是怎样用具体事例说明观点的”，而这一单元中的相关文本也极具思辨价值。

本任务群旨在引导学生通过阅读文本，以“辩论小达人成长营”为大任务，围绕“成长营热身运动”“说理智慧我来学”“热点话题我来辩”进行思考、探讨与活动,从文本中提炼观点、反思辨析,学习说理的方法与辩论的技巧。活动中的“思”是指学生通过阅读文本,明白可以从正反事例、不同事例、不同角度来论证自己的观点;“辩”是指在与他人的交流过程中,能够基于认真倾听来辨析他人说话的漏洞,做到有理有据地理性表达。

基于以上思考,本任务群以“辩论小达人成长营”为大任务,提炼出“有序、有据、有思考地表达能更有力地证明观点”这一大观念,设计了三个任务,每个任务都围绕说理展开,紧扣了核心任务中的“辩论”二字。三个任务及其学习活动循序渐进,要求螺旋递升,在活动中帮助学生提升说理水平,培养辩论能力。

任务一“成长营热身运动”。其中,活动一为“热点话题大家议”。借助大情境让学生自然产生“辩”的欲望;通过初识“辩论”,对照要求,了解不足,从而产生学习自驱力,进入整个任务群学习活动。活动二为“经典作品共同读”。在任务群的学习中,文本的运用绝不是单维的,它在不同的活动中会体现出不同的价值。这一活动旨在让学生初识文本,通过合作学习了解文章大意以及作者的观点、论据,为后续的任务奠定基础。

任务二“说理智慧我来学”。活动一与活动二均为“如何让说理更有力”。我们基于不同的文本价值,引领学生在语文实践活动中探寻说理的智慧,习得辩论的秘诀,让学生明白我们既可以用不同的事例来证明同一个观点,也可以从不同的角度证明同一观点。在这两个活动中,学生借助表格或思维导图,通过合作学习梳理文中作者的论点与论据,进行充分表达。活动三是“如何让说理更智慧”。在辩论中,学生不仅要会论证,也要懂得反驳。通过回顾《两小儿辩日》,借助三段论思维导图,使“两小儿”的思维过程可视化,通过合作学习让学生发现漏洞,从而习得关于“辩论”的更高阶能力,即如何基于他人的漏洞进行反驳,培养更严谨的辩论思维。

任务三“热点话题我来辩”。其中,活动一为“‘论’好,才能‘辩’胜”。在立足前学的基础上,要求学生将学习成果融会贯通。围绕任务一所提出的辩题,按要求完成一份5分钟的立论陈词,在体现学习情境一以贯之的同时,实现知识与能力的迁移运用。活动二为“班级辩论赛”。在这一活动中,要让学生以小组为单位形成小型辩论队,围绕辩题给每一个学生分配任务。在辩论中要做到运用不同事例说明观点,从不同角度说明观点,并且能够通过认真倾听他人的发言,抓住其表述中的漏洞来进行反驳。

五、资源支持与技术支持

(一)学习资源

1. 文本资源:教材文本《文言文二则》《真理诞生于一百个问号之后》《表里的生物》《口语交际:辩论》;课外文本《为人民服务》《只有一个地球》。

2. 网络资源:《文言文二则》视频材料、问卷星调查表。

3. 其他资源:话题热搜榜。

(二)工具技术

网络搜索、PPT演示文稿、评价标准表。

六、过程评价与单元测评（表4-19）

表4-19 “辩论小达人成长营”过程评价与单元测评

评价	内容	基本标准
过程评价	任务一：成长营热身运动	1. 能够围绕某一个话题清晰、明白地说明观点。 2. 通过学习《口语交际：辩论》，知道什么是辩论以及辩论的基本要求与方法。 3. 初步学习《学弈》《两小儿辩日》《真理诞生于一百个问号之后》《表里的生物》，能够通过小组合作，理解文章内容，较快地整理出文中作者的观点和依据。
	任务二：说理智慧我来学	1. 能够通过学习《真理诞生于一百个问号之后》《学弈》，借助表格、思维导图等方式，明白可以通过不同的事例来论证同一个观点，在论证过程中要尽量做到事理一致，从而使说理更有力。 2. 能够通过学习《表里的生物》《两小儿辩日》，结合拓展文本《为人民服务》《只有一个地球》，借助思维导图，习得从多个角度来论证观点的方法。 3. 能够通过回顾《两小儿辩日》，用表格的方式重新梳理两小儿论证观点的过程，从中发现他们在论证过程中的漏洞，进而通过“与两小儿辩”习得针对漏洞进行反驳的能力。
	任务三：热点话题我来辩	1. 能够通过选择合适的事例，从不同的角度来阐述自己的观点。 2. 能够以小组为单位组成辩论小队，基于辩论标准来开展小型辩论，做到论证有力有智，反驳有根有据。
单元测评	我心中的社团 NO.1	1. 能够自主阅读《他们那时候多有趣啊》，梳理文中人物观点及依据。 2. 能够通过小组合作，交流讨论，借助生活实例来说明自己选择社团的理由。 3. 能够在倾听他人观点的过程中，进一步明晰“最好”与“最适合”之间的区别，懂得应该如何做出恰当的选择。能够恰当地回应他人观点，并有理有据地说明观点。

第二部分　典型课时设计

任务二　说理智慧我来学——如何让说理更有力（2课时）

【学习情境】

为什么说真理诞生于一百个问号之后呢？做事情一定要一心一意吗？难道表里真的有生物？关于太阳的远近，真的是公说公有理婆说婆有理吗？这一次，让我们穿越古今，去读一读这些蕴含着说理智慧的文章，学一学他们的论证技巧，相信一定能为你在平时与同学辩论时增加更多的技能点。来吧，让我们一起探索吧。

【教学过程】

(一) 如何让说理更有力(一)

1. 回顾所学,找出秘诀。

(1) 创设情境。学生基于学习经历,回顾《真理诞生于一百个问号之后》的课文内容,分享学习收获。

(2) 分组交流。分小组进行学习收获交流,其他同学相机补充。

(3) 教师点评。突出“事例典型”,引入新授环节。

2. 合作学习,再寻秘诀。

(1) 看一看。教师再次出示课文《真理诞生于一百个问号之后》中作家叶永烈为了论证自己观点所举的三个事例。学生自主阅读,继续发现事例的特点。

(2) 想一想。各小组分工合作,再次阅读这一部分,尝试从中梳理出作者论证观点的其他秘诀。出示学习单,引导学生阅读小贴士。

辩论小达人成长营——说理智慧我来学

如何让论证更有力?

小贴士

(1) 选择最感兴趣的一个或多个事例展开学习。
(2) 先把这个事例朗读两遍,再画出你的新的发现。
(3) 组长主持组内成员交流,找出最有价值的发现,并在学习单上记录下来。
(4) 一人代表小组进行汇报,具体说说小组最有价值的发现。

事例				
紫罗兰的变色				
地图的吻合				
睡觉时眼珠的转动				

(3) 写一写。学生借助小贴士,围绕事例内容与同桌进行讨论。交流事例与观点之间的联系以及作者叙述观点时的技巧。将相关内容写在学习单上。

(4) 说一说。学生整理小组讨论内容,借助学习单交流作者论证观点的秘诀。教师在学生交流过程中相机提示与归纳。

(5) 贴一贴。学生将论证秘诀(事理一致、说理严密)贴在黑板上。

3. 穿越古代,观棋探秘。

(1) 回顾《学弈》内容,尝试向古人学习论证的智慧。

(2) 基于前学,学生交流《学弈》的主要内容,梳理作者的观点——只有专心致志,才能学有所成。

（3）探索作者论证观点的秘密。学生再次阅读文中事例，小组合作交流，体会文中两个人不同的学弈表现及其结果，思考作者是通过什么方法来论证观点的。

（4）学生交流发言，明白在论证观点时，可以借用正反事例，通过对比来强调观点。形成秘诀，贴在黑板上。

（5）将秘诀写在学习单上。

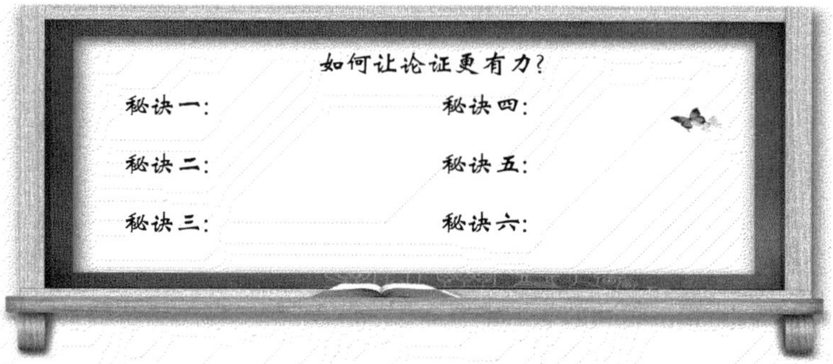

（二）如何让说理更有力（二）

1．多种角度，一个观点。

（1）读一读。阅读《表里的生物》，了解文章大意。思考："我"是怎样得出"表里有生物"这一观点的。

（2）找一找。用波浪线画出"我"得出结论的理由与证据。

（3）写一写。在画出的证据旁边写上自己的感受与思考。

（4）议一议。组长组织四人小组成员交流并完善自己的证据和思考。

（5）说一说。交流：课文中有哪些证据足以让"我"相信表里是有生物的，可以按照课文叙述的先后顺序由各小组进行汇报。

（6）想一想。这些证据都是怎么得来的呢？继续回到文本中，进行小组内交流。这些事例有的来自于生活，有的来自于作者合理的想象，还有一些来自于父亲的话语。

（7）写一写。引导学生继续梳理论证秘诀并写到秘诀卡上。

借用生活的事例进行论证
通过合理的猜想进行论证
根据权威的语言进行论证

2．多种方法，一个观点。

（1）出示《为人民服务》。学生默读《为人民服务》，思考经典作品中的语言表达如何让人物的观点更有说服力。

（2）以小组合作的形式进行交流探讨，从文章的语言、结构、修辞等方面探索作者论证的秘诀。

为什么要用司马迁的名言？（经典是古老的智慧，经历了时间的考验，被人们认可，被人们传诵，所以毛主席引用司马迁的名言，令人对他的观点更加信服。）

为什么文中用了那么多关联词？（运用关联词，使论证过程层层深入、逻辑严密。）

为什么作者要运用排比的修辞手法？（排比的恰当运用能够使辩论更有气势。）

（3）阅读《两小儿辩日》，回顾文章大意，在此基础上探索古人论证观点的智慧。

为什么作者要运用比喻的修辞手法？（比喻的修辞手法使说理过程更加形象，也使说理更加生动、有趣。）

为什么要运用反问？（反问能够增强语气，使论证更加有力。）

学习中适时地让学生朗读相关语句。

（4）学生整理论证秘诀，将它们写在秘诀卡上。

板书：辩论秘诀——反问增气势，比喻添形象，巧用关联词、排比、引用……

（5）小结：这就是语言表达的智慧，小组内再分享一下这些论证的秘诀。

3. 秘诀在手，蓄力初辩。

（1）试一试。请同学们用上这些秘诀，小试牛刀，围绕一个观点来讲一讲。

（2）出示调查问卷。我们事先做了一个小调查，出示问卷星调查表。可以看出关注度最高的话题是——该不该为了学业放弃兴趣爱好。

（3）理一理。小组合作讨论，确定小组的观点，同时思考、梳理相关材料。

（4）写一写。将口语表达转换成文字材料，并适当加上一些修辞手法等，使论证更加有力。

微演讲主题：该不该为了学业放弃兴趣爱好？
小组内讨论合作，完成一篇微演讲稿。

小提示：论述时注意用上我们的小秘诀哦。

（5）说一说。小组充分讨论后，推选出一位同学进行观点陈述。

（6）评一评。围绕学习单上的要求以及论证秘诀，进行学生互评。

4. 总结回顾，探究不息。

孩子们，今天我们的辩论小达人成长营活动暂时告一段落，我们收获了许多的辩论秘诀，也感受到了大家的妙语连珠，文思飞扬的热情，你们的精彩发言肯定激发了大家的思想碰撞。

辩论，辩论，既要论，又要辩。成长营的下一个活动就要让同学们与“两小儿”辩一辩，探寻更多的辩论技巧。相信大家一定会在后续的活动中有更精彩的表现！加油！

（撰写：苏州市平江实验学校　梅佳祺）

第五章 “整本书阅读”学习任务群

本学习任务群旨在引导学生在语文实践活动中，根据阅读目的和兴趣选择合适的图书，制订阅读计划，综合运用多种方法阅读整本书；借助多种方式分享阅读心得，交流研讨阅读中的问题，积累整本书阅读经验，养成良好阅读习惯，提高整体认知能力，丰富精神世界。

——摘自《义务教育语文课程标准(2022 年版)》

案例一 “乐享童年”歌谣嘉年华(一年级)

第一部分 单元设计

一、设计依据

《义务教育语文课程标准(2022 年版)》在“课程目标”部分提出，第一学段阅读与鉴赏的目标包括：“尝试阅读整本书，用自己喜欢的方式向他人介绍读过的书。养成爱护图书的习惯。”在“整本书阅读”学习任务群第一学段的学习内容中列出：阅读富有童趣的图画书等浅易的读物，体会读书的快乐。阅读、朗诵优秀的儿歌集，感受儿歌的韵味和童趣。根据课标要求，结合一年级下册第一单元《快乐读书吧》的教材内容《读读童谣和儿歌》，设计了“‘乐享童年’歌谣嘉年华”任务群。本任务群旨在激发学生阅读童谣和儿歌书籍的兴趣，产生阅读童谣和儿歌书籍的欲望，引导学生大胆展示自己的阅读成果，乐于和同学分享自己的阅读感受。

二、主题内容与目标

(一) 学习主题

“乐享童年”歌谣嘉年华。

(二) 学习内容

文本阅读：《读读童谣和儿歌》(曹文轩、陈先云主编，共四册)。

(三) 学习目标

1. 以《摇摇船》《小刺猬理发》为例，学习多种趣味唱诵童谣和儿歌的方法，感受其节奏明快、韵律流畅、内容有趣的特点。

2. 尝试阅读更多的童谣和儿歌，并能自主运用多种唱诵方法。

3. 初步培养学生阅读童谣和儿歌的良好习惯，乐于和小伙伴分享阅读感受和书籍。

三、学习情境与任务框架

（一）学习情境

童谣和儿歌是专属于儿童的诗歌，通俗易懂、生动有趣、易于唱诵，有些歌谣还会和游戏结合在一起，承载着幸福的童年时光。交流已经积累的童谣或儿歌，打开通往童谣和儿歌世界的记忆大门；学习用多种形式将童谣和儿歌念得朗朗上口、趣味盎然，感受童谣和儿歌的节奏韵律之美和内容之趣，在游戏情境中，学会迁移运用到其他童谣和儿歌的诵读上；读完自己的书后，与同学互换阅读，分享阅读感受，体验与同学一起阅读的快乐。

（二）任务框架

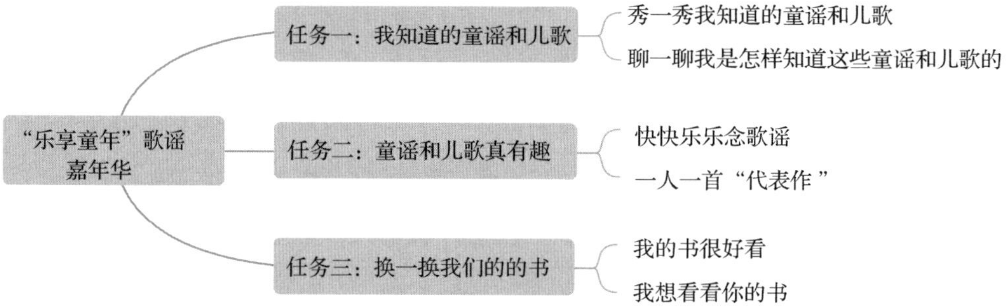

四、活动设计与教学提示

（一）活动设计（表 5-1）

表 5-1 "'乐享童年'歌谣嘉年华"活动设计

单元任务	学习活动	学习内容	课时安排
『乐享童年』歌谣嘉年华	任务一：我知道的童谣和儿歌	1. 秀一秀我知道的童谣和儿歌。把会背的童谣和儿歌背给伙伴们听。 2. 聊一聊我是怎样知道这些童谣和儿歌的。分享其中令人印象深刻的事。	1
	任务二：童谣和儿歌真有趣	1. 快快乐乐念童谣。以《摇摇船》和《小刺猬理发》为例，学习用充满趣味的方式诵读，可以加入动作、配上音乐、用上道具等，将童谣和儿歌读得活泼有趣。 2. 一人一首"代表作"。完整阅读《读读童谣和儿歌》，选择自己最喜欢的一首童谣或儿歌，进行自主练习或与同学合作练习，并进行分享展示。	1

续表

单元任务	学习活动	学习内容	课时安排
“乐享童年”歌谣嘉年华	任务三：换一换我们的书	1. 我的书很好看。在充分阅读后，与伙伴分享阅读后的感受或发现。向伙伴推荐自己的书，可以从整本书角度推荐，也可以重点推荐书中喜欢的童谣或儿歌。 2. 我想看看你的书。认真倾听同学的推荐，说一说听了推荐后，最想看谁推荐的书。与同学交换书本，并填写“图书漂流卡”，约定换回时间，初步建立“有计划阅读”的意识。读一读别人书里的童谣和儿歌。和同学聊聊交换阅读后的感受，课后与更多的同学交换图书。	1
单元测评	举办“乐享童年”歌谣嘉年华	1. 评选“歌谣大王”。比一比谁会念的歌谣最多。以“组内PK—组组PK—巅峰对决”的形式，评选出积累歌谣最多的学生。 2. 念着童谣、儿歌做游戏。玩一玩唱念歌谣的游戏，比如《翻花绳》《你拍一我拍一》《钻山洞》等。	1

（二）教学提示

“‘乐享童年’歌谣嘉年华”这一学习任务群，旨在让学生在活泼有趣的情境中感受到阅读的乐趣，将文学阅读与生活相连接，逐渐认识阅读的重要性，养成与书相处的习惯，为流畅性阅读奠定基础。同时，初步培养学生阅读的良好习惯，激发学生的阅读兴趣，引导学生慢慢建立读整本书的决心。

《读读童谣和儿歌》是与部编版教材相匹配的一本教辅读物，该丛书共四册，选入童谣、儿歌124首，按主题分为15组，内容丰富，语言活泼流畅，可读性强，并在每一类别前均编排有“阅读指导”内容，引导学生初步学习、掌握自主阅读的方法。本书采取全文注音形式，配有精美彩色插图，符合一年级学生的阅读能力和身心特点。

本任务群以“在童谣和儿歌中交朋友”为主题，考虑到整本书的特点，基于学生的生活经验设计三个学习任务：任务一“我知道的童谣和儿歌”，学生在生活中对童谣和儿歌已经有所积累，通过让学生回忆并背一背已知的童谣或儿歌，可以唤醒其在生活场景中学习童谣和儿歌的经验，激发学生阅读更多童谣和儿歌的兴趣，从而快速进入新书的阅读中。任务二“童谣和儿歌真有趣”，旨在引导学生跟随老师学习多种有趣的诵读方法，增强阅读的愉悦感，在游戏情境中鼓励学生用习得的方法演绎喜爱的童谣和儿歌，提升阅读的成就感。任务三“换一换我们的书”，在与同学交换书籍的过程中，实现简单的分享交流，以生生互动的方式进一步激发学生的阅读兴趣，并通过“按时还回书籍”，让学生初步建立起“有计划阅读”的意识。

在整个阅读过程中，教师给予学生明确的阅读目标和方法指导，做好实施过程的监控，让学生在自由阅读中，体验快乐、享受互动、学习方法、建立信心。

五、资源支持与技术支持

（一）学习资源

1. 文本资源：《读读童谣和儿歌》（曹文轩、陈先云主编，共四册）。

2. 网络资源：游戏视频。

（二）工具技术

过程评价与单元测评表。

六、过程评价与单元测评（表 5-2）

表 5-2 “‘乐享童年’歌谣嘉年华”过程评价与单元测评

评价	内容	基本标准
过程评价	任务一：我知道的童谣和儿歌	1. 能够大方分享自己知道的童谣或儿歌。 2. 能够结合生活经验，回忆起曾经习得童谣和儿歌的途径或方法。
	任务二：童谣和儿歌真有趣	1. 能够学习用多种诵读方法，练习将童谣或儿歌读得有声有色。 2. 能够将所学方法迁移运用到自己最喜欢的童谣或儿歌中，自信大方地上台展示。
	任务三：换一换我们的书	1. 能够乐于与同学交换书籍，并能向同学进行简单的推荐。 2. 能够按照“图书漂流卡”上约定的时间看完与同学交换的书籍，并如约还回。能够认真阅读别人的书中的童谣和儿歌，并与同学交流阅读感受。
单元测评	举办“乐享童年”歌谣嘉年华	1. 能够将自己积累下来的童谣和儿歌通过比赛的形式分享出来。 2. 能够在生活中应用童谣和儿歌，将歌谣与游戏有机结合起来。

第二部分　典型课时设计

任务二　童谣和儿歌真有趣（1 课时）

【学习情境】

想要跟着老师将童谣和儿歌念得朗朗上口、生动活泼吗？想要与同学一起体会游戏般诵读童谣和儿歌的快乐吗？一起来读一读这些有意思的童谣和儿歌吧，感受一下其中蕴含着的韵律之美、内容之趣，掌握一些趣味诵读的小技巧，大大方方地向同学们展示吧！

【教学过程】

（一）快快乐乐念童谣

1. 诵读《摇摇船》和《小刺猬理发》。

（1）借助拼音自读《摇摇船》和《小刺猬理发》。

（2）跟着老师有节奏地读一读。

2. 学习趣味诵读的方法。

(1) 打着节拍、加入动作、配上音乐、用上道具，活泼有趣地读一读。
(2) 与小伙伴合作，你一句我一句，快快乐乐地读一读。
(二) 一人一首“代表作”
1. 翻翻我的书。
完整阅读《读读童谣和儿歌》，浏览即可，对感兴趣的内容可以多看几遍。
2. 选出我的“心头好”。
(1) 选出书中自己最喜欢的一首童谣或儿歌，说说理由。
(2) 将这首儿歌读熟，最好能背诵出来。
3. 练练我的“趣读功”。
学生自主练习或与同学进行合作练习，用刚才学到的诵读方法，将歌谣读得充满趣味。
4. 精彩 SHOW TIME。
(1) 学生上台展示自己的练习成果，鼓励个性化展示。
(2) “我来做你来跟”，全班同学模仿跟读。

任务三 换一换我们的书(1 课时)

【学习情境】

读完自己的书后，学生有很多感受要分享，向同学推荐一下自己的书，或与同学分享书中自己喜欢的作品。再听听同学的推荐，与同学互换书本，约定换回时间，在阅读后和同学聊聊交换阅读后的感受，体验与同学一起阅读的快乐。让我们一起踏上“交换阅读”的分享之旅吧！

【教学过程】

(一) 我的书很好看
1. 分享我的阅读“初体验”。
(1) 读了书里的童谣和儿歌后，你有什么发现？
预设：A. 童谣和儿歌的句子大多是押韵的。
B. 童谣和儿歌的语言很活泼。
C. 童谣和儿歌的内容十分简单。
D. 有些童谣和儿歌中会重复出现一样的句子。
…………
(2) 在读童谣和儿歌时，你有什么样的感受呢？
预设：A. 童谣和儿歌很容易就能记熟、背出来。
B. 童谣和儿歌读起来非常有节奏感。
C. 童谣和儿歌读起来让人感觉很开心。
…………
2. 向伙伴推荐我的书。

（1）带着自己的书上台，用简短的语言向大家推荐自己的书。可以从封面、编者、出版社、插图、作品主题等方面做介绍，也可以从目录中挑几首题目有意思的童谣或儿歌进行推荐。

（2）重点向大家推荐书中喜欢的作品，介绍一下作者是谁，讲了什么内容，给大家读一读或演一演。

（二）我想看看你的书

1. 我心中的“最佳推荐官”。

（1）听了同学们的推荐，说一说，你最想看谁推荐的书？为什么？

（2）小结：去和你心中的“最佳推荐官”交换书本，读读更多的童谣和儿歌吧！

2. 让书本漂起来。

与同学交换书本，并约定换回时间，填写“图书漂流卡”（表5-3）。

表5-3　图书漂流卡

书名	书本小主人	书本借阅人	归还日期

3. 读一读别人的书。

认真读一读别人书里的童谣和儿歌。

4. 聊一聊我的感受。

和同学聊聊交换阅读后的感受，课后可以与更多的同学交换图书。

（撰写：苏州市劳动路实验小学校　王静璧）

案例二　让我们一起长大（二年级）

第一部分　单元设计

一、设计依据

《义务教育语文课程标准（2022年版）》中关于“整本书阅读”第一学段的学习内容提出：阅读富有童趣的图画书等浅易的读物，体会读书的快乐；阅读自己喜欢的童话书，想象故事中的画面，学习讲述书中的故事。以金波所著《一起长大的玩具》作为文本阅读的素材，结合这本书散文和童话合集的特点，围绕“让我们一起长大”这个主题开展整本书阅读活动。

二、主题内容与目标

（一）单元主题

让我们一起长大。

（二）学习内容

文本阅读：《一起长大的玩具》（曹文轩、陈先云主编，金波著）。

（三）学习目标

1. 在初步阅读的基础上，借助填涂的方式完成整本书阅读；学会看封面和目录，感受阅读的乐趣。

2. 借助学习单，学会阅读《抽陀螺》；能用绘制玩具名片的方式推荐自己喜欢的玩具；初步感受成长中的快乐、陪伴和温暖。

3. 学习运用"看目录—猜故事—验证"的方法自主阅读；记录自己有趣的发现，学会感受、创造生活中的美好和幸福，进一步探寻长大的密码。

4. 想象故事中的画面，讲讲长大的故事，感悟心灵成长的力量；能用图文、摘录等方式记录阅读过程，以"口袋书"的形式呈现阅读成果，学习总结阅读感受，在分享中尝试提出自己的看法。

三、学习情境与任务框架

（一）学习情境

书的第一篇章从金波儿时最喜欢的玩具引入，再写到童年的发现和奇妙的想象，将童年的记忆演化为一段难忘的经历，一段难以割舍的情感，一段萦绕于心的感悟。指导学生借助目录，通过把同一天看的故事用同一种颜色填涂的方法，完成整本书的阅读，调动学生的阅读兴趣；借助绘制玩具名片、推荐喜爱的玩具等形式，初步感受成长中的快乐、陪伴和温暖；找找生活中有趣的发现，并给它们取个好玩的名字，引导学生发现美好，创造美好，寻找长大的密码；"画"说自己的奇思妙想，讲讲编编故事，以"口袋书"的形式分享长大的故事，带给学生心灵成长的力量。

（二）任务框架

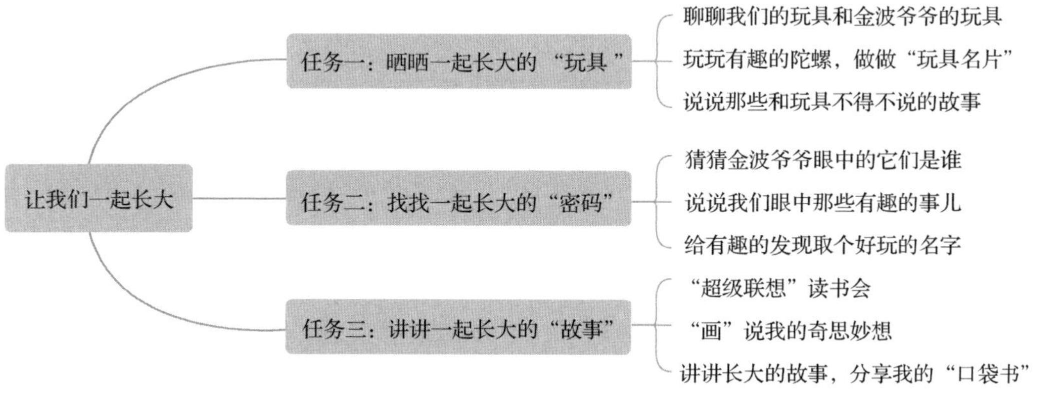

四、活动设计与教学提示

（一）活动设计（表 5-4）

表 5-4 “让我们一起长大”活动设计

单元任务	学习活动	学习内容	课时安排
让我们一起长大	任务一：晒晒一起长大的“玩具”	1. 聊聊我们的玩具和金波爷爷的玩具。聊聊自己喜爱的玩具和金波爷爷在书中介绍的玩具；在初步阅读的基础上，学会阅读整本书的封面和目录，感受阅读的乐趣。 2. 玩玩有趣的陀螺，做做“玩具名片”。借助学习单，学会阅读《抽陀螺》，初步感知玩具带来的童年快乐；用绘制“玩具名片”的方式学会推荐书中金波爷爷介绍的玩具。 3. 说说那些和玩具不得不说的故事。和小伙伴交流分享玩具背后的故事，进一步感受成长中的快乐、陪伴和温暖。	1
	任务二：找找一起长大的“密码”	1. 猜猜金波爷爷眼中的它们是谁。初步运用“读目录—猜故事—验证想法”的方法阅读第二组故事。 2. 说说我们眼中那些有趣的事儿。借助学习单，学会阅读《长长的街树》，通过画画的方式把有趣的发现记录下来。 3. 给有趣的发现取个好玩的名字，学会用敏锐的眼睛去发现，用敏感的心去感受生活中的美好和幸福。	1
	任务三：讲讲一起长大的“故事”	1. “超级联想”读书会。想象故事中的画面，记录最感兴趣的一处故事情节；开展读书会交流活动，乐于分享故事中新鲜的词语和精彩的语句。 2. “画”说我的奇思妙想。用喜爱的方式记录生活中的美好幻想，在师生阅读、亲子阅读中建立表达交流的自信。 3. 讲讲长大的故事，分享我的“口袋书”。和爸爸妈妈一起讲讲长大的故事，感悟心灵成长的力量；以“口袋书”的形式呈现阅读成果，初步学习总结自己的阅读感受。	2
单元测评	举办“让我们一起长大”口袋书展览会	1. 说说阅读中的感受和学会的阅读方法，在分享中尝试提出自己的看法。 2. 举办“让我们一起长大”口袋书展览会，评选“最有意思的口袋书”“最喜欢的口袋书”“最好玩的口袋书”等，能在自我评价、同伴评价、教师评价和家长评价中进一步体会阅读带来的快乐。	1

（二）教学提示

《一起长大的玩具》是著名儿童文学作家、诗人金波创作的一本关于童年游戏与玩具、发现与想象的散文和童话集。全书分三部分：第一部分介绍了玩具和游戏的无限乐趣；第二部分介绍作者儿童时期的奇妙发现；第三部分主要写作者有趣灵动的想象。本单元任务群以“让我们一起长大”为主题，设计了三个学习任务：任务一“晒晒一起长大的‘玩具’”，旨在通过聊玩具、做名片、说故事这三个活动拉近师生、生本之间的距离，感受阅读的乐趣，感受成长中的快乐、陪伴和温暖；任务二“找找一起长大的‘密码’”，旨在引导学生学会用敏锐的眼睛去发现、用敏感的心去感受生活中的美好和幸福，进一步探寻长大的密码；任务三“讲讲一起长大的‘故事’”,旨在引导学生用喜爱的方式记录生活中的美好幻想,以“口袋书”的形式呈现阅读成果,学习总结阅读感受,在分享中尝试提出自己的看法。

本任务群的三个任务紧密关联,始终围绕“长大”这个主题,从儿时的玩具陪伴长大、有趣的发现探寻长大,奇思妙想“画”说长大三个层次设计实践活动,引导学生基于真实的学习情境、具体的驱动任务,开展有声有色、有趣有味的阅读实践活动。在阅读中,我们需要更多地引导学生发现身边有很多美好的人和事陪伴着自己长大,要用一双善于发现的眼睛和一颗善于感知的心,探寻更多长大的密码,让学生把文字之趣与生活之乐结合起来,给孩子带来心灵成长的力量。

五、资源支持与技术支持

(一)学习资源

1. 文本资源:《一起长大的玩具》。
2. 网络资源:玩具图片、玩具制作过程视频等。

(二)工具技术

网络搜索、评价标准等。

六、过程评价与单元测评(表5-5)

表5-5 “让我们一起长大”过程评价与单元测评

评价	内容	基本标准
过程评价	任务一:晒晒一起长大的“玩具”	1. 在初步阅读的基础上,学会阅读整本书的封面和目录,感受阅读的乐趣。 2. 借助学习单,学会阅读《抽陀螺》,初步感知玩具带来的童年快乐;能用绘制玩具名片的方式学会推荐自己喜欢的玩具。 3. 通过和小伙伴交流分享玩具背后的故事,进一步感受成长中的快乐、陪伴和温暖。
	任务二:找找一起长大的“密码”	1. 能初步运用“读目录—猜故事—验证想法”的方法阅读第二组故事。 2. 能借助学习单,学会阅读《长长的街树》,通过画画的方式把有趣的发现记录下来。 3. 能给有趣的发现取个好玩的名字,学会用敏锐的眼睛去发现,用敏感的心去感受生活中的美好和幸福,进一步探寻长大的“密码”。

续表

评价	内容	基本标准
过程评价	任务三：讲讲一起长大的“故事”	1. 学习运用边读边圈画的方法阅读第三组故事，找出想象特别美妙的片段。 2. 能想象故事中的画面，记录最感兴趣的一处故事情节；学习圈画、摘录的阅读方法，在读书会上乐于分享和运用书中新鲜的词语和精彩的语句。 3. 能用喜爱的方式记录生活中的美好幻想，在师生阅读、亲子阅读中建立表达交流的自信。 4. 能和爸爸妈妈一起讲讲编编长大的故事，感悟心灵成长的力量；以“口袋书”的形式呈现阅读成果，学习总结阅读感受，在分享中尝试提出自己的看法。
单元测评	举办“让我们一起长大”口袋书展览会	1. 能说出阅读中的感受和学会的阅读方法；在分享中尝试提出自己的看法。 2. 通过评选“最有意思的口袋书”“最喜欢的口袋书”“最好玩的口袋书”等，能在自我评价、同伴评价、教师评价和家长评价中进一步体会阅读带来的快乐。

第二部分　典型课时设计

任务一　晒晒一起长大的“玩具”（1 课时）

【学习情境】

玩具对我们小朋友来说，再熟悉不过了，它陪着我们一起长大。那么《一起长大的玩具》这本书会告诉我们哪些有趣的故事呢？又会带给我们怎样的收获呢？今天就让我们一起开启整本书阅读的快乐之旅吧。

【教学过程】

（一）聊聊我们的玩具和金波爷爷的玩具

1. 聊玩具，读封面。

先聊聊自己最喜欢的玩具并说说喜欢的理由，再看看“会说话”的封面告诉我们的信息。

2. 看目录，学方法。

借助阅读提示，学会看“书的眼睛”——目录，知道快速找到感兴趣的内容、根据题目猜故事和快速找到分享内容的三个方法，学会带着猜想去求证的阅读方法。

（二）玩玩有趣的陀螺，做做“玩具名片”

1. 读故事，知玩法。

自主阅读《抽陀螺》故事，借助看视频、排序游戏，说说抽陀螺的玩法；品读、交流故事中的片段，玩玩“快乐指数大升级”，说说抽陀螺带给金波爷爷的快乐。

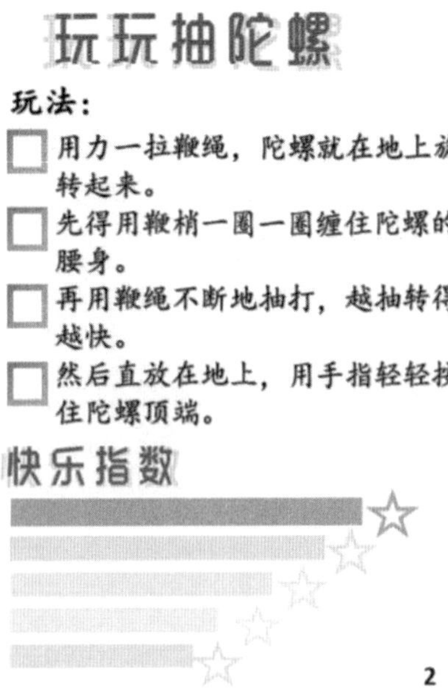

玩玩抽陀螺

玩法：

☐ 用力一拉鞭绳，陀螺就在地上旋转起来。

☐ 先得用鞭梢一圈一圈缠住陀螺的腰身。

☐ 再用鞭绳不断地抽打，越抽转得越快。

☐ 然后直放在地上，用手指轻轻按住陀螺顶端。

快乐指数

2

2. 分小组，做名片。

先在学习单第 3 页上写下自己最喜欢的一个玩具名称，再找到自己的小组桌牌落座，读读故事，做做名片；在小组汇报的过程中，品读故事中精彩的语句，开展“推荐指数星闪耀”评比活动。

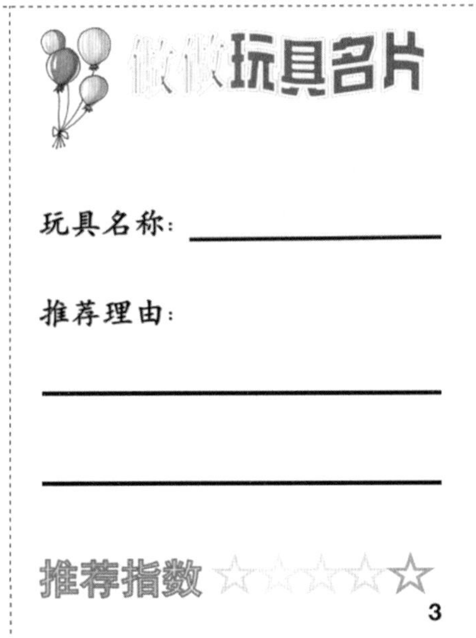

做做玩具名片

玩具名称：________

推荐理由：

____

____

推荐指数☆☆☆☆☆

3

（三）说说那些和玩具不得不说的故事

1. 说故事，解题意。

交流分享自己喜爱的玩具背后的故事，进一步感悟成长带来的快乐、陪伴和温暖；读读金波爷爷写在故事前的一段话，说说自己的理解。

2. 设悬念，引思考。

猜猜为什么金波爷爷会把《老鸹枕头》放在第一组故事的最后；继续用善于发现的眼睛和敏感的心读读、猜猜、想想，探寻更多让我们一起长大的密码。

任务三　讲讲一起长大的“故事”（1 课时）

【学习情境】

本课时已经到达“让我们一起长大”整本书阅读的最后一站——“讲讲一起长大的‘故事’”。在阅读的过程中，我们也在不断发现、创造着自己生活中的美好和幸福，快来分享和我们一起长大的故事吧！

【教学过程】

（一）“画”说我的奇思妙想

1. 读想象，找变化。

再读《蜗人》，寻找想象变化的语段并圈画下来；发现长大的密码：我发脾气→我从一本书里认识了一只蜗牛→蜗牛给我朗诵一首诗→幻想自己变小变小，也成了一只蜗牛；互相交流，感受作者丰富的心灵世界。

2. 聊故事，画想象。

回忆故事中其他感兴趣的想象，分享交流；说一说、画一画自己生活中的奇思妙想，并大胆交流。

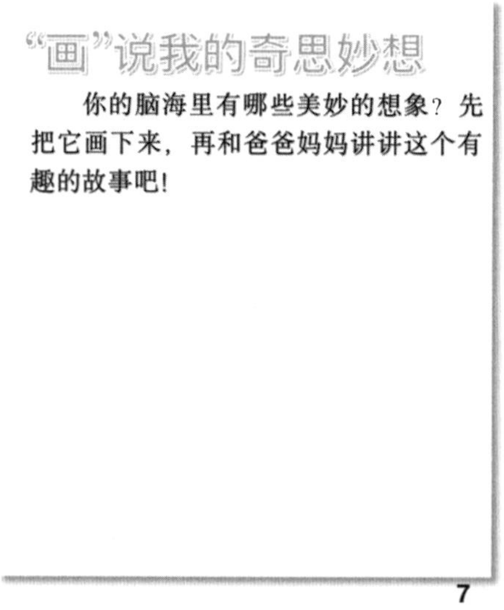
“画”说我的奇思妙想
你的脑海里有哪些美妙的想象？先把它画下来，再和爸爸妈妈讲讲这个有趣的故事吧！
7

（二）讲讲长大的故事，分享我的“口袋书”

1. 说想象，添细节。

通过小组讨论畅所欲言，细化想象细节；启发学生拓宽思维，指导学生把想象说得有趣、说得丰富、说得精彩；借助学习单第7页，说一说自己的故事。

2. 说感受，互评价。

说说自己喜欢的故事，在分享交流中评选“最有意思的故事”“最喜欢的故事”“最好玩的故事”“最大胆的故事”等。

3. 制作分享“口袋书”。

出示口袋书制作视频，自己动手做一做；展示自己的“口袋书”（样例如下图所示），简要说一说自己口袋书上每一页的内容和对这本书的阅读感受。

（撰写：苏州市沧浪新城第四实验小学校　袁平霞）

案例三　做中国古代寓言故事宣讲人（三年级）

第一部分　单元设计

一、设计依据

《义务教育语文课程标准（2022年版）》中“整本书阅读”学习任务群第二学段的学习内容提出：阅读表现英雄模范事迹的图书……讲述英雄模范的动人故事；阅读儿童文学名著……感受作品传达的真善美，用自己喜欢的方式讲述故事大意；阅读中国古今寓言、中国神话传说等，学习其中蕴含的中华智慧，口头或书面分享自己获得的启示。从《中国古代寓言》这本书入手，创设有效的学习实践活动，推动学生不止步于读故事，还能主动留心寓言的特征，感悟寓言故事中蕴含的道理，结合真实的任务情境，在阅读和交流、互动和思考中提升阅读能力，进而提升阅读品质，运用寓言故事解决生活中的实际问题。

二、主题内容与目标

（一）学习主题

做中国古代寓言故事宣讲人。

（二）学习内容

文本阅读：《中国古代寓言》（曹文轩、陈先云主编）。

（三）学习目标

1. 学生能根据需要自主制订阅读计划并完成阅读，把握书本内容；运用多种读书方法，提升阅读成效。

2. 运用对比阅读、创设情境的策略，帮助学生深入了解寓言中的人物形象，明晓小故事中的大道理，感受中国古代寓言的魅力，得到优秀传统文化熏陶。

3. 能用多种方式表达自己对寓言故事的理解，进一步创编寓言故事，分享自己的体会，领悟古人的智慧，并尝试在具体的生活情境中运用。

三、学习情境与任务框架

（一）学习情境

寓言故事一般比较短小，但是故事里蕴含着深刻的道理。在我国古代，人们早就发现了“通过故事讲道理”这种巧妙的方式，留下了数不清的寓言。今天，我们读到这些故事，仍然会被深深吸引，收获思考。欢迎大家畅游中国古代寓言的世界！让我们一起制作寓言名片，发现故事中蕴含的生活哲理；在寻找寓言智慧宝藏的过程中，辨可笑之人，识聪慧之士；用寓意链接生活，解决身边小事情。最后让我们来当一当中国古代寓言故事宣讲人，讲出自己喜欢的寓言故事，为大家带来一场寓言盛宴。

（二）任务框架

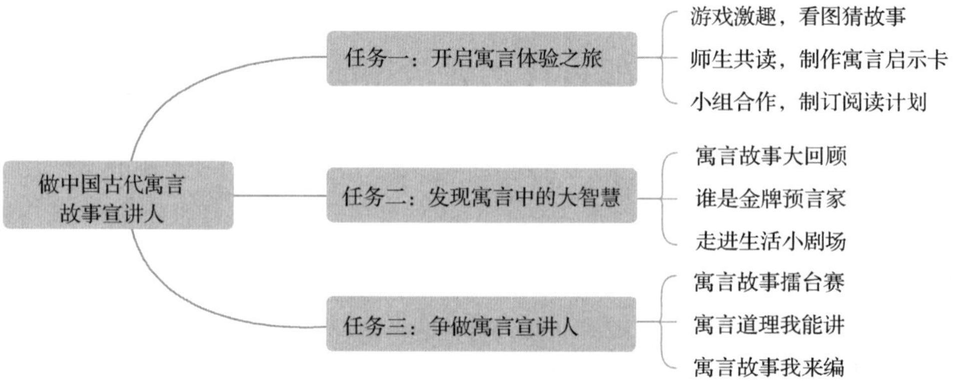

四、活动设计与教学提示

（一）活动设计（表5-6）

表5-6 “做中国古代寓言故事宣讲人”活动设计

单元任务	学习活动	学习内容	课时安排
做中国古代寓言故事宣讲人	任务一：开启寓言体验之旅	1. 游戏激趣，看图猜故事。教师随机出示寓言故事中的图片，学生说出故事名字，并简要说说故事内容。 2. 师生共读，制作寓言启示卡。师生共读《郑人买履》，联系生活，明白寓意，提取关键信息，制作一张“寓言启示卡”。 3. 小组合作，制订阅读计划。翻看目录，回顾所学的寓言故事，指导学生交流学习方法。建立阅读小组，利用课余时间制订阅读计划，完成阅读打卡。	1
	任务二：发现寓言中的大智慧	1. 寓言故事大回顾。根据人物的说话内容，猜猜寓言故事的主人公，并自主选择其中一个故事，结合寓言启示卡，用自己的话讲给大家听。 2. 谁是金牌预言家。共读寓言故事《借梯子》，对寓言故事进行合理预测，并尝试大胆创编。 3. 走进生活小剧场。通过寓意链接生活，发现和书中相似的人物，学习运用寓言故事解决生活中的小问题。	1
	任务三：争做寓言宣讲人	1. 寓言故事擂台赛。选择你最喜欢的寓言故事，生动、完整地分享给小组成员，然后组内评出获胜者进行班级展示。 2. 寓言道理我能讲。小组共读一组寓言故事，比较哪些寓言故事有相似的道理，再试着画一画，写一写。 3. 寓言故事我来编。在老师的指导下，续编或者创编一则寓言故事，突出人物的特点，并谈谈自己的看法。推荐学生阅读其他国家的寓言故事。	1
单元测评	举办寓言故事讲演会	1. 用个性化的方式讲演中国古代寓言故事。 2. 用多种方式交流自己的读书方法和感悟。	1

（二）教学提示

三年级下册第二单元《快乐读书吧》与寓言故事单元一脉相承，在学生学习《亡羊补牢》《揠苗助长》《守株待兔》等寓言故事之后，推荐、引导他们阅读中国古代寓言故事，使他们感受寓言故事中蕴含的生活哲理。曹文轩、陈先云主编的《中国古代寓言》所选的古代寓言故事，都是从文言文中改编而来，大体涵盖了上至春秋战国下至唐宋元明清时期的诸多内容。各个时期的寓言各具特色，但一脉相承。编者按照寓言的特点，共编排了六个板块，每部分之前有相应的阅读提示，以任务为导向，帮助读者真切地感悟中国古代寓言故事的深刻寓意及生活运用。

本单元任务群以“做中国古代寓言故事宣讲人”为主题，结合整本书的特点，根据学生实际能力和情感需求，设计了三个学习任务：任务一“开启寓言体验之旅”，旨在引导学生从自身阅读积累和生活经验出发，交流已知的寓言故事，初步感受阅读寓言的快乐和寓言中蕴含的寓意，再根据书本特点，自主设计并完善阅读计划，为后续的深入阅读打下基础；

任务二“发现寓言中的大智慧”，旨在引导学生选择自己喜欢的一个或几个寓言故事做“寓言卡片”，深入剖析寓言中形形色色的人物形象，并思考自己如果遇到这个故事的主人公，会如何应对，推动学生在真实情境中提升综合能力；任务三“争做寓言宣讲人”，旨在引导学生用对比阅读的策略，把握每个篇章的故事内容及寓意，然后通过讲述或演绎的方式，分享自己最喜欢的寓言故事，在实践中领略古人的智慧，最后鼓励学生尝试根据不同主题重新编排，推动语文能力的综合提升。本任务群的三个任务紧密关联，实现文本学习、言语实践、阅读积累和生活经验的有机结合，通过充分的实践活动，引导学生基于真实的学习情境，具体的驱动任务，自主开展言语实践。

五、资源支持与技术支持

(一) 学习资源

1. 文本资源:《中国古代寓言》(曹文轩、陈先云主编)。
2. 网络资源:寓言故事图片、动画故事视频等。

(二) 工具技术

网络搜索、评价标准等。

六、过程评价与单元测评(表5-7)

表5-7 “做中国古代寓言故事宣讲人”过程评价与单元测评

评价	内容	基本标准
过程评价	任务一:开启寓言体验之旅	1. 能根据图片说出寓言故事;能基于自己的阅读积累简单讲述寓言;能结合前期的课文学习和当场的故事讲述，初步感受寓言故事蕴含的道理。 2. 能结合书本特点，自主设计并完善阅读计划;能根据自己的喜好，设计个性化的阅读记录卡，帮助自己按计划读完整本书。
	任务二:发现寓言中的大智慧	1. 能在理解寓意的基础上，为自己喜欢的一个或几个寓言故事制作“寓言启示卡”，把握故事概要。 2. 能把握寓言人物的典型特征，深入了解人物形象，用代入角色的方式思考解决办法。 3. 能灵活运用寓言哲理解决生活中类似的事情。
	任务三:争做寓言宣讲人	1. 能运用对比阅读的方法，把握故事内容，对寓意相似的故事进行归类。 2. 能大方、自信地讲述或演绎自己喜欢的寓言故事;能通过故事讲演来表达自己的阅读感悟。 3. 能建立不同编排主题，对寓言故事进行重新编排;能在创造性表达的过程中展示对古代寓言更深刻的理解。
单元测评	举办寓言故事讲演会	1. 能运用自己擅长的方式生动地讲演中国古代寓言故事。 2. 能主动分享有价值的读书方法和有深度的阅读感悟。

第二部分 典型课时设计

任务二 发现寓言中的大智慧(1课时)

【学习情境】

读了这么多寓言,大家一定对很多故事内容记忆犹新。故事中有形形色色的人,结局总是让我们意犹未尽,只相信尺码不相信自己脚的郑人、截竿入城的鲁人……今天让我们来一次寓言故事大回顾,看看谁是记忆小达人,当一当金牌预言家,想一想,如果你是主人公,又会怎样做?

【教学过程】

(一)寓言故事大回顾

1. 人名猜猜看。

(1)发布阅读任务一:人名猜猜看——根据人物的说话内容,猜猜他是谁,是哪个寓言故事的主人公。

①“今天我见到了大海,才知道自己的渺小,假如我今天不来到大海面前,那就会一直错下去,成为天下众人耻笑的对象啊!”

②“亏我这么感动来到凡间,怎么我刚一来到他家窗户口,这人就吓得面色铁青,转头就跑了?真是莫名其妙!”

(2)学生打开任务单,独立完成“人名猜猜看”。

(3)指名回答,交流反馈。

2. 故事说说看。

(1)发布阅读任务二:你能不能把其中一个故事,用自己的话讲给大家听听?

(2)分享交流自己的“寓言启示卡”。

小结:大家阅读后,不仅能借助关键信息将故事内容与人物进行关联,还能通过关键人物和事件,简要地复述故事。

(3)引导学生思考,在阅读过程中,哪个寓言故事给你留下了深刻的印象?谈谈你的体会和感受。

(4)同桌互相交流。指名分享,多角度评价。

小结:读书贵在多思,原来大家有这么多的体会和感受。我们可以从人物角度谈,从事件角度谈,还可以联系自己或他人谈,表达自己的感受。

(二)谁是金牌预言家

1. 阅读寓言,尝试预测。

(1)出示阅读任务三:我们逐段来阅读寓言故事《借梯子》,边读边尝试进行后续故事的预测。

（2）指名学生预测交流，谈谈预测依据。

（3）多角度评价，梳理学生的预测方法。（强调预测的合理性，对不合理的预测进行校正评价。）

小结：通过书本插图、人物性格特征、结合生活等方法进行预测，大家都是故事畅想家。

过渡：预测故事的过程，其实也是一种创编，它不仅能带给你阅读的期待，还能带给你创编的灵感。

2. 再次阅读，练习创编。

（1）出示阅读任务四：默读《借梯子》第1—2自然段，根据故事内容，大胆尝试续编故事，看看会不会诞生一个新的寓言故事。

（2）学生默读故事，自由练说。

（3）指名学生展示交流。

小结：故事来源于生活，你创编的新故事，兴许也会成为一个不错的新寓言，给大家带来新的启示。

（三）走进生活小剧场

1. 出示情境，小组讨论。

发布阅读任务五：寓言就在我们身边，我们不仅要读懂、积累，还要会运用。请同学们在以下两个情境中任选一个，进行小组讨论，你会用哪个寓言故事进行劝告？

情境一：明明从一年级就参加课外特长班，他特别渴望自己有一技之长。可学了两个月象棋，觉得象棋太难，不肯再去；又报名了街舞，刚学一周，觉得太累，也不肯去了；又报名画画，觉得要学会画画得花太长时间，又不去了……他很苦恼，觉得掌握一项技能太难了，你能来劝劝他吗？

（预设：《愚公移山》《纪昌学射》。）

情境二：洋洋画画特别棒，曾拿过学校绘画展一等奖，老师和同学都夸他是画画小天才。洋洋很高兴，常对同学们说："我是画画高手，没有人比我画得还好。"同学们听了总是笑笑走开，你会用哪则寓言故事来劝一劝洋洋呢？

（预设：《井底之蛙》《夜郎自大》。）

2. 学生交流，教师总结。

（1）学生交流。（学好寓言，可以帮助我们明晰是非；用好寓言，可以帮助他人摆脱困境。）

（2）教师总结：寓言故事源自生活，也将用于生活，会学会用，才能将古人的智慧传承。

任务三　争做寓言宣讲人（1课时）

【学习情境】

寓言故事来源于生活，也能很好地运用于生活。很多故事在带给我们启示的同时，也帮助我们解决生活中的小问题。你最喜欢的寓言故事是哪一则？又给你带来了怎样的启示？请大大方方地分享出来，和小伙伴们一起感受寓言的魅力吧！

【教学过程】

(一) 寓言故事擂台赛

1. 组内交流,选出代表。

(1) 发布阅读任务一:选择你最喜欢的寓言故事,生动、完整地分享给小组成员,然后组内评出获胜者进行班级展示。

(2) 根据评价表(表5-8),评出5名“寓言故事大王”。

表5-8 “寓言故事大王”评价表

评价内容	标准	星级
自然大方	☆☆☆	
内容完整	☆☆☆	
情节生动	☆☆☆	
道理明白	☆☆☆	

2. 组内代表,班级评选。

(1) 各小组抽签确定上台顺序,小组代表上台讲故事。

(2) 师生评价。

(3) 举手投票,评选班级“寓言故事大王”,并颁发奖状。

总结:这些寓言小故事通过你们生动的讲述,变得更加吸引人了。可见这些故事已经深深地留在了同学们的心中。

(二) 寓言道理我能讲

1. 对比阅读,发现道理。

(1) 发布阅读任务二:短小寓言,深刻道理。请同学们阅读《一叶障目》和《我只看见金子》,说说你有什么发现。

(2) 学生谈发现。

(预设:两则寓言故事内容和道理相似,都讽刺了看问题片面的人。)

(3) 发布阅读任务三:请同学们阅读《愚公移山》和《万字》,再次谈谈你的发现。

(4) 学生谈发现。

(预设:这两则寓言故事内容不同,但道理相似。前者从正面告诉我们凡事要专心致志,有恒心,有毅力;后者从反面说明了这个道理。)

总结:寓言故事就是这么神奇、有趣。内容相似,道理可相同;内容相反,道理也可相同。

2. 组内交流,选出代表。

(1) 发布阅读任务四:书中还有哪些类似的寓言故事?小组合作找一找,填在表5-9中。

表 5-9　对比寓言故事

对比点	故事 1	故事 2	相同道理
内容相似			
内容不同			

（2）学生交流。

总结：同样的道理，可以由多个故事来阐述，我们要把这些故事积累在心中。

（三）寓言故事我来编

（1）发布阅读活动五：你们真的太棒啦！会讲、会评、会用，寓言的乐趣和所蕴含的道理被你们展现得淋漓尽致。接下来，我们一起分享创编寓言的快乐。

（2）小组内进行交流。

（3）请每组派 1 名代表与大家进行分享。

（4）评选“最佳创编寓言奖”，教师进行颁奖。

（撰写：苏州市金筑实验小学校　娄婉莹）

案例四　“科普大讲堂”开讲啦（四年级）

第一部分　单元设计

一、设计依据

《义务教育语文课程标准（2022 年版）》中对“整本书阅读”学习任务群给出明确提示，要求指导学生认识不同类型图书的特点和价值，根据自身实际确定阅读目的，设计、组织多样的语文实践活动交流读书心得，分享阅读经验。同时也要求阅读科普方面的优秀作品，学习梳理作品的基本内容，针对作品中感兴趣的话题展开交流。《十万个为什么》作为一本经典科普读物，内容非常符合学生的认知方式和阅读偏好，可以更好地承载科普阅读的启蒙。通过丰富的阅读活动引导学生兴趣盎然地读整本书，借助真实的情境活动理解科学术语，设置具有挑战性的任务激发探究欲，既可以逐步巩固整本书阅读的方法，又能激发学生参与科普、探索科学的兴趣和愿望。

二、主题内容与目标

（一）学习主题

“科普大讲堂”开讲啦。

（二）学习内容

文本阅读：《十万个为什么》（米·伊林著，荣洁、赵梦雪、赵为译，曹文轩、陈先云主编）。

（三）学习目标

1. 能根据书本的独特结构制订合理的阅读计划，并完成整本书阅读，把握书本内容；能运用多种读书方法，提升阅读的成效。

2. 能运用梳理、推理、预测、比较、辨析等阅读策略，准确理解并讲解或演示书中的专业术语和科学知识，体验科学的神奇有趣，享受阅读的快乐。

3. 能发现科普读物的文体特征，总结科普宣传的表达技巧；乐于准确而生动地讲解或演示身边的科学知识，提升科学探究的兴趣和素养。

三、学习情境与任务框架

（一）学习情境

蓝天、森林、大海，蕴藏着自然的奥秘；过去、现在、未来，述说着科技的精彩……五千个哪里，七千个怎样，十万个为什么，科学的世界就是这样无穷无尽。走进《十万个为什么》，迈入科学的大门，揭开科学的奥秘，站上科普的讲堂，让更多的人领略科学的魅力，用神奇的科学改变身边的世界，创造更加美好的生活。

（二）任务框架

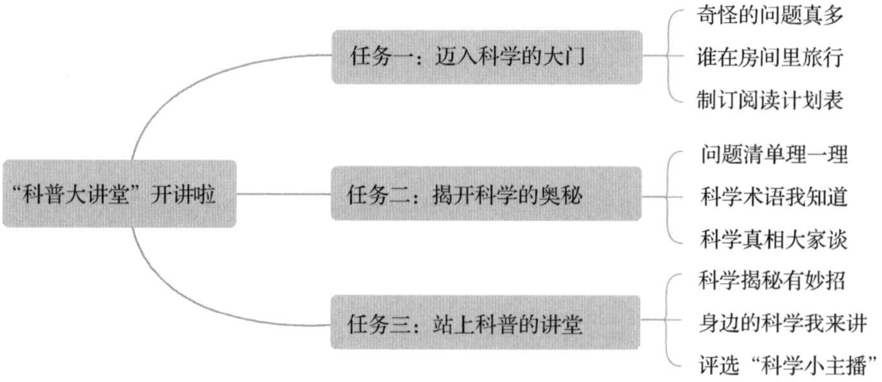

四、活动设计与教学提示

（一）活动设计（表 5-10）

表 5-10 “‘科普大讲堂’开讲啦”活动设计

单元任务	学习活动	学习内容	课时安排
『科普大讲堂』开讲啦	任务一：迈入科学的大门	1. 奇怪的问题真多。基于生活经验交流一些有趣的问题，展示一些看似简单又不易回答的问题，体验提问的乐趣，感受科学的奇妙。 2. 谁在房间里旅行。初步浏览书目，读懂各种信息，制作作家卡片，借助目录初步把握内容、感受趣味，激发阅读兴趣。 3. 制订阅读计划表。结合书目编写特点，自主制订并完善阅读计划，创意设计阅读记录卡，按计划完成整本书阅读。	1

续表

单元任务	学习活动	学习内容	课时安排
『科普大讲堂』开讲啦	任务二：揭开科学的奥秘	1. 问题清单理一理。梳理文中的各种科学问题，运用提问、推理、预测、思辨等阅读策略，设计个性化知识清单。 2. 科学术语我知道。摘录文中的科学术语，运用查阅资料、请教他人、上下文推测等手段，初步理解术语意思并进行验证。 3. 科学真相大家谈。选择有价值的，或者自己感兴趣的科学知识，通过绘制图表、专题讲述、实验操作等方式，分享自己的阅读收获。	1—2
	任务三：站上科普的讲堂	1. 科学揭秘有妙招。借助对比阅读，发现作者的行文结构和表达技巧，形成个性化表达策略。 2. 身边的科学我来讲。收集生活中的科学常识，或者自己感兴趣的科学现象，尝试生动有趣地讲解或演示科学知识。 3. 评选“科学小主播”。选择书中自己感兴趣的科学问题，查阅当前的最新研究成果，运用合理的表达方式传播科普知识。	1—2
单元测评	举办“身边的科学”主题科普展	1. 用自己喜欢的方式展示自己的读书收获。 2. 个性化讲解或演示生活中的科学知识或技巧。	1

（二）教学提示

对于科普类作品，学生受限于较少的知识储备，还要面对不时出现的专业术语，会存在一定的阅读障碍，进而容易失去阅读兴趣。即使是教材中出现过的一些科学小品文，教师的指导重点也多放在知识层面，更关注科学的准确性和严谨性，没有更好地激发阅读乐趣，降低了学生科普阅读的动力。本任务群重在做好做实科普阅读启蒙，全面提升学生的科普阅读兴趣和科普宣讲能力，进而提高其探索科学的兴趣和愿望。

四年级下册第二单元正是科普专题，四篇科普类文章《琥珀》《飞向蓝天的恐龙》《纳米技术就在我们身边》《千年梦圆在今朝》，涉及多个科学领域。单元要素是“阅读时提出不懂的问题，并试着解决”，学生经历一定量的单篇科普文阅读后，顺势走进整本科普作品阅读，能够更加得心应手。《快乐读书吧》重点推荐了米·伊林的《十万个为什么》，这是一部集知识性与趣味性于一体的经典科普读物，科普作家高士其曾评价其“内容丰富，文字生动，思想活泼，段落简短”。用这本书切入，既能让学生感受科学之趣，又能让学生领略文学之美，科普阅读亦能水到渠成。

本单元任务群以“‘科普大讲堂’开讲啦”为主题，根据全书行文特点，结合学生阅读基础和认知需求，设计了三个学习任务：任务一“迈入科学的大门”，要求从学生的生活经验出发，通过一些有趣而奇妙的问题感受提问的乐趣和科学的魅力，再结合书目特点，初步感知内容，自主设计并完善阅读计划，奠定阅读基础；任务二“揭开科学的奥秘”，要求学生能运用各种策略设计个性化知识清单，理解科学术语，最后以自己擅长的方式解读自己感兴趣的科学知识，分享阅读收获；任务三“站上科普的讲堂”，要求学生在比较中发现作家的表达技巧,积累科普作品的表达经验,并通过上讲台、当主播等自我挑战方式,提升自己的语文综合能力。

本任务群三个任务相互关联,促成文本学习、阅读积累、生活经验和实践运用的紧密结合。学生浸润在真实的学习情境中,完成一环扣一环的具体学习任务,不仅丰富了科普阅读经验,扩展了科学认知视野,而且提升了科学探究兴趣,提高了科普宣传能力,语文综合素养得到全面发展。

五、资源支持与技术支持

(一)学习资源

1. 文本资源:《十万个为什么》(米·伊林著,荣洁、赵梦雪、赵为译,曹文轩、陈先云主编)。

2. 网络资源:科普小知识、科学小常识、相关科学问题发展资料等。

(二)工具技术

网络搜索、评价标准等。

六、过程评价与单元测评(表 5-11)

表 5-11 “‘科普大讲堂’开讲啦”过程评价与单元测评

评价	内容	基本标准
过程评价	任务一:迈入科学的大门	1. 能基于生活经验提出一些有价值的问题,或者别人感兴趣的问题,有一定的提问能力,乐于提问。 2. 能从封面、目录中获取各种信息,主动了解作家作品,整体把握内容,阅读兴趣较高。 3. 能科学制订阅读计划表,设计阅读记录卡,有质量地完成整本书阅读。
	任务二:揭开科学的奥秘	1. 能准确梳理书中各种科学问题,运用多种策略设计个性化知识清单。 2. 能综合运用多种手段合理解读各种科学术语,主动验证自己的理解是否恰当。 3. 能选择有价值的或者自己感兴趣的科学知识开展深入研读,并通过有效的方式分享自己的阅读收获。
	任务三:站上科普的讲堂	1. 能通过对比阅读,自我梳理科普作品的基本结构和表达技巧,形成策略和经验。 2. 能综合运用学到的策略,准确而生动地讲演身边的科学知识,有较好的表达能力。 3. 能主动探究书中相关科学问题的最新研究成果,乐于传播科普知识。
单元测评	举办“身边的科学”主题科普展	1. 能用自己喜欢的方式分享自己的阅读收获。 2. 能通过科学知识的个性化讲解或演示,展示自己的个人综合素养。

第二部分　典型课时设计

任务二　揭开科学的奥秘（1课时）

【学习情境】

本课时是"'科普大讲堂'开讲啦"活动的第二站"揭开科学的奥秘"。通过之前的阅读，我们初步了解了书中的科学知识。下一步，要通过各种方式，将书中的科学知识和相关术语，用自己喜欢或擅长的方式展现出来，在实践中分享自己的阅读收获。

【教学教程】

（一）问题清单理一理

1. 同学们，经过一段时间的阅读，相信你们一定对作者的提问留下了深刻的印象。书中提出了很多与我们的生活息息相关的问题，比如《房间旅行记》这部分内容，就出现了很多有趣的提问，请大家好好地梳理一下。

2. 学生填写问题清单表（表5-12），集体交流。

表5-12　问题清单表

相关内容	感兴趣的问题
《自来水龙头》	人为什么要喝水？
《炉子》	
《餐桌和炉台》	
……	

3. 对于这些同学们十分感兴趣的问题，作者有没有给出答案？我们以"人为什么要喝水？"为例，谁能用自己的话来精要地讲述作者给出的答案？（生交流，小结：人不停地消耗水分，所以要不时地补充水分。）

4. 关于这个问题，同学们原来是怎么认为的？通过书中答案的揭晓，大家有没有什么新的发现、一些意想不到的收获？（生交流，如：原来构成人体的主要物质是水。）

5. 科学就是这样神奇、有趣，每一个看似平常的问题背后，都有着出乎同学们意料的回答。请同学们选择一个自己感兴趣的问题，再次认真阅读相关内容，先提炼出书中的答案，再写出自己的新认识、新收获，制作一张自己总结出来的问题和知识清单。

表5-13　自制问题和知识清单

相关内容	感兴趣的问题	书中的答案	意想不到的收获
《自来水龙头》	人为什么要喝水？	人不停地消耗水分，所以要不时地补充水分	水是构成人体的主要物质
《炉子》			
《餐桌和炉台》			
……			

（二）科学术语我知道

1. 同学们，当你在阅读过程中遇到一些不理解的词语，你会怎么做？（可以联系上下文理解，可以查资料，请教他人，也可以跳过。）

2. 同学们说得很好，但是老师有一点要提醒大家，科普作品不像其他文学作品，有些词语如果因为不理解而选择跳过，会影响对全文的理解，因为这些词语是准确描述科学问题的专用语言，又称科学术语，是不能跳过的，必须通过各种方法去理解和掌握。比如“氧化”是一个科学术语，谁能运用恰当的方法来解释什么是“氧化”？（引导学生联想苹果切开后表面变色的画面，推测出“氧化”意为物体接触氧气后产生变化的过程，明确联系生活经验是一种很有效的方法。）

3. 相信同学们在阅读过程中，一定发现了很多科学术语，并且做出了自己的理解。谁来当一回小老师，给大家讲一讲科学术语的意思？（生先填表 5-14，再展示、讲解，集体评议。）

表 5-14　我来讲讲科学术语

科学术语	我的理解	我运用的方法
氧化	物体接触氧气后产生变化	联系生活
……		

（三）科学真相大家谈

1. 掌握了这些科学术语，不仅可以帮助我们更好地理解科学知识，而且能帮助我们更准确地讲解科学知识，解释科学现象。下面，我们来举办一个“科学小讲堂”活动，每个同学都可以来做一回“科学小讲师”，为大家讲解一个你在读书过程中已经读懂的科学知识。

2. 学生自由练习或小组内练习，通过自荐或小组推荐的方式登台讲解科学知识，教师视情况组织台上台下互动。

3. 组织“我最喜欢的小讲师”评选，围绕讲述是否自然、语言是否生动、知识是否准确、内容是否通俗易懂四个方面进行评选（表 5-15）。

表 5-15　“科学小讲师”评分表（5 分制）

讲述人	讲述自然	语言生动	知识准确	内容通俗易懂

4. 汇总数据，评出“优秀小讲师”，分享成功经验。

任务三　站上科普的讲堂（1 课时）

【学习情境】

科学知识一般人都听不懂吗？当然不是。有些人就能把高深的科学知识讲得生动有趣、浅显易懂。只要找到正确的方法，每个人都能成为解密科学、传播科学的使者。让我们行动起来，揭开科普的奥秘，做一名科普小达人。

【教学教程】

（一）科学揭秘有妙招

1. 组织学生以小组为单位，用对比阅读的方式开展深入研读，思考：原文和科普说明介绍有什么不同？你更喜欢哪一种表达方式？为什么？

表 5-16　研读科普说明文

《十万个为什么》（节选）	相关百科知识
我们再回到巴黎去看一看，这里的人很少换衣服，一个月换一到两次。在那个时代，人们关心的并不是衬衣干净不干净，而是袖口上的花边名贵不名贵，胸襟上的绣花漂亮不漂亮。到了晚上，人们会把衬衣和其他的衣服一起脱掉，然后光着身子入睡。 只是到了大约两百年前，人们的衣服才开始换得勤了些。 手帕也是不久之前才开始使用的，距今也不过二三百年的时间。最先开始使用手帕的也不过寥寥数人。在贵族名流中，有很多人都认为手帕是一种并不需要的奢侈品。 床上挂着的华丽帐幔其实并不只是为了美观，更多的是为了挡住从天花板上掉下来的虫子。在某些古代的王宫里，至今还保留着那种防臭虫的伞。即便是在王宫里，臭虫也多得是。 帐幔对防臭虫起不到什么作用，在它的褶皱里，臭虫过得还是很舒服的。	15、16 世纪，在法国巴黎，因为用水的困难以及人们自身清洁观念的缺乏，巴黎居民一个月左右才更换、清洗衣服，居所中常常滋生着很多臭虫，卫生情况堪忧。
请从内容和语言两方面比较两者的不同。 内容上：1. ________________ 2. ________________ 语言上：1. ________________ 2. ________________	

2. 组织汇报，集体交流，总结作者的写法和技巧如下：

（1）多从生活实例出发，拉近读者距离，使人身临其境。

（2）总是站在读者视角展开讲解，表达带有启发性，能引导读者主动思考。

（3）语言较为口语化，生动活泼，幽默风趣，提高读者的兴趣。

（4）能从一个问题展开，延伸出多个相关问题，条理清晰，收获量大。

（二）身边的科学我来讲

1. 其实在我们身边有许多科学现象，虽然时常看到，却不知道其中的原因。课前，同学们也都收集了一些生活中的科学问题，比如有的同学看到水里的鱼死了总会发白，有的同学发现自己的眼睛总是眨个不停；还有的同学不明白为什么写好的字第二天会自行消失。这些现象中藏着怎样有趣的科学知识呢？让我们一起来听一听同学的分享。

2. 学生交流自己在日常学习与生活中发现的问题，先分享自己解决问题的过程，然后简要讲述自己发现的科学知识。

3. 组织评议，肯定讲解同学的成功之处，然后对照书本的内容结构和作者的表达技巧，指出同学讲解的不足，提出改进意见。

4. 学生结合集体评议，对自己的讲解内容做相应的调整、补充和完善，再次迎接挑战。

（三）评选“科学小主播”

1.《十万个为什么》这本书最早完成于20世纪60年代，传入我国后尽管已经做了数次修改，但是其中有不少知识还是停留在几十年前的认识。课前，同学们也针对书中谈到的科学问题，做了进一步研究，发现有些科学问题，现在已经有了更新的研究成果，哪位同学愿意来分享一下。

2. 学生交流，教师适当组织互动，重在肯定和鼓励学生不满足于书本，有主动探索科学世界的意识和愿望。

3. 宣布开展“科学小主播”评选，创设情境，鼓励学生上台展示，把身边的科学知识讲生动、讲明白，能让更多的人听懂科学知识，爱上科学。

4. 汇总高票数的“科学小主播”，总结他们的优点，鼓励学生们能走出教室，走进别的班级，走上学校的演播台，走向身边的小区、社区，在更大的舞台展示自己的风采，让更多的人感受科学神奇，主动探索科学的奥秘。

（撰写：苏州市梓义实验小学校　王　琪）

案例五　我是“海底两万里”主题展馆设计师（六年级）

第一部分　单元设计

一、设计依据

《义务教育语文课程标准（2022年版）》中“整本书阅读”学习任务群关于第三学段的学习内容提出：阅读文学、科普、科幻等方面的优秀作品，学习梳理作品的基本内容，针对作品中感兴趣的话题展开交流。《海底两万里》是法国作家儒勒·凡尔纳创作的长篇小说，是“凡尔纳三部曲”的第二部。这本书的文体是科幻小说，从体裁来看，小说的阅读需要重视梳理小说情节、把握人物形象；从内容来看，科幻小说还需要关注科幻性。据此，结合学校图书馆相关活动，请学生参与“我是‘海底两万里’主题展馆设计师”的探究任务，这样的设计具有真实情境，既联系学生的校园生活，又契合《海底两万里》的文本特质——科学性与文学性的融合。

二、主题内容与目标

（一）学习主题

我是“海底两万里”主题展馆设计师。

（二）学习内容

文本阅读：《海底两万里》（儒勒·凡尔纳著，赵克非译）。

（三）学习目标

1. 能自主制订阅读计划，合理分配阅读时间和阅读速度，按计划持续进行阅读打卡，完成阅读任务。

2. 能结合速读、选读、跳读等阅读方法，梳理小说的主要故事情节，绘制航海路线图，学会创造性讲述海底探险故事。

3. 能结合小说中的相关段落和语句，通过制作资料卡、二维码名片、航海日志等活动，探究科幻小说的真实性、想象力和预见性，初步了解科学幻想对于人类社会发展的重要意义。

4. 能结合评选大会、金牌解说员等活动，在真实的情境任务中提高阅读科幻小说的能力与兴趣，提升语文核心素养。

三、学习情境与任务框架

（一）学习情境

《海底两万里》是法国作家儒勒·凡尔纳所著的一部科幻小说，讲述了一支勇敢的探险队穿越世界各大洋，与海底怪物展开斗争的奇幻故事。小说融合了科技、探险、环保等多个方面的元素，情节紧凑有趣，富有想象力，同时也透露出作者对科学知识的热爱和人类探索未知世界的激情。通过学校图书馆举办的“我是‘海底两万里’主题展馆设计师”的真实任务情境，能认识“海底生物”的详细分类，了解“鹦鹉螺号”潜水艇的清晰构造，触摸“尼摩艇长”生动的人物形象，感受作者凡尔纳庞大的知识结构和深厚的科学人文情怀。

（二）任务框架

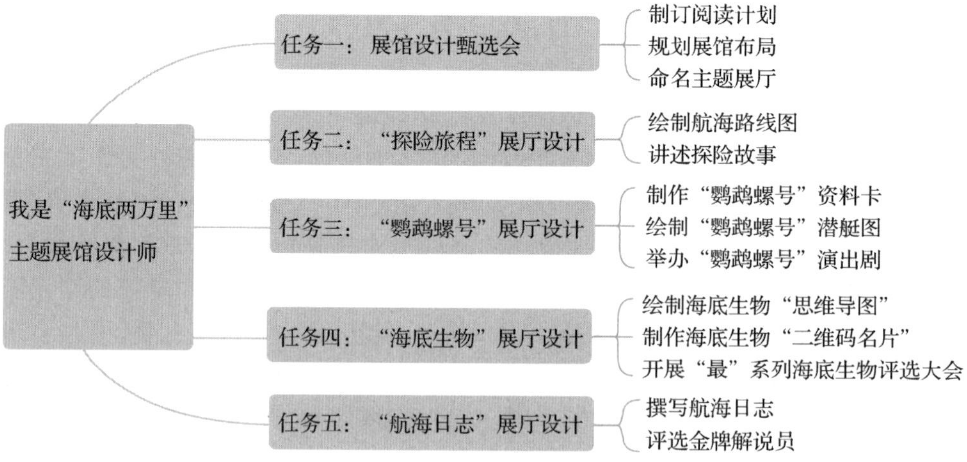

四、活动设计与教学提示

(一)活动设计(表5-17)

表5-17 “我是‘海底两万里’主题展馆设计师”活动设计

单元任务	学习活动	学习内容	课时安排
我是『海底两万里』主题展馆设计师	任务一:展馆设计甄选会	1. 制订阅读计划。结合书本特点,自主设计并完善阅读计划及阅读记录卡,按计划读完整本书。 2. 规划展馆布局。头脑风暴,通过绘制图表整体规划展馆布局,全班投票甄选。 3. 命名主题展厅。快速浏览目录和相关章节,小组合作完成展馆中不同展厅的命名,简要阐述展厅设计的构思亮点。	1
	任务二:“探险旅程”展厅设计	1. 绘制航海路线图。根据情节梳理“鹦鹉螺号”的行进路线,绘制航海路线图。 2. 讲述探险故事。聚焦具有代表性的航行点,围绕冲突的类型,复述情节或进行创造性讲述。	1
	任务三:“鹦鹉螺号”展厅设计	1. 制作“鹦鹉螺号”资料卡。选读描写“鹦鹉螺号”的相关段落和语句,筛选信息,完成资料卡。 2. 绘制“鹦鹉螺号”潜艇图。标识有关“鹦鹉螺号”的原文信息和有关潜艇设计的猜想,小组合作绘制“鹦鹉螺号”潜艇简易图。 3. 举办“鹦鹉螺号”演出剧。以“鹦鹉螺号”船长视角,根据“鹦鹉螺号”资料卡、潜艇图和航海路线图,合作表演“鹦鹉螺号”的冒险旅程。	1
	任务四:“海底生物”展厅设计	1. 绘制海底生物“思维导图”。按照界、门、纲、目、科、属、种的原则将书中提到的海底生物进行分类,并做成思维导图。 2. 制作海底生物“二维码名片”。选择书中描写的一种海底动植物制作“二维码名片”,用图文并茂的方式说明它的特点。 3. 开展“最”系列海底生物评选大会。小组合作展示海底生物“二维码名片”并进行讲解,全班评选出“最受欢迎”“最神奇”“最有趣”“最可怕”等“最”系列海底生物。	1
	任务五:“航海日志”展厅设计	1. 撰写航海日志。梳理尼摩艇长的反常表现,选择其中一处小组合作拟定航海日志主题,以第一人称来撰写航海日志。 2. 评选金牌解说员。结合各展厅内容进行解说,对照评价量表进行评分,评定“金牌解说员”。	1
单元测评	好书推荐会	1. 回顾阅读《海底两万里》的过程,梳理总结阅读方法,完成《阅读反思单》。 2. 通过线上“读书互动平台”和同学分享、展示读书笔记,交流海底两万里的旅程给读者带来的展望与反思。 3. 总结《海底两万里》吸引自己的几个特点,撰写好书推荐。	1

(二)教学提示

《海底两万里》是《义务教育语文课程标准(2022年版)》中“整本书阅读”学习任务群在第三学段推荐的阅读书目,书中的故事情节曲折紧张、扑朔迷离,人物命运瞬息万变,人物性格个性鲜明，海底生物神奇多姿，科学知识丰富详尽。本任务群以“我是‘海底两万里’主题展馆设计师”为主题，结合整本书的特点，根据学生实际能力和情感需求，设计了五个学习任务：任务一“展馆设计甄选会”，旨在引导学生根据书本特点，自主设计并完善阅读计划，通过快速浏览小说目录和相关章节，合作完成展馆的整体规划和不同展厅的主题命名，为后续任务的开展奠定基础；任务二“‘探险旅程’展厅设计”，旨在引导学生根据情节有序梳理“鹦鹉螺号”的行进路线，用航海路线图厘清故事主要情节，在此基础上聚焦具有代表性的航行点，鼓励学生尝试复述情节或进行创造性讲述，在实践中把握故事内容；任务三“‘鹦鹉螺号’展厅设计”，旨在引导学生选读描写“鹦鹉螺号”的相关段落和语句，通过筛选信息来完成“鹦鹉螺号”资料卡，并能结合书中有关潜艇设计的猜想，小组合作实践，共同绘制“鹦鹉螺号”潜艇简易图，感受小说的科幻性；任务四“‘海底生物’展厅设计”，旨在引导学生将书中提到的海底生物进行分类，能用图文并茂的方式为自己最感兴趣的一种动植物制作“二维码名片”，体悟作者庞大的知识结构和深厚的科学人文情怀；任务五“‘航海日志’展厅设计”，旨在引导学生通过图表梳理主人公尼摩艇长的反常表现，以第一人称来撰写航海日志，然后通过“评选金牌解说员”的活动来进行展厅解说，在实践中感受人物复杂矛盾的内心世界。

本任务群的五个任务紧密关联，呈现螺旋递进的关系，遵循学生学习逻辑和生活逻辑的统一。十三个具有内在逻辑关联的学习活动共同指向“我是‘海底两万里’主题展馆设计师”学习主题，以此统领整个任务群活动，侧重引导学生建构阅读整本书的经验，探索个性化的阅读方法，融合问题导向、自主合作、个性化、创造性等因素，关注整本书阅读的新现象和跨媒介运用的新特点。

五、资源支持与技术支持

（一）学习资源

1. 文本资源：《海底两万里》（儒勒·凡尔纳著，赵克非译）及潜艇相关资料。
2. 网络资源：潜艇相关图片、海洋生物视频等。

（二）工具技术

网络搜索、评价标准等。

六、过程评价与单元测评（表 5-18）

表 5-18 “我是‘海底两万里’主题展馆设计师”过程评价与单元测评

评价	内容	基本标准
过程评价	任务一：展馆设计甄选会	1. 能根据书本特点、新课标要求和能力基础，自主设计并完善阅读计划及阅读记录卡，按计划读完整本书。 2. 能通过绘制图表整体规划展馆布局。 3. 能结合目录和相关章节，通过小组合作完成展馆中不同展厅的命名；能简要阐述展厅设计的构思亮点。

评价	内容	基本标准
过程评价	任务二：“探险旅程”展厅设计	1. 能根据情节有序梳理“鹦鹉螺号”的行进路线，借助航海路线图厘清故事主要情节，整体把握故事内容。 2. 能聚焦具有代表性的航行点尝试复述情节或进行创造性讲述。
	任务三：“鹦鹉螺号”展厅设计	1. 能提取描写“鹦鹉螺号”的相关段落和语句，筛选有效信息，完成资料卡。 2. 能根据书中有关“鹦鹉螺号”的原文信息和有关潜艇设计的猜想，小组合作绘制“鹦鹉螺号”潜艇简易图。 3. 能根据相关资料，合作表演“鹦鹉螺号”冒险旅程。
	任务四：“海底生物”展厅设计	1. 能根据书中对海洋生物的描写，用图文并茂的方式制作一种海洋生物的“二维码名片”，说明它的特点。 2. 能自信、大方地展示海底生物“二维码名片”，并进行讲解。 3. 能根据讲解情况，评选出“最”系列海底生物。
	任务五：“航海日志”展厅设计	1. 能通过撰写航海日志分析人物行为背后的思想感情。 2. 能进行展厅解说，理解人物内心的矛盾冲突。
单元测评	好书推荐会	1. 能梳理总结阅读方法，完成《阅读反思单》。 2. 能分享、展示读书笔记，交流海底两万里的旅程带来的展望与反思。 3. 能总结《海底两万里》吸引自己的几个特点，撰写“好书推荐”。

第二部分　典型课时设计

任务三　“鹦鹉螺号”展厅设计（1 课时）

【学习情境】

书中对“鹦鹉螺号”潜水艇的结构形状、舱室构成、动力系统、仪器设备等做了详细介绍，堪称“科普神器”。科学知识的加入让想象中的奇幻旅程多了一份真实，而曼妙的想象又让高冷的科学变得生动有趣。让我们赶紧开启“鹦鹉螺号”探究之旅吧！

【教学过程】

（一）制作“鹦鹉螺号”资料卡

1. 快速阅读第 1—15 章，标记描写“鹦鹉螺号”的相关段落和语句。

2. 筛选信息，完成下列资料卡（表 5-19）。

表 5-19 “鹦鹉螺号”资料卡

一、基本信息			
设计者		建造者	
建造时间		建造地点	
排水量		潜水深度	
速度		长/宽/面积	
外形		总价	
二、结构组成			
艇箱			
艇体			
艇尾			
三、系统介绍			
操作系统			
动力系统			
武器系统			
导航系统			
通信设备			
救生设备			
居住生活设施			
四、创新设计举例			
壳体结构			
潜水装备			
……			

（二）绘制“鹦鹉螺号”潜艇图

1. 引导学生根据学习项目要求，通过浏览、默读、速读等方法抓住关键词，提取“鹦鹉螺号”外形、构造、功能、原理、补给来源等相关信息。

2. 小组合作绘制“鹦鹉螺号”潜艇简易图。

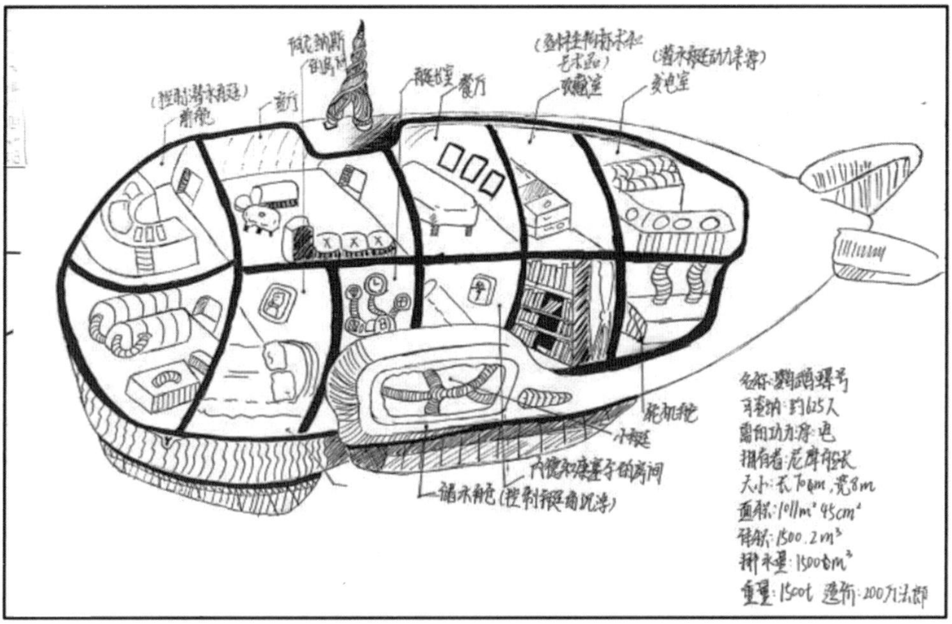

（三）举办“鹦鹉螺号”演出剧

1. 小组讨论,编写剧本。以“鹦鹉螺号”船长视角,根据“鹦鹉螺号”的资料卡、潜艇图和航海路线图,介绍“鹦鹉螺号”的大致情况和冒险旅程。

2. 小组合作,分配角色,排演剧本。

3. 以小组为单位,进行演出剧展示。

任务四　“海底生物”展厅设计(1 课时)

【学习情境】

小说用大量的笔墨对海洋动植物,海洋生物循环系统等知识进行描写,精细入微。让我们一起走入《海底两万里》中的“海底生物”部分,探寻海洋世界。

（一）绘制海底生物“思维导图”

1. 了解分类系统支架。

同学们,海底的生物不计可数,要想将“海底生物”展厅布置得井然有序,应如何将它们有序分类呢?出示分类图示如下:

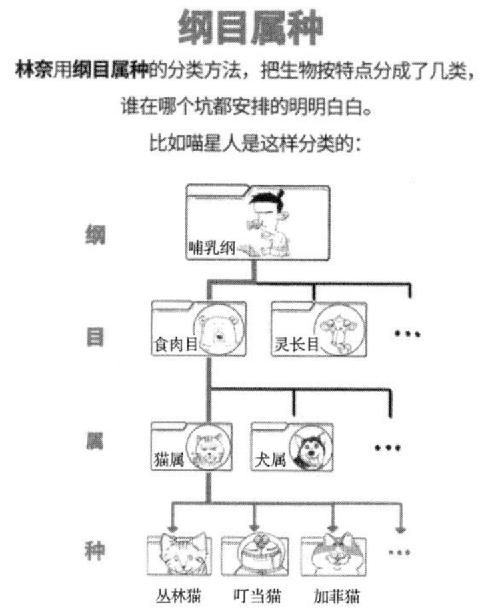

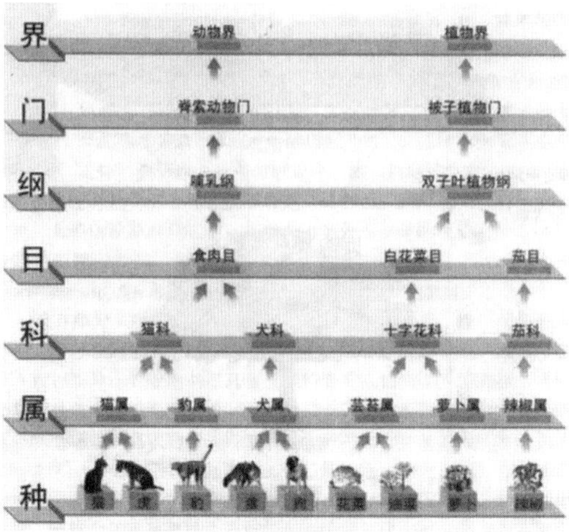

2. 引导学生速读小说内容，找出描写海底生物的语段，与同学分享。

3. 小组讨论，尝试按照界、门、纲、目、科、属、种的原则将书中提到的海底生物进行分类。小组代表进行分享、补充。

（二）制作海底生物“二维码名片”

1. 除了海底生物所属的种类，你还想了解什么呢？学生自由交流。

2. 结合书中你所感兴趣的关于海底生物的描写以及课前搜集到的相关资料，完成《海底生物介绍表》（表 5-20），向同学们简单介绍一下。

表 5-20　海底生物介绍表

名称	
分类	
外形	
特点	
……	

3. 在初步了解海底生物的基础上，小组合作制作一份海底生物“二维码名片”。

4. 小组讨论：在制作名片时需要标注哪些信息？有哪些信息不需要标注？为什么？结合课前搜集到的海洋生物图片及资料，完成一份海底生物“二维码名片”吧！

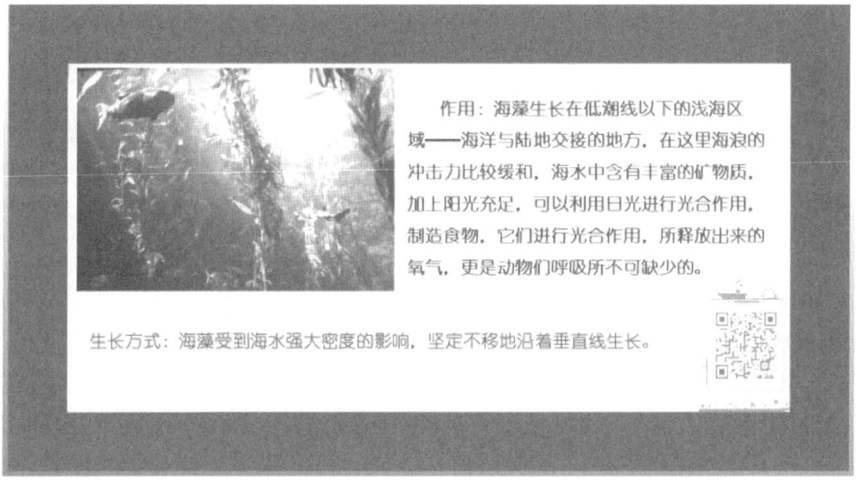

5. 小组展示制作的海底生物“二维码名片”，其他同学补充交流。

（三）开展“最”系列海底生物评选大会

1. 五花八门的海底生物拥有了自己的“二维码名片”，观众们能够更全面更便捷地认识这些海底生物。接下来让我们开展“最”系列海底生物评选大会，评一评哪些海底生物最受欢迎、最神奇、最有趣、最可怕。

2. 评选“最”系列海底生物可不是件简单的事情。我们需要先确定评选标准，“最”系列海底生物要满足哪些条件？

小组讨论评选标准。小组代表发言，并将评选标准贴在表格中（表 5-21）。

表 5-21 “最”系列海底生物评选标准

序号	评选标准
1	
2	
3	

3. 结合评选标准，小组代表发言，并展示推荐的海底生物“二维码名片”，同学投票选出“最”系列海底生物。

4. 为“最”系列海底生物颁发奖状。

（撰写：苏州市平润实验小学校 朱 嫣）

第六章 “跨学科学习”学习任务群

本学习任务群旨在引导学生在语文实践活动中，联结课堂内外、学校内外，拓宽语文学习和运用领域；围绕学科学习、社会生活中有意义的话题，开展阅读、梳理、探究、交流等活动，在综合运用多学科知识发现问题、分析问题、解决问题的过程中，提高语言文字运用能力。

——摘自《义务教育语文课程标准（2022 年版）》

案例一 招聘夏日气象主播（一年级）

第一部分 单元设计

一、设计依据

《义务教育语文课程标准（2022 年版）》中关于“跨学科学习”学习任务群在第一学段的学习内容提出：在班级、学校或家里养护一种绿植或者小动物。综合运用语文、科学、数学等多学科知识，学习日常观察和记录。儿童自有意识开始，就对周围的环境充满好奇。一年级学生的年龄特点使得他们对能够亲眼观察到的天气现象与生活经验支持的气候特征产生共鸣，开始主动对世界如何运作感到好奇，有了逻辑的理性萌芽。“招聘夏日气象主播”学习任务群与单元主题“夏日”契合，链接儿童真实生活，引导他们以夏日气象主播的身份，走进文本和生活中的夏天。通过多种实践形式去观察、体验，发现夏日气象的特征，感受并表达夏日的情趣与美好。用自己的眼睛去发现夏日自然的变化，用自己的语言去描述观察到的夏日气象。

二、主题内容与目标

（一）单元主题

招聘夏日气象主播。

（二）学习内容

1. 文本阅读：

课内:《语文园地一》之“识字加油站”、第六单元《古诗二首》《荷叶圆圆》《要下雨了》、《语文园地六》之“日积月累”“和大人一起读”。

课外:绘本《特别的“气象员”》(方冠琴/文,赵晓宇/图)、《小小天气预报员》(王轶美主编)和有关夏日气象的科普资料。

2. 网络资源:《天气预报》节目视频、《婷婷爱古诗》音频。

(三) 学习目标

1. 能通过文本、图片和视频学习,初步认识天气相关的符号和汉字,整合天气符号和汉字,设计天气识字手册,丰富语言积累,建立汉字与符号的联系,激发学生识字兴趣。

2. 能通过阅读、观察、发现和体验夏天的特点,积累与夏日气象有关的词语、谚语、古诗,结合上下文理解词语意思,体会故事中的情趣,直观感受夏日的美好,表达对夏日的热爱。

3. 能诵读表现夏日之美的古诗、短句、谚语,感受语言的优美,树立朗读的自信心,仿照课文特色语句,学习把句子写具体,提升语言表达水平。

4. 能通过观看天气预报,设计夏日气象播放词、录制天气预报,学习播报天气的基本流程以及语言表达规范,逐步养成正确、规范运用语言的习惯,提升语言表达的自信心。

三、学习情境与任务框架

(一) 学习情境

太阳一天比一天早起,白天一天比一天长,天气一天比一天热。青蛙呱呱,荷叶圆圆,雷雨阵阵。啊!这些都预示着夏天来了!带着学生走出教室,走进神秘气象站,了解气象知识,看图识天气,设计一份气象识字手册,链接符号和生活去理解词语;聊聊夏天气象美景,发现夏日之美,积累并诵读有关夏天的诗句、谚语和故事,感受语言的优美和夏日的情趣;录制夏日天气预报,在真实有趣的情景中,学习生动多样的表达,用自己的方式描述夏日气象的特点,感受夏日的美好。

(二) 任务框架

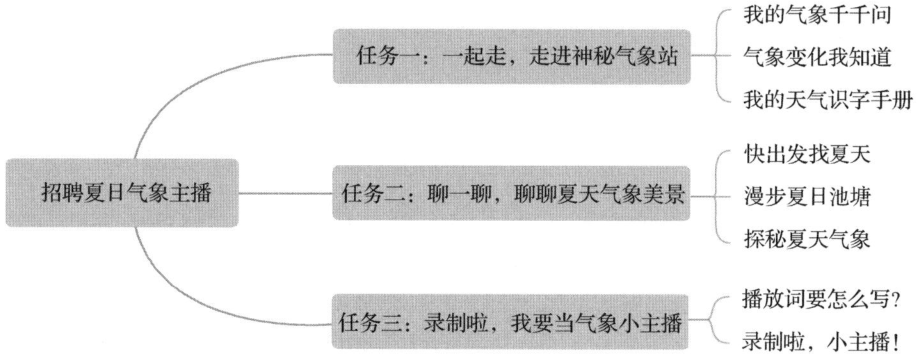

四、活动设计与教学提示

（一）活动设计(表6-1)

表6-1 “招聘夏日气象主播”活动设计

单元任务	学习活动	学习内容	课时安排
招聘夏日气象主播	任务一：一起走，走进神秘气象站	1. 我的气象千千问。填写并讨论天气认知的KWL表，形成小组问题清单，交流对天气的认识和疑问。 2. 气象变化我知道。看天气符号识别天气类型，学习《语文园地一》中有关天气的词语，进行连线配对，建立汉字与符号的联系，理解词语含义，重点交流夏日的气象符号和词语。 3. 我的天气识字手册。结合气象符号和气象汉字制作一本“我的天气识字手册”。	1
	任务二：聊一聊，聊聊夏天气象美景	1. 快出发找夏天。生活中找夏天，通过观察与发现，以拍一拍、画一画的方式记录身边有关夏天的事和物，记录并上传进行分享。 2. 漫步夏日池塘。诵读《古诗二首》《荷叶圆圆》《要下雨了》《夏夜真美》以及“识字加油站”中夏天生活的词语，在词语中、诗歌中和故事中寻找夏的足迹，感受夏的美丽。 3. 探秘夏天气象。学习“日积月累”中的气象谚语以及扩展的夏日气象绘本。了解夏日气象特点，学习与积累相关的词语、谚语、古诗、句子等。	3
	任务三：录制啦，我要当气象小主播	1. 播放词要怎么写？观看《天气预报》，了解播报天气的流程、内容和礼貌用语，填写播报手册，生成夏日气象播报词。 2. 录制啦，小主播！使用播报手册，在镜头下录制夏日天气预报视频，发布至平台分享。	1
单元测评	主播风采展示会	走进直播间，气象主播上线，播放夏日气象预报视频，评选“超级星主播”，并颁发聘书。	1

（二）教学提示

《义务教育语文课程标准(2022年版)》中“跨学科学习”学习任务群第一学段的学习内容中提到：在班级、学校或家里养护一种绿植或者小动物。综合运用语文、科学、数学等多学科知识，学习日常观察和记录。“招聘夏日气象主播”学习任务群以“夏日”为主题，创设招聘气象站主播的真实情境，同学生的真实生活作链接，让学生感受到主题与“我”息息相关，有效联结学生的经验。

任务一“一起走，走进神秘气象站”，这一情境的创设，利于唤醒学生已有的生活经验，使学生将大脑中已形成的天气的表象，与相关文字符号有机链接，用看图识天气、符号汉字配对等游戏形式，检测学生对天气类词语的掌握情况，在玩中学，在玩中巩固。而设计“我的天气识字手册”，是学生把汉字与生活、符号联系起来的自学过程，在展示分享中学习更多天气符号和汉字，进一步在生活中识字、写字。学生识字的过程就是了解夏日气象，感受夏日美好的过程。

任务二“聊一聊，聊聊夏天气象美景”，引导学生在不同的学习活动中用多种方式在大自然中、在自己的身边寻找夏天，感受夏日之美。同时指导学生诵读《古诗二首》《荷叶圆圆》《要下雨了》《夏夜真美》，在生活和文本中寻找夏的足迹，感受夏的美丽。将积累到的气象词语、谚语、句子以及搜集到的动物气象员的资料进行交流，分享自己学习成果，丰富对夏日气象的了解。

任务三“录制啦，我要当气象小主播”，以播放手册为学习支架，熟悉预报流程，以填一填的形式，巧妙地运用符号、谚语、古诗、课文句式等，生成一份有个性的夏日气象播报手册。使用播报手册，在镜头下录制夏日天气预报视频，发布平台分享。在自评、学生互评、教师评价中提升学生的朗读水平与鉴赏能力，树立学生的表达自信心。

按照“认知—体验—操作”的路径设计三个任务，三个学习任务丰富有趣，将识字、表达任务融入自然、生活和实践活动之中，使学生轻松、愉快地展开学习，提高了学生的语言表达能力。

五、资源支持与技术支持

（一）学习资源

1. 文本资源：教材文本《语文园地一》之“识字加油站”、第六单元课文和《语文园地六》；课外文本《特别的“气象员”》（方冠琴/文，赵晓宇/图）、《小小天气预报员》（王轶美主编）和有关夏日气象的科普资料。

2. 网络资源：天气符号图片资料和夏日气象相关科普资料。

（二）工具技术

1. 天气认知 KWL 表。

2. “我发现的夏日之美”任务单、“有趣的气象预报员”任务单和夏日气象播放手册。

3. 天气预报视频拍摄 APP 和视频分享平台。

4. 问卷星投票，进行“超级星主播”的评选。

六、过程评价与单元测评（表 6-2）

表 6-2 “招聘夏日气象主播”过程评价与单元测评

评价	内容	基本标准
过程评价	任务一：一起走，走进神秘气象站	1. 能通过文本、图片学习，了解常见的天气符号，熟知夏日气象相关符号。 2. 能链接生活，积累和理解天气以及夏日生活相关的词语，设计具有童真和童趣的专属的天气识字手册。
	任务二：聊一聊，聊聊夏天气象美景	1. 正确、流利、有情感地朗读课文，读懂课文内容，自主积累与夏日有关的词语、谚语、句子等，将直观感受到的夏日的美好通过个性诵读展示出来。 2. 能在家人的帮助下发现并选定合适的夏日美景，拍下清晰、美观的照片。 3. 能用文字、图画、照片等形式与同伴分享夏日气象之美。向他人介绍时，可巧妙运用本单元学到的古诗、谚语、课文句式。 4. 与同伴分享自己的发现时，态度自信大方，能清楚、具体地说明选择理由，语言表达流畅。

续表

评价	内容	基本标准
过程评价	任务三：录制啦，我要当气象小主播	1. 能用普通话自然、大方、有礼貌地表达，用简短的语言录制视频。 2. 语言正确、流畅、规范，能结合个人基本信息和具体场景，关注语言交际基本素养。 3. 通过小组合作，用自己喜欢的方式录制夏日天气预报，展示学习成果。
单元测评	主播风采展示会	1. 能通过录播平台，展示自己的学习成果，在分享中，提升自己的语言素养。 2. 能认真倾听他人的录制成果，并能从语言、礼仪、趣味等方面评价录制视频。

第二部分　典型课时设计

任务二　聊一聊，聊聊夏天气象美景（2课时）

【学习情境】

在走进神秘气象站后，在创设的真实的生活场景中，学生加强了对天气以及天气符号、词语的认知。在“聊一聊，聊聊夏天气象美景”过程中，通过细致观察，多种形式地记录夏日之美，积累夏天的词语，表达独有的情趣，与同伴分享夏日之美，体会夏天的美好。

【教学过程】

第一课时　漫步夏日荷塘

（一）小青蛙跳荷叶

选择《古诗二首》《荷叶圆圆》《要下雨了》中的生字，把生字放进荷叶的图片中。多种形式认读生字，当学生会读、会认之后，青蛙就跳过朵朵荷叶，最终穿过荷塘。

表6-3　识字星级表

<table>
<tr><th>生字</th><th>字数</th><th>星级</th></tr>
<tr><td rowspan="3">首　踪　迹　浮　萍　泉　流
爱　柔　荷　露　角
珠　摇　躺　晶　停　机　展
透　翅　膀　唱　朵</td><td>会认1—9个生字</td><td>☆</td></tr>
<tr><td>会认10—15个生字</td><td>☆☆</td></tr>
<tr><td>会认16—25个生字</td><td>☆☆☆</td></tr>
<tr><td>第一次认识（　　）个生字</td><td colspan="2">第二次认识（　　）个生字</td></tr>
</table>

（二）荷花开，夏意浓

1. 读读荷园的美。

表 6-4 诵读评价表

诵读内容	星级
(1) 踪迹 浮萍 小荷 尖尖角 亮晶晶 笑嘻嘻 一朵朵	☆☆☆
(2)《池上》	☆☆☆
(3)《小池》	☆☆☆
(4) 荷叶圆圆的,绿绿的。	☆☆☆
(5) 小水珠躺在荷叶上,眨着亮晶晶的眼睛。	☆☆☆
(6) 小青蛙蹲在荷叶上,呱呱地放声歌唱。	☆☆☆
(7) 小鱼儿说:“荷叶是我的凉伞。”小鱼儿在荷叶下笑嘻嘻地游来游去,捧起一朵朵很美很美的水花。	☆☆☆

2. 品品荷园韵味。

《池上》

(1) 诵读古诗节奏。

(2) 一、二句诗表演诵读:“撑小艇”“采莲回”。

(3) 三、四句识字促读:“踪迹”“浮萍”。

踪迹:出示《雪地里的小画家》插图理解“踪迹”;借助沙漠、草原、蓝天,练习句式“谁在哪里留下踪迹”;交流理解“水中的踪迹”的意思。

浮萍:借助图片和偏旁理解意思。

(4) 播放《婷婷爱古诗》音频,唱读《池上》。

《小池》

(1) 诵读古诗节奏,找找每一句诗中的景物。

(2) 出示插图,图文连一连,将诗句与图景进行配对。

(3) 强调景物,读读诗。

泉眼无声/惜细流,树阴照水/爱晴柔。小荷才露/尖尖角,早有蜻蜓/立上头。

(4) 读读古诗,找找每样景物的特点。

(5) 强调景物特点,有节奏地读读诗。

泉眼无声/惜细流,树阴照水/爱晴柔。小荷才露/尖尖角,早有蜻蜓/立上头。

(6) 诵读表演,在表演中理解:惜、爱、立。

《荷叶圆圆》

(1) 欣赏荷叶。说说荷叶的样子,学用叠词。

(2) 欣赏荷园。出示插图,学用叠词介绍荷塘、荷花、露珠的特点。

(3) 欣赏趣词。以苹果为例,进行有生活气息的仿写。

苹果甜甜的,脆脆的。(味觉、口感)　苹果青青的,酸酸的。(颜色、口感)

苹果黄黄的,面面的。(颜色、口感)　苹果滑滑的,香香的。(触觉、嗅觉)

（4）分角色读。

在朗读的过程中，借助图片和联系生活，理解“摇篮”“停机坪”“歌台”“凉伞”。

（5）分角色演。

读演结合，用动作演好“躺”“眨”“立”“展开”“蹲”“呱呱地放声歌唱”“游来游去”“捧起”等词语，帮助理解。

（6）荷园遐想。

夏天的荷园里，还会有谁？他们又把荷叶当作什么？（如小鸟、虫子、蝴蝶、乌龟、雨点儿……）

在说一说的基础上，走进大自然，观察、绘画《荷叶是我的……》。

第二课时　探秘夏天气象

（一）探寻夏日的秘密

1．字词的秘密：出示词语、短语和句子，多种方式读。

联系生活理解意思：潮湿，闷得很。

借助图片理解意思：阴沉沉。

边表演边读理解意思：弯着腰，直起身子，伸了伸腰。

读好带有“呢”“呀”“吗”“吧”的句子。

2．天气的秘密：联系生活说一说下雨前的天气变化，再读故事谈一谈。

3．动物的秘密：

（1）阅读课文，提取信息，结合课文中的自然气象预报员，进行句式练习。

交流：____谁____在____哪里____　____干什么____。

（2）选择喜欢的小动物，读句子，一边表演一边读。

（3）师生配合演故事。教师读旁白，学生戴上动物头饰，分角色扮演四个动物演故事。

4．古人的秘密：出示气象谚语，读记谚语，积累气象知识。

借助评价表（表6-5），评一评自己的诵读理解。

表6-5　诵读表演评价表

素养标准	读：借助拼音把课文读得准确、流利。			想：故事里的小动物分别在哪里、在干什么？	
	词语读得准确	句子读得准确	句子读得流利	提取重要信息	表达正确流畅
等级评价					
	我得到（　　）			我得到（　　）	

（二）寻找动物气象员

收集身边小动物在夏日天气变化时的特殊行为，请大人一起帮忙记录下来，完成任务单(表6-6)。

表6-6 “有趣的气象预报员”任务单

有趣的气象预报员			
班级		观察员	
观察日期		观察地点	
“预报员”名称		天气现象	
预报的方式			
如果你有精彩的观察瞬间,也赶紧把它们展示在下面的表格中吧!			
展示区:			

(三)续编夏日的故事

1. 阅读绘本故事《特别的“气象员”》《小小天气预报员》,了解课外的故事,说说哪些动物与夏日天气的变化有关。

2. 选择一只小动物,续编《要下雨了》。

(撰写:苏州市学士中心小学校 陈梦常)

案例二 我是姑苏小“巷”导(二年级)

第一部分 单元设计

一、设计依据

《义务教育语文课程标准(2022年版)》中“跨学科学习”学习任务群在第一学段的学习内容中提到:参与学校、社区举办的节日和风俗活动,留意身边的传统节日、风俗习惯等文化现象,感受和学习生活中的中华优秀传统文化。经过一年的课堂学习,二年级学生对我国博大精深的传统文化有了初步的了解,大多数学生对祖国的传统文化表现出比较浓厚的兴趣,但仅仅通过课本学习是远远不够的。唯有通过亲身经历、亲自实践、亲手制作的过程,才能激发学生的好奇心和求知欲。基于以上情况,从学生身边的姑苏资源——平江路街巷入手,通过绘本阅读和宣传视频,引导学生在阅读、梳理、探究、交流中感受身边的街巷文化之趣，同时结合自己在实践中遇到的真实问题，亲身体验“小巷明信片”的制作方法，逐步提高语言文字运用的能力。

二、主题内容与目标

（一）单元主题

我是姑苏小“巷”导。

（二）学习内容

1. 文本阅读：

课内：教材文本《神州谣》。

课外：《漫游平江》（《行走姑苏古城》编委会编）、《兔小囡游姑苏》（阮仪三城市遗产保护工作站兔小囡工作组编绘）。

2. 宣传视频：《美丽苏州》（苏州广播电视总台）、《苏州小巷故事》（妙哉苏州）。

（三）学习目标

1. 阅读绘本《漫游平江》和《兔小囡游姑苏》，获得初步的阅读经验，整体了解姑苏小巷，通过图文对照了解小巷的名称及地理位置，培养自主识字的习惯。

2. 通过“寻小巷—画小巷—说小巷”的实地走访活动，用图文并茂的方式观察并记录，建立汉字与真实生活的联系，激发学生识字的热情。

3. 通过小组合作探究，用自己喜欢的方式分享展示小组收获，制作独特的“小巷明信片”，初步体验识字写字的意义，激发学生对中华传统文化和家乡的热爱之情。

三、学习情境与任务框架

（一）学习情境

饮太湖水，说吴侬语，唱水磨调……一方水土养育一方人，浸润在两千五百年吴文化里，我们已然融入梦里水乡。“一条平江路，半部姑苏史。”平江历史文化街区历经沧桑，至今仍保持着宋代“水陆并行、河街相邻”的双棋盘格局，它是古城的缩影。在这里，小巷纵横交错，可平江路到底有多少曲折小巷呢？让孩子们游走在绘本书里，找找小巷的位置，探究小巷的秘密；“小脚丫，走街串巷”，画画小巷美景，讲讲小巷传说，品品藏在小巷深处的传统美食；以“小‘巷’导”的身份，给小伙伴们呈现一张与众不同的“小巷明信片”。

（二）任务框架

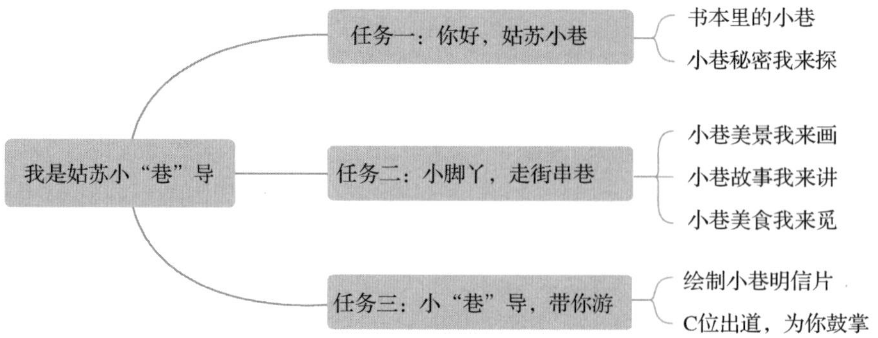

四、活动设计与教学提示

（一）活动设计（表6-7）

表6-7 “我是姑苏小‘巷’导”活动设计

单元任务	学习活动	学习内容	课时安排
我是姑苏小『巷』导	任务一：你好，姑苏小巷	1. 书本里的小巷。和学生一同吟诵《神州谣》，翻阅绘本书，观看宣传视频，聚焦平江路周边的小巷。打开苏州地图，通过“数一数小巷有几条？”“你最想去探寻哪一条小巷？”“小巷名字你会读吗？”“如何前往？”“小巷有多长？”等问题，引导学生关注平江路周边的九巷，激发学生探究小巷的兴趣。通过师生分组交流和讨论，共同梳理出小巷探究清单、出行路线及方案。 2. 小巷秘密我来探。通过实地参观，分组完成探究问题清单，并用多种方式，认认藏在小巷里的汉字。	2
	任务二：小脚丫，走街串巷	1. 小巷美景我来画。挑选一条你最感兴趣的小巷，进行深入研究，实地走访，观察。用手中的画笔，将你眼中的小巷画下来。 2. 小巷故事我来讲。小组合作，通过聆听社区工作人员的解说、查阅相关资料等方式，了解小巷里的传说故事。用拍摄的方式，将自己了解到的故事录制下来。 3. 小巷美食我来觅。苏州的美食数不胜数，吟诵苏州童谣，一路探寻小巷深处的美食，把你寻觅到的美食，结合课本中的《中华美食》的识字方法，用“图片＋文字”的方式记录下来。	3
	任务三：小“巷”导，带你游	1. 绘制小巷明信片。引导学生学习模仿绘本形式，将小组伙伴们观察记录的小巷，用图文形式展现出来。 2. C位出道，为你鼓掌。小巷明信片绘制完成，学生带上明信片，返回小巷，向来往游人展示，并录制宣讲视频。	2
单元测评	举办“小巷明信片”展示会	通过小组合作展示完成的“小巷明信片”，交流分享，评选出“金牌观察组”“最佳创意组”“最优分享组”。	1

（二）教学提示

低年段的语文学习，重在激发学生学习语文的兴趣，培养学生对祖国语言文字的感情。语言文字的运用应存在于每日的生活之中，要在生活中学习，结合生活的表达学习，为满足生活的需要学习。《义务教育语文课程标准（2022年版）》中“跨学科学习”学习任务群第一学段的学习内容中提到：参与学校、社区举办的节日和风俗活动，留意身边的传统节日、风俗习惯等文化现象，感受和学习生活中的中华优秀传统文化。基于以上要求，聚焦学生语用能力的发展，开发了“我是姑苏小‘巷’导”的单元任务群，设计了三个任务。

任务一“你好，姑苏小巷”，设计了两个活动，活动一“书本里的小巷”，旨在引导学生在课本《神州谣》的基础上，饶有兴趣地走进姑苏，阅读本土绘本《漫游平江》和《兔小囡游姑苏》。在趣味阅读中，初步感受姑苏小巷之美，通过“数一数小巷有几条？”“你最想去探寻哪一条小巷？”“小巷名字你会读吗？”“如何前往？”“小巷有多长？”等问题，激发学生探究之趣。通过师生分组交流和讨论，共同梳理出小巷探究清单、出行路线及方案。这个活动的设计，是从课内向课外的延伸，不仅让学生主动走入苏州传统文化之中，还能在文本阅读中，对姑苏小巷产生浓厚的兴趣。活动二“小巷秘密我来探”，通过查阅资料、实地参观走访等方式，解答学生心中的困惑，并通过探究，运用课内学到的识字方法，到生活中认认小巷里的汉字。这一子任务是为任务二“小脚丫，走街串巷”做铺垫。

任务二“小脚丫，走街串巷”，是探究传统文化与生活实践的整合。借助传统文化这一媒介，让学生在生活与学习中架起一座桥梁，引导学生结合所学，到生活中研究、取证，感受传统文化的魅力。这里的三个活动“小巷美景我来画”“小巷传说我来讲”“小巷美食我来觅”，链接美术和信息技术学科，通过实地走访、录制视频等方式，去经历、感受、发现小巷文化之妙。同时，指导学生做好图文记录，为后面的“小巷明信片”制作，做好准备。

任务三“小‘巷’导，带你游”，通过链接美术和劳动学科，分组指导学生模仿绘本的表现形式，进行明信片的创作指导，将小组伙伴先前观察记录下来的小巷点滴，用“小巷明信片”来展现。最后的“C 位出道，为你鼓掌”，回归到语文学科。通过展示小组合作完成的“小巷明信片”，交流分享本组的研究成果，激发学生对姑苏传统文化的热爱，更培养学生的团队协作的意识。

“我是姑苏小‘巷’导”单元任务群的三个任务是充满地域特色的，也是学生喜闻乐见的一种学习方式。本单元的教学旨在让学生结合生活体验，综合运用多学科知识开展阅读、梳理、探究、交流等活动，提高语言文字运用能力，但是有些活动对于低年级学生来说可能稍显生疏。在实施的过程中，要充分尊重学生、相信学生，充分调动学生的积极性，鼓励学生多思考多讨论，勇于挑战自己、展现自己，才会发现更优秀的自己。

五、资源支持和技术支持

（一）学习资源

1. 文本资源：教材文本《神州谣》《中华美食》《“贝”的故事》；课外文本《漫游平江》（《行走姑苏古城》编委会编）、《兔小囡游姑苏》（阮仪三城市遗产保护工作站兔小囡工作组编绘）。

2. 网络资源：《美丽苏州》（苏州广播电视总台）、《苏州小巷故事》（妙哉苏州）。

（二）工具技术

1. “小巷秘密”探究卡。

2. 问卷星投票和 QQ 投票，“金牌观察组”“最佳创意组”“最优分享组”评选表。

六、过程评价与单元评测(表6-8)

表6-8 “我是姑苏小‘巷’导”过程评价与单元测评

评价	内容	基本标准
过程评价	任务一：你好，姑苏小巷	1. 通过绘本阅读、视频讲解、实地走访等实践活动，知晓姑苏小巷的概况：名称、位置、传说等。 2. 能积极参与小组讨论，对探究姑苏小巷充满兴趣，并能对姑苏小巷的历史背景有初步的认识。 3. 运用课内学到的识字方法，认识藏于小巷里的有趣汉字，并与伙伴们分享。
	任务二：小脚丫，走街串巷	1. 通过观察，将自己观察到的小巷的美景画下来。 2. 通过查找资料、走访调查等方式，将自己了解到的小巷故事自信、流利地讲述给伙伴们听。 3. 通过实地走访，找到小巷深处的美食，并通过图文形式将寻觅到的美食记录下来。
	任务三：小“巷”导，带你游	通过小组合作，整理手记、照片、文稿、视频等资料，并模仿绘本的形式，将小组探究的小巷用明信片的方式记录下来。
单元测评	举办“小巷明信片”展示会	1. 能自信、大方、有礼貌地向全班同学介绍本组伙伴制作的“小巷明信片”。 2. 能认真倾听他人的介绍，并能从语言、礼仪、趣味等方面评价同伴的作品。

第二部分 典型课时设计

任务一 你好，姑苏小巷（2课时）

【学习情境】

本课时是“我是姑苏小‘巷’导”单元的第一站——“书本里的小巷”。学校地处平江历史文化街区旁，小巷是学生每日必经之路，对于学生来说再熟悉不过了。可是对于历史悠久的街巷，学生仍然充满了探究的欲望：到底有多少条小巷？小巷的名字怎么来的？小巷到底有多长？让我们一起读读童谣和绘本，去书本里探寻它的秘密吧！

【教学过程】

（一）书本里的小巷

1. 夸一夸苏州美景。

（1）复习阅读《神州谣》。

借助图片，说一说诗歌里的祖国美景。

（2）观看视频《美丽苏州》。

结合宣传片的内容以及自己的生活实际，向亲戚朋友们夸一夸苏州的美景。

2. 找一找平江九巷。

（1）观看视频《苏州小巷有故事》。

打开地图找一找视频中出现的菉葭巷的位置，并尝试在地图上找到平江路附近的小巷，读一读小巷的名字，说一说自己的识字方法。

（2）阅读绘本《漫游平江》。

指导学生在绘本《漫游平江》中找一找在地图里看到的小巷以及关于这些小巷的故事。

（3）尝试在地图上找寻九巷。

结合苏州地图和《漫游平江》，引导学生找到在平江路西侧，由南至北分布的九条巷子：建新巷、钮家巷、肖家巷、大儒巷、南显子巷—南石子街、悬桥巷、菉葭巷、曹胡徐巷、东花桥巷，确定平江九巷的地理位置，并完成“你好，姑苏小巷”初识卡。

（4）与同伴交流分享自己的发现。

用流利的语言、大方的谈吐介绍，其他组员对照评价标准（表6-9）评价，组长做好记录。

表6-9　分享星级评价表

评价标准			评价	
☆	☆☆	☆☆☆	自评	互评
能大胆地向组员展示自己的新发现，并能较为清楚地介绍自己是如何认识藏在小巷里的汉字的。	能用自信、流利的语言，展示自己的新发现，不仅能讲清楚小巷的名称，还能拓展识字的方法。	能大方、得体、有条理地介绍自己寻找小巷名称的过程，能清楚地向伙伴们介绍自己识字的多种方法，并能解答组员的现场提问。		

3. 小巷秘密初探寻。

（1）组队研究小巷秘密。

根据学生的兴趣，选择自己最想探究的小巷，找到志同道合的伙伴进行组队，并交流研究的内容。

（2）反馈研究内容。

各组派代表反馈交流，其他小组认真倾听，在老师的引导下，将各小组的探究内容进行整合筛选，完成“你好，姑苏小巷”探究卡。

“你好，姑苏小巷”探究卡

小巷新发现	小巷名称：
	藏在小巷里的汉字：
	我的识字小妙招：

（3）制定出行路线。

各小组以学校为起点，小组所探究的小巷为终点，分组设计路线。鼓励学生绿色出行，考虑以公交、地铁为主要交通工具前往。各小组出示出行方案，老师给予指导和修改。完善的出行方案附加在探究清单上，为下一节课外出实践做好准备。

（二）小巷秘密我来探

1. 探究小巷秘密。

（1）寻找小巷名称牌。

根据地图或者导航，找到小巷名称牌，并记录下名称牌上的内容。引导学生发现生活中路牌的拼写规律。

（2）了解小巷名称的由来。

通过采访小巷的居民，了解小巷名称的由来，记录被采访人员的发言内容。

（3）丈量小巷的长度。

可以通过测量自己脚步的距离，再统计走完小巷需要多少步数，用数学中乘法的计算方式大致测算小巷长度。也可以先量出地图上小巷的长度，再根据地图比例进行测算。

（4）走进小巷，知晓典故。

走进小巷里的景点，如博物馆、园林、名人故居等进行实地考察，了解相关故事。

（5）打卡小巷，记录趣味汉字。

找到小巷的盖章点，在探究清单上盖章，并完成探究卡（表6-10）。

表6-10 “你好，姑苏小巷”探究卡

小巷名称：	名称的由来：
小巷里的景点：	小巷的长度：
小巷打卡点：	小巷里的故事：
其他发现：	

2. 交流小巷秘密。

（1）小组成员讨论交流探究卡上的内容，检查是否有遗漏，交流探究方法，整理积累到的汉字，明确读音以及字义，并谈一谈此次实践的感受。

（2）教师将学生积累的汉字按组整理，推选小组代表，介绍识字方法并领读。

（3）小组代表汇报探究到的小巷秘密，根据评价表，进行组际间的评价。

（4）教师总结：引导学生发现，苏州的小巷不仅历史悠久，而且蕴含着丰富的知识，从汉字到传说故事，都饱含着祖先智慧的结晶。

（撰写：苏州市平江实验学校　徐　珺）

案例三　“乡遇自然”，我的乡村研学记（四年级）

第一部分　单元设计

一、设计依据

《义务教育语文课程标准（2022 年版）》中关于“跨学科学习”学习任务群第二学段的学习内容中提到：尝试运用科学、艺术、信息科技等相关知识和技能，富有创意地设计并主动参与朗诵会、故事会、戏剧节等校园活动。这个阶段的学生具有较强的自行探究的能力，在观察能力、思维能力、语言表达能力各方面都有了较大提高，喜欢在探索中获取知识，在玩中学，在做中学，在想中学，在用中学，需要在教师的引领下共同构建多样化的语文学习路径。结合四年级学生的认知规律和身心特点，以“‘乡遇自然’，我的乡村研学记”为主题创设真实的学习情境，帮助他们实现学习方式的转变，引导他们在活动中自主设计，自主分享，展现自己的学习成果，提升策划、组织活动的能力。

二、主题内容与目标

（一）学习主题

“乡遇自然”，我的乡村研学记。

（二）学习内容

1. 文本阅读：

课内：《古诗词三首》《乡下人家》《天窗》《三月桃花水》《习作：我的乐园》。

课外：萧红《我和祖父的园子》、汪曾祺《我的家乡》。

2. 视频资料：央视频《美丽中国乡村行》。

（三）学习目标

1. 在与城市生活的对比中感受乡村生活的惬意、安宁，用照片、图表、视频等展示学习成果，在发布会上分享自己眼中的乡村并真实表达自己对乡村生活的感受。

2. 阅读不同体裁的描写乡村的文本，感受乡村生活的美好，富有创意地设计，并主动参与朗诵会、吟诗会等活动，进行简单的活动策划、设计。

3. 利用多种渠道搜集、整理信息和资料，在简单的调查、访谈中，选取亲子、文化、旅游等角度，小组合作，讨论并确定要研学的村，围绕主题进行信息采集，通过多种途径了解该村特有的风景、设施，设计规划该村路线图，简要概述自己行程的特色，为该村设计 IP 形象代言人，用海报、说唱、视频等多种形式进行发布。

三、学习情境与任务框架

（一）学习情境

生活在城市的人们，虽早已习惯了方便快捷的生活，却仍然向往乡村的宁静。原生态的自然环境、别致的民宿村居，都吸引我们选择乡村作为自己的休憩之地，在山野间赏美丽的自然风光，品慢节奏的生活，在大自然中尽情嬉戏，放松身心。让我们再次走进这片心灵的放松之地，在体验乡村生活的同时，策划乡村研学方案，从自己的角度探索乡村生活的多样化。

（二）任务框架

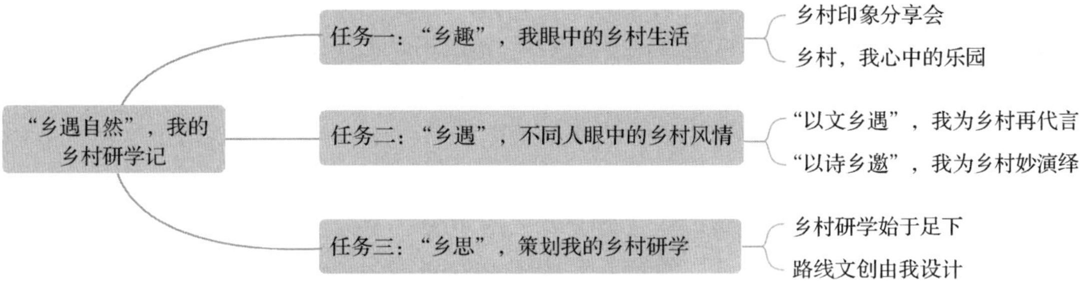

四、活动设计与教学提示

（一）活动设计（表 6-11）

表 6-11 “‘乡遇自然’，我的乡村研学记”活动设计

单元任务	学习活动	学习内容	课时安排
『乡遇自然』，我的乡村研学记	任务一：“乡趣”，我眼中的乡村生活	1. 乡村印象分享会。用照片、图表、视频、文字等分享自己的乡村见闻，也能将收集准备的资料做成 PPT，向大家介绍，评选“我最向往的乡村”。 2. 乡村，我心中的乐园。根据自己的乡村生活体验，完成习作《我的乐园》，进行班级交流。	2
	任务二：“乡遇”，不同人眼中的乡村风情	1. “以文乡遇”，我为乡村代言。小组合作，策划小组乡村美文朗诵会，选择自己最喜欢的或者有共鸣的文章片段。 2. “以诗乡邀”，我为乡村妙演绎。以各种形式自由组合，演绎田园诗描述的乡村生活情景，感受古人对乡村生活的喜爱与向往。	2
	任务三：“乡思”，策划我的乡村研学	1. 乡村研学始于足下。小组分工合作，多途径了解该村特有的风景、设施、美食等；绘制各类打卡表，并交流收获。 2. 路线文创由我设计。根据情况设计该村路线图，组内交流设计思路；借助该村农产品或环境或文化创意，为该村设计 IP 形象代言人，组内交流设计理念。	2
单元测评	缤纷乡村发布会	缤纷乡村我来发布：用视频、说唱、海报等形式对自己的设计进行发布，评选“最美乡村代言人（小组）”。	1

（二）教学提示

关于跨学科学习任务群的教学，新课标提出：引导学生在语文实践活动中，联结课堂内外、学校内外，扩宽语文学习和运用领域，围绕学科学习、社会学习中有意义的话题，开展活动。要在广阔的学习和生活情境中学语文、用语文，提高交流沟通能力、团队协作和实践创新能力。本学习任务群指向真实的生活情境，引导学生在充分的语文实践活动中提升语文素养。

本任务群设计以四年级下册第一单元为主要学习内容，以语文实践活动为主线，以学习任务为载体，整合学习内容、情境、方法和资源等，设计语文学习任务群，注重整体规划。共整体规划了三个任务七个结构化的语文实践活动。

任务一"'乡趣'，我眼中的乡村生活"，将自己乡村生活的经历结合习作《我的乐园》进行文字表达，并利用文字、照片、图片等多种方式辅助，展示自己眼中独一无二的乡村之趣。任务二"'乡遇'，不同人眼中的乡村风情"，由学生自主设计乡村诗文诵读活动，在诵读和演绎中，感受不同体裁的文本所呈现的乡村生活，感悟不同人眼中不同的乡村风情，提升参与简单活动策划、组织工作的能力。任务三"'乡思'，策划我的乡村研学"，旨在综合运用多方面的知识和技能，在小组考察、研讨、集体策划等基础上，设计不同情境下专属的乡村游路线、乡村 IP 代言人等，并以多种形式进行发布。

此任务用七个课时完成，整个任务群设计以四年级学生的需求作为教学的起点，以研学串联学习活动，让学生在生活中学习语文，走入语文的世界。

五、资源支持与技术支持

（一）学习资源

1. 文本资源：教材文本《古诗词三首》《乡下人家》《天窗》《三月桃花水》《习作：我的乐园》；课外文本为萧红《我和祖父的园子》、汪曾祺《我的故乡》。

2. 网络资源：央视频《美丽中国乡村行》。

（二）工具技术

1. 考察记录表。

2. 奖状及相关评价量表。

3. 腾讯文档。

六、过程评价与单元测评（表 6-12）

表 6-12 "'乡遇自然'，我的乡村研学记"过程评价与单元测评

评价	内容	基本标准
过程评价	任务一："乡趣"，我眼中的乡村生活	1. 能搜集相关资料，配合照片、图表、视频等展示自己眼中的乡村，并与他人分享。 2. 按一定的观察方法，描写自己的乡村乐园，表达出自己的真实感受，与他人分享。

续表

评价	内容	基本标准
过程评价	任务二：“乡遇”，不同人眼中的乡村风情	1. 简单组织并参与小组朗诵会，能正确、流利、有感情地分享自己喜欢的文章片段，能在诵读中粗知文章大意，尝试用不同的语气、语调表达自己的理解和感受，读出画面美。 2. 在古诗词的演绎中感知诗文大意，体验情感，展开想象，能用各种方式传递田园诗词所描绘的乡村生活的独特美感。
	任务三：“乡思”，策划我的乡村研学	1. 通过实地考察、查找资料等多种途径了解乡村特有的风景、设施、美食等，绘制各类打卡表，并交流收获。 2. 根据情境设计规划该村路线图，借助该村农产品或文化创意，设计 IP 形象代言人，并能在交流中阐述自己的设计理念。
单元测评	缤纷乡村发布会	能用视频、说唱、海报等形式对自己的研学设计进行发布，概述自己的设计特色，选出“最美乡村代言人（小组）”。

第二部分　典型课时设计

任务三　“乡思”，策划我的乡村研学（2 课时）

【学习情境】

欢迎来到“‘乡遇自然’，我的乡村研学记”的最后一站——“‘乡思’，策划我的乡村研学”。同学们基于前期的学习，对乡村生活一定充满了向往和喜爱，也充分了解了自己研学的乡村特色，不如一起投身美丽乡村的建设中，带领更多的人走进乡村，感受乡村生活的美好。

【教学过程】

（一）乡村研学始于足下

1. 出发准备。

（1）以春游为契机，借助“我最向往的乡村”评选活动，选定研学地点。

（2）分组，确定本小组主要任务以及成员分工。

（3）小组讨论制定本组考察任务并初步填写本组考察任务单。

（4）考察任务单范例如下。

________村考察任务单

1. 该村位于苏州市________，我组计划针对该村________进行实地考察。

2. 小组分工：

3. 路线图：

4. 考察图表：

5. 总结

通过考察，我组发现该村在________，优势为________，不足之处为________。

（5）考察表范例如表6-13所示，考察图范例（部分）如下所示。

表6-13 ________村交通工具一览表

主要交通工具	优点	缺点	性价比

我们的发现：

____

____

______________村景点分布图

我们的发现：

____

____

______________村美食打卡

我们的发现：

____

____

________村文化元素收集

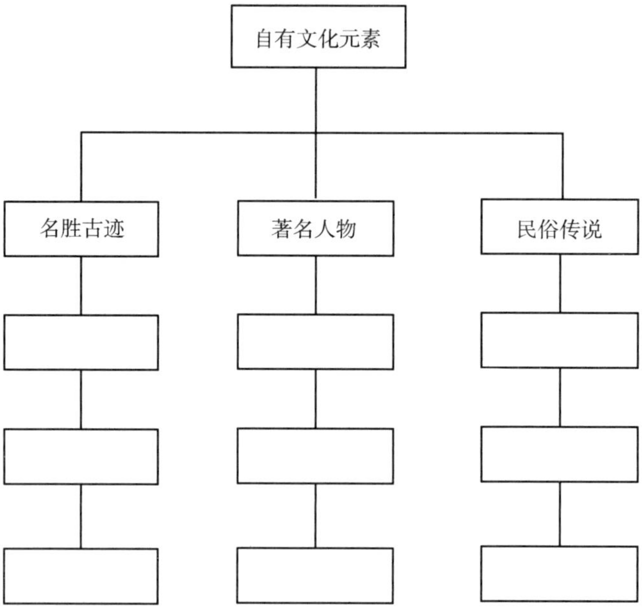

我们的发现：

____

____

2．行走在路上。

（1）在组长带领下，按照既定的研究任务开展考察活动，活动中注意进行细致观察，分工记录。

（2）各成员进行探究活动，比如拍照、拍摄视频、采访等。

（3）各小组集合后，共同分享考察收获，完成考察任务单。

（二）路线文创由我设计

1．最佳路径我规划。

（1）回顾考察活动，组长在组内发布考察成果。

（2）提供情境，激活设计思路。

> **情境一：** 明天，小明一家人计划到这个乡村旅游，因为同行的有老人和孩子，他们希望选择一条方便行走、节约体力的路线游览这个村的主要景点。作为这个乡村的导游，你会如何为他们设计线路呢？

情境二：小王是个美食博主，早就听说这个村有很多美食，这次他去的目的就是为这个村子拍摄一个美食推荐视频，上传到网络上进行宣传。你会推荐什么适合他的路线呢？

情境三：李爷爷从小在这个村子长大，对这个村子有很深刻的记忆，但是后来因为其他原因到了国外生活，这次他从国外回来探亲，特地到这个村子来寻找童年的记忆。你会怎样帮他设计线路呢？

情境四：学校要组织学生到这个村参加秋游研学活动，研学主题是“秋天的味道——收获和采摘”，请你为学校设计相关研学线路。尽量考虑低中高年级小朋友不同的年龄特点，以及避免活动时候场地不足的问题。

(3) 自主联系生活，寻找创编情境。

基于调查，了解当下现实生活和不同人群的切实需求（如文化探访、自然教学、农业探秘等），创编情境，设计相关线路。

(4) 具体步骤。

第一步：确定情境任务突破口——分析任务，明确设计核心。

第二步：依据前期考察，选择途经点——围绕其中一个情境的要求，以地图圈画形式选择途经点。

第三步：将途经点串成线，设定起点和终点——综合考虑任务完成度及方便性。

(5) 绘制本组设计的线路图（手绘、电子地图皆可）。

(6) 为自己设计的线路命名，组内交流设计思路。

(7) 小组成员从方便性、实用性和创意性几个维度展开评价。

(8) 完成“最佳路线”评分表（表 6-14）。

表 6-14 “最佳路线”评分表

评分项目	分值	评分标准	评分
路线设计	10	有专属的路线名称，设计简洁，突出研学任务重点	
	10	有较强的便利性，避开重复的地点	
	20	符合研学实际需求，具有实用性	
	10	路线发布形式有创意	

(9) 改进设计。

2. IP 形象我设计。

(1) 播放村长采访视频：请各位同学设计一个符合我村形象的 IP 代言人，推广我村。

(2) 设计流程。

第一步：明确设计目标。

① 议一议：本村特色是什么？

② 讨论后达成共识：我们计划重点推广的是哪个方面？

第二步：小组共同选定受众，完成受众分析表（表 6-15）。

表 6-15　受众分析表

人群	可能游览目的	喜好

第三步：创作 IP 人物形象。

① 组内介绍设计理念。

② 完成人物形象卡。

第四步：组内根据 IP 形象设计评分标准（表 6-16），从名字、想象和创意性等几个维度展开评价。

表 6-16 IP 形象设计评分表

评分项目	分值	评分标准	评分
IP 代言人形象设计	20	有便于记忆且与乡村关联的名字，不与已有的卡通人物形象雷同	
	20	IP 形象阳光向上，与该村特点密切结合，体现出该村在某个方面的特色	
	10	IP 代言人发布形式有创意	

第五步：交换 IP 人物形象卡。

（3）总结。

① 根据大家的评价和建议，二次修改完善 IP 人物形象设计。

② 拓展选做：可创编 IP 人物与乡村有关的故事情节，使人物形象更有特色。

（撰写：苏州市平直实验小学校　杨念文）

案例四　中国微名片·世遗 vlog（五年级）

第一部分　单元设计

一、设计依据

《义务教育语文课程标准（2022 年版）》中“跨学科学习”学习任务群第三学段的学习内容中要求：综合运用语文、道德与法治、科学、劳动等多方面的知识和技能，通过小组研讨，集体策划、设计参观考察活动方案，运用跨媒介形式分享研学成果。五年级学生具备了一定的文本解读与语言鉴赏能力，可以进行多角度跨学科的资源整合，从而实现贴近生活的情境展示。此设计以部编版教材五年级下册第七单元为基础，以制作“中国微名片·世遗 vlog”为主任务，“探寻中国世遗图鉴”“绘制寰宇纷呈画面”“快闪绝美文遗风情”三个联系紧密的子任务，注重学生学习活动的策划与设计，鼓励学生查找资料、整合资源；以视频加解说的形式展示研究性学习成果，能够激发学生的自主性，提升语言综合运用能力；引领学生走进大千世界，感悟历史文明，激发审美创造。

二、主题内容与目标

（一）单元主题

中国微名片·世遗 vlog。

（二）学习内容

1. 文本阅读：

课内：《威尼斯的小艇》《牧场之国》。

课外：《中国世界文化遗产》《遗产里的中国》等课外书籍。

2. 网络资料：央视纪录片《中国微名片·世界遗产》。

3. 校外资源：苏州古典园林、苏州博物馆。

（三）学习目标

1. 选择一处自己喜欢的景点绘制风景图鉴，图文结合表达自己的感受。通过查阅资料、实地走访、观看视频等形式，丰富对中国世界文化遗产风貌的感知。

2. 在设计风景文案脚本中，体会动静结合的表述魅力，学会用多种方式记录真实生活情境。

3. 小组分工合作，讨论设计拍摄画面、景别、音乐的方式，记录探究过程，提升交流与策划技能。

4. 通过多种形式展示学习成果，讨论并形成科学的评价方式。在交流中培养审美与价值导向。

三、学习情境与任务框架

（一）学习情境

苏州古典园林作为中国十大风景名胜之一，被联合国教科文组织列为“世界文化遗产”。苏州比较著名的园林有60多座，是苏州历史文化的资源宝库。组织学生实地感受园林艺术、感知历史文化，并绘制一张属于自己的园林产图鉴。

基于学生已经对中国世界文化遗产有了初步的画面感，组织学生学习介绍和鉴赏风景。将本单元中动静结合的描写手法，运用到画面运镜和后期台词中，让画面动起来又静下去。学生小组合作，分工设计“中国微名片·世遗 vlog”，将前期收集到的资料进行整合，完成 vlog 脚本制作。

学生走出课堂，走进风景名胜，利用假期时间，就地取材或者游览周边城市，根据脚本拍摄“中国微名片·世遗 vlog”。学生简单修剪后，可以现场配台词展示，小组投票的方式选出“最佳风景 vlog”“最具历史价值 vlog”“语言最生动 vlog”“最具趣味性 vlog”等。

（二）任务框架

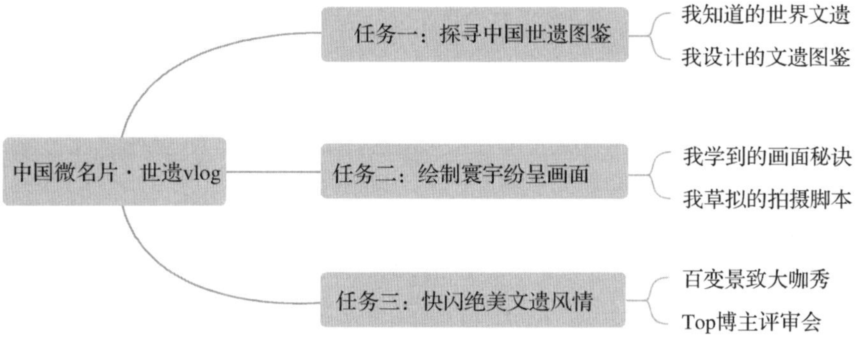

四、活动设计与教学提示

（一）活动设计（表6-17）

表6-17 “中国微名片·世遗 vlog”活动设计

单元任务	学习活动	学习内容	课时安排
中国微名片·世遗 vlog	任务一：探寻中国世遗图鉴	1. 我知道的世界文遗。学生通过查阅资料了解什么是世界文化遗产。观看央视纪录片《中国微名片·世界遗产》，了解中国世界文化遗产的价值与魅力。学生策划苏州园林研学活动，培养策划简单的校园活动的能力。 2. 我设计的文遗图鉴。学生实地参与苏州古典园林研学活动，了解文遗的审美价值和历史价值。学生选定文遗景点，通过查找资料，阅读书籍等途径，用绘画、文字简介等方式绘制中国文化遗产图鉴，学会关注景物特点。	2
	任务二：绘制寰宇纷呈画面	1. 我学到的画面秘诀。学习课文《威尼斯的小艇》《牧场之国》，体会动静结合的描写手法，体会游览景物的描写顺序。 2. 我草拟的拍摄脚本。学生交流导览词，参与讨论，捕捉富有特点的景物，查找资料，学会写简单的拍摄脚本。	2

续表

单元任务	学习活动	学习内容	课时安排
中国微名片·世遗vlog	任务三：快闪绝美文遗风情	1. 百变景致大咖秀。学生利用假期时间实地游览中国世界文化遗产，拍摄画面并配乐、配音。利用多种信息渠道获取资料，记录真实生活。课堂上学生可直接展示或现场配音展示或随机现场互动展示 vlog。 2. Top 博主评审会。学生讨论设计，完成评价表格，全班评选出“最佳风景 vlog”“最具历史价值 vlog”“语言最生动 vlog”“最具趣味性 vlog”等，完善评价方式。	2
单元测评	大 V 博主我来当	1. 回顾展示活动过程中的收获，大胆提出改进方案及策略。 2. 将中国世界文化遗产视频上传学校视频号，并将修改过的草拟脚本进行推文展示。 3. 交流讨论中国世界文化遗产的意义，完成习作《中国世界文化遗产介绍》。	1

（二）教学提示

《义务教育语文课程标准（2022 年版）》在学业质量中指出：第三学段学生应积极参与跨学科学习活动，能利用多种渠道获取资料，在简单的调查、访谈等活动中记录真实生活；能根据活动需要，结合自己的知识积累和生活经验提出要探究、解决的主要问题。随着网络和信息化的发展，学生每天大量直面短视频，也可以采用 vlog 的形式去记录自己真实的生活。开发以“中国微名片·世遗 vlog”为主任务，“探寻中国世遗图鉴”“绘制寰宇纷呈画面”“快闪绝美文遗风情”三个联系紧密的子任务，紧紧围绕“我知道、我草拟、我拍摄、我来评”，引导学生去关注中国世界文化遗产。设计学生感兴趣的“大 V 博主我来当”，引导学生以“查阅资料、感知世遗、草拟方案、实践操作、成果展示”完成项目化学习，形成闭环，培养合作探究、科学评价能力，并在此过程中关注探究性学习的条理性与实践性。该项设计贴近学生的生活实际，并为学生提供了优质的实地考察资源，调动学生综合运用绘画、音乐、信息技术等相关知识和技能去展开跨学科学习的研究，使得书本的景物描写变得真实可感。真正做到让学生从课堂中走出来，从感知和欣赏层面上升到创作和表达，提升学生的审美创造力。

五、资源支持和技术支持

（一）学习资源

1. 文本资源：教材文本《威尼斯的小艇》《牧场之国》《金字塔》；课外文本《中国世界文化遗产》《遗产里的中国》。

2. 网络资源：央视纪录片《中国微名片·世界遗产》。

3. 其他资源：苏州古典园林、苏州博物馆。

（二）工具技术

1. 网络搜索、视频欣赏技术手段。

2. 视频拍摄工具。

六、过程评价与单元测评(表 6-18)

表 6-18 “中国微名片・世遗 vlog”过程评价与单元测评

评价	内容	基本标准
过程评价	任务一：探寻中国世遗图鉴	1. 能通过搜集资料，了解中国的世界文化遗产，学会分类梳理资料。 2. 能自主选择重点景物研学，学会记录生活真实情境。 3. 能通过跨学科学习，学会用多种方式描绘场景。
	任务二：绘制寰宇纷呈画面	1. 能在文本学习中体会到画面动起来的魅力，具备基本的想象画面能力。 2. 能结合研学经历，体会作者在写景中的游览顺序，能有意识地解读与书写有条理性的文本。 3. 能总结学习到的写景方式. 能够初步运用知识迁移，制定拍摄脚本。
	任务三：快闪绝美文遗风情	1. 能根据草拟脚本进行实地考察，拍摄视频并展示。 2. 能现场展示学习成果，小组交流讨论学习感受。 3. 能现场展示修改脚本，交流科学评价，形成合理评价机制。
单元测评	大 V 博主我来当	1. 能大胆修改活动方案，有一定的统筹规划能力。 2. 能阅读相关书籍，交流讨论中国拥有世界文化遗产的意义。 3. 能综合运用学习到的描写方式，完成习作《中国世界文化遗产介绍》。

第二部分 典型课例设计

任务一 探寻中国世遗图鉴——我设计的文遗图鉴(1 课时)

【学习情境】

苏州园林是我们身边的中国世界文化遗产，山林野趣曾抚慰了多少智者与文人，在园林的山水之中，氤氲着久违的回归自然之趣。让我们穿越千年的历史，当一回古人，去城市山林中触摸一次江南文化的脉络，用上你熟悉的笔触和色彩，为苏州这座城市描摹一张属于自己的园林图鉴吧！现在，我们就一起出发！

【教学过程】

(一) 研学准备

1. 回顾研学单，强调重点。教师再次出示研学任务单(表 6-19)，强调各小组明确考察 1—3 处重点景观，明确人员分工。

表 6-19　苏州园林研学任务单

学校：__________　班级：__________　小组名：__________ 组员：______________________________ 研学园林：__________　重点景物：__________ 游览顺序：__________　景物的记录方式：__________
1. __________： 2. __________： 3. __________：

2. 各小组按组别排好队伍，由队长带领。

3. 学生分工合作，两人一组负责一项考察重点。明确考察景物外形特点、历史文化。

4. 明确学生出行所带的相关物品。

5. 引导学生了解此次研学的目标，选取一处或几处小范围的景观考察，细致地了解园林艺术的历史价值和审美价值，明确需要学生相对比较快速完成学习任务。

（二）走进文遗

1. 各小组在带队老师的引领下，认真游览选定的园林景观，及时记录。在活动中，教师指导学生学会快速捕捉景物的特色，有选择地记录真实生活情境，为绘制图鉴做准备。

2. 各小组在大致游览后，选定重点考察景点，进行记录。如拍照、录视频、记录文化故事、名人事迹等。

3. 小组集合，由组长带好队伍离开。

（三）绘制图鉴

研学活动结束后，继续完成以下任务：

1. 学生完善并完成研学任务单，交流讨论有无遗漏的内容。

2. 小组成员交流在绘制文遗图鉴中绘画的侧重点，教师相机提醒学生侧重景观最有特色的方面。

3. 教师和学生一起交流讨论图鉴中的文字说明。提炼文字，做到简洁凝练，详略得当，适时关注文字的趣味性。

4．学生将在研学中记录的文字进行二次梳理，选择适合画面的内容进行配文。

苏州园林图鉴样例如下：

（四）课后创编

各小组课后继续交流创编，根据评价表给其他小组评分，修改完善本组园林图鉴设计。评分表样例如表 6-20 所示。

表 6-20　图鉴设计评分表

组别	画面有侧重点（30 分）	文字简练清晰（30 分）	绘制精美（40 分）	总分
1				
2				
3				
4				
5				
6				

任务二　绘制寰宇纷呈画面——我草拟的拍摄脚本（1 课时）

【学习情境】

同学们，我们在前面的活动中，已经亲自描摹了园林的艺术图鉴，也明白了在创作中运用“动中有静，静中有动”的画面绘制方式。接下去，我们要真正走进祖国精美绝伦的世遗风采画卷中，看看我们还能如何把这张展示中华文化的微名片制作得更加精美。

【教学过程】

（一）回顾导览台词，突出景物顺序

1. 学生交流导游词，互相点评。

2. 教师相机指导游览顺序；在描绘画面时，为了使画面更有感染力，可以发挥想象，让画面动起来，再静下去。

导游词样例：

______________导游词
各位游客大家好，我是导游____________________，今天带大家游览__________________。现在我们来到了____________________，首先，我们可以看到____ ____，接着，我们来到____________________，大家可以看到____ ________________。各位游客，最后，我们来到了____________________________________，看到了____ ____。

3. 教师总结：同学们已经掌握了描绘画面的方法，也有同学提出在描写中应该聚焦景物的特点与细节。如何选取更小的角度去展现景物，需要我们进一步理解景物特点。

（二）重走世界文遗，聚焦景物特点

1. 引导学生再读课文《威尼斯的小艇》《牧场之国》，概括文章是从哪几个角度描写景物的，分别有什么特点。

2. 教师指导学生在游览中捕捉景物富有特点的地方进行记录。

（三）再读精彩片段，捕捉景物细节

1. 学习《威尼斯的小艇》，体会在描写小艇的样子时采用的比喻句生动形象。

2. 学习《牧场之国》，体会在日暮黄昏时，偶有几声汽笛声反衬出环境的寂静。

3. 学生结合两篇课文讨论景物细节的精妙。可以采用“我喜欢的一个细节是……，因为……”的句式表达。

（四）总结拍摄方法，设计拍摄脚本

1. 学生讨论拍摄方法，总结归类：画面要动静结合，游览要有顺序，要捕捉有特点的景物，要关注景物细节。

2. 学生讨论配音台词描写方法：动静结合、按顺序描写、发挥想象细节描写。

3. 教师相机指导学生在综合运用中展现景物特点,用构写台词的方式,把画面先以文字的形式表达出来。

4. 教师在后期指导中引导学生通过查找资料等方式,适当加入一些历史文化内容,增添作品的趣味性。

课后任务:各小组完成拍摄脚本。

我设计的拍摄脚本
学校:________ 班级:________ 小组名:________ 组员:________ 我们选择的中国世界文遗景点:________ 我们选定的景物有:________
拍摄方法:________ ________ 设备:________
台词:________ ________ ________ ________ ________

(撰写:苏州市勤惜实验小学校 杨 奕)

案例五 做一名姑苏风俗推介人(六年级)

第一部分 单元设计

一、设计依据

《义务教育语文课程标准(2022 年版)》中"跨学科学习"学习任务群在第三学段中提到:积极参加校园文化社团,参与学校和社区举办的戏曲、书法、篆刻、绘画、刺绣、泥塑、民乐等相关文化活动,体验、感知、传承中华优秀传统文化,运用多种形式分享自己的经验与感受。苏州是一座著名的中国历史文化名城,其独有的吴地风俗更是它一张独特的名片。六年级学生依托教材内容,可以充分运用多学科的知识和技能,成为宣传中华优秀传统文化的践行者。基于以上思考，本任务以“家乡的风俗”为主题，以“做一名姑苏风俗推介人”为主任务，从三个子任务入手，引导学生关注祖国及家乡的风土人情，了解家乡风俗的历史演变，为家乡风俗的继承和发扬贡献一份自己的力量。

二、主题内容与目标

（一）单元主题

做一名姑苏风俗推介人。

（二）学习内容

文本阅读：

课内：《北京的春节》《腊八粥》《古诗三首》《藏戏》。

课外：舒乙《北京的春节》、斯妤《除夕》、冰心《腊八粥》、梁实秋《粥》、汪曾祺《故乡的元宵》。

（三）学习目标

1. 能借助思维导图等可视化工具，了解各地春节风俗的特点，感受中国传统文化的丰富多彩。

2. 能在阅读中了解文章的表达顺序，分清课文内容的主次，明确课文的详略安排，体会详写部分的表达效果，感受不同的语言风格。

3. 能根据表达的需要，结合直接经验和间接经验，合理安排详略，抓住重点介绍一种风俗或者自己参加风俗活动的一次经历。

4. 能用画信的方式呈现自己最想推介的风俗，并借助多种手段与小组成员一同发布作品集，展现姑苏风俗的独特魅力。

三、学习情境与任务框架

（一）学习情境

苏州具有悠久的历史，沉淀下了很多特有的文化传统。每年的苏州国际旅游节是中外游客密切关注的一次旅游盛会，也是一次推介城市文化的契机。第 18 届苏州国际旅游节即将开幕，亟需一批小小姑苏风俗推介人，投身到家乡独特的地域文化的宣传中来。以画信发布的形式向游客们介绍丰富多彩的吴地风俗，一定会受到广大游客的欢迎！

（二）任务框架

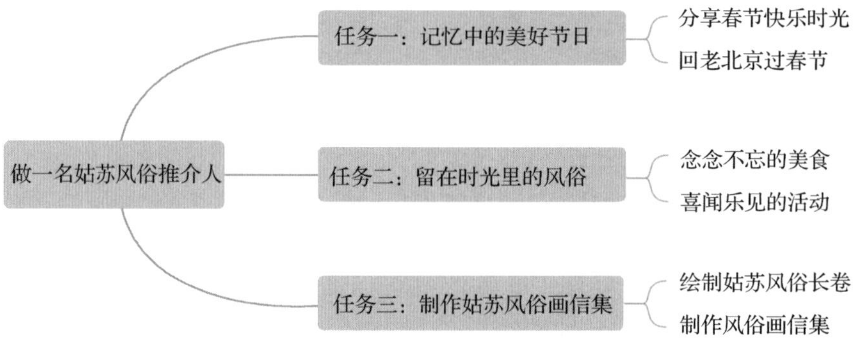

四、活动设计与教学提示

(一)活动设计(表6-21)

表6-21 "做一名姑苏风俗推介人"活动设计

单元任务	学习活动	学习内容	课时安排
做一名姑苏风俗推介人	任务一:记忆中的美好节日	1. 分享春节快乐时光。搜集资料、采访他人、亲身体验春节,借助微视频、照片等媒介与老师、同学分享家中过春节的情景。 2. 回老北京过春节。学习《北京的春节》,借助思维导图等可视化工具,能够体会文章的详略安排以及抓住特色进行细致描写的写作方法。	2
	任务二:留在时光里的风俗	1. 念念不忘的美食。学习《腊八粥》,继续体会文章的详略安排以及重点部分细致描写的写作方法。补充阅读相关文献,探究食物与风俗之间的关系。 2. 喜闻乐见的活动。学习《古诗三首》及相关古诗词,边读边想象节日情景,记诵有关风俗的古诗。学习《藏戏》,借助思维导图把握文章脉络,理解作者是从哪些方面将藏戏这一活动介绍清楚的。	2
	任务三:制作姑苏风俗画信集	1. 绘制姑苏风俗长卷。阅读、搜集有关姑苏的风俗资料,小组讨论,按一定的顺序呈现姑苏风俗的丰富内容和演变历史,绘制姑苏风俗长卷。 2. 制作风俗画信集。挑选符合现代性的风俗作为重点,绘制图画,配以文字,绘制成画信,结集成册。	1
单元测评	发布你们最心仪的风俗画信集	小组讨论形成发布方案,辅以多种手段展示发布本组风俗画信集。	1

(二)教学提示

六年级下册第一单元围绕人文主题"十里不同风,百里不同俗"组织选文,精心编排了两篇精读课文《北京的春节》《腊八粥》,四首古诗《寒食》《迢迢牵牛星》《十五夜望月》《长歌行》,一篇略读课文《藏戏》。课文体裁多样,内容涉及多个地区,多个民族,时间跨度从古至今,皆充满了浓郁的风俗人情。这组文章有深厚的文化内涵,可以让学生充分体会祖国文化的广博,感受中华传统文化中蕴含的人情美、文化美。"跨学科学习是一种基于真实情境的学习,能够全方位联系学生的学习体验和生活世界,在激发学生语文学习兴趣,提高学生实践创新能力和综合素养等方面都具有重要的作用和价值。"(徐鹏语)因此,本单元的设计以任务为驱动,引导学生投身到语言文字的实践中去。任务一"记忆中的美好节日",基于学生自己的生活经验,从最鲜活的春节记忆入手,于感性中充分感受中国最重要的传统节日——春节独特的魅力。以此为基础,学习老舍先生的《北京的春节》,跨越时空,重回到老北京体验一个完整的春节。并在梳理和对比中发现作者有详有略进行介绍的表达奥秘。学生在进一步搜集相关资料的基础上,以中国地图为蓝本,在不同地区标注上富有特色的春节风俗,进一步感受中国春节的丰富内涵和人们的普遍心理诉求。任务二"留在时光里的风俗",聚焦更为具象的风俗内容——食物、活动。从不同时代、不同体裁的文本中，继续落实语文要素——分清内容的主次，体会作者是如何详写主要部分的，学生在读读、品品、说说中感受中华风俗的多姿多彩。鼓励学生通过多渠道搜集资料，进行整理分享，研究风俗消亡、保留的原因。任务三“制作姑苏风俗画信集”，建构了前期的经验，学生能更主动地围绕主题“哪些苏州风俗值得保留”阅读、讨论，形成自己的独立思考。从时间轴上模仿《北京的春节》，呈现苏州风俗的丰富多样，绘制姑苏风俗长卷。学生通过讨论，选择最心仪的风俗绘制画信，图文配合呈现，是对学生“能否根据表达的需要确定重点进行介绍”这一语文能力的培养落实。引导学生以小组为单位，制定发布方案，通过多种手段发布本组的作品，要求能让现场的观众有沉浸感，作为本次学习任务的检测和呈现。

五、资源支持与技术支持

（一）学习资源

1. 文本资源：教材文本《北京的春节》《腊八粥》《古诗三首》《藏戏》；课外文本：雷清漪《中国民俗故事》、陈玉新《中国人的传统节日》、马晨明《藏戏》、孙机《中国古代物质文化》（第一章）。

2. 网络资源：《江苏地方志——苏州风俗“春之篇”“夏之篇”“秋之篇”“冬之篇”》、微信公众号文章《100 幅民俗图——先人们生活多姿多彩、万般风情》。

（二）工具技术

1. 活动前置作业单。

2. “画信发布会”评价表。

六、过程评价与单元测评（表 6-22）

表 6-22 “做一名姑苏风俗推介人”过程评价与单元测评

评价	内容	基本标准
过程评价	任务一：记忆中的美好节日	1. 能借助一定的媒介，讲清楚自己家过春节的经历，感受节日的气氛与意义。 2. 能借助思维导图等可视化工具，体会文章的详略安排以及抓住特色进行细致描写的写作方法。 3. 能广泛搜集资料，筛选资料，呈现最具特色的各地春节风俗。
	任务二：留在时光里的风俗	1. 能收集有关风俗食物、庆祝活动的资料，能体会单一事物类文章的详略安排以及抓住特色进行细致描写的写作方法。能基于阅读和讨论，思考食物、庆祝活动与风俗之间的关系。 2. 能背诵 6 首与风俗相关的古诗词，想象节日情景。
	任务三：制作姑苏风俗画信集	1. 能阅读、搜集有关姑苏的风俗资料，按一定的顺序呈现姑苏风俗的丰富内容和演变历史，绘制姑苏风俗长卷。 2. 能挑选符合现代性的风俗绘制图画，配以文字，绘制成画信。
单元测评	发布你最心仪的风俗画信集	1. 能对本组的画信进行装帧成集，能大方、流利、清晰地借助多媒介、多种手段，向参观者介绍自己画信的内容以及设计思考。 2. 能对自己的学习活动和成果进行反思。

第二部分　典型课时设计

任务一　记忆中的美好节日——回老北京过春节（1课时）

【学习情境】

同学们，春节是中华民族最为隆重的节日，是一个融除旧迎新、祈福辟邪、亲朋团圆、欢庆娱乐为一体的重要节日。春节有着悠久的历史，蕴含着丰富的历史文化底蕴，而且各个地区过春节的方式也各有差异，带有浓郁的地方特色。让我们穿越时空，回到百年前的北平城，和大家一起度过一个原汁原味的老北京春节吧！

【教学过程】

（一）初见老北京春节

1. 教师出示词语，学生尝试读正确。

麦芽糖　年糕　饺子

逛庙会　燃放花炮

元宵　腊月　除夕

2. 给词语分类，引导学生初步厘清课文脉络。明确课文是按照时间顺序，抓住特有的实物、活动展开对春节的介绍。

3. 介绍老舍及其作品风格。老舍，原名舒庆春，字舍予，北京人，满族。获“人民艺术家”称号。他的语言浅白，通俗易懂，朴实无华，京味儿十足。

（二）展开老北京春节长卷

1. 自读课文，圈画出文中表示时间的词语，找出对应的习俗和活动内容，完成下面的时间轴图。

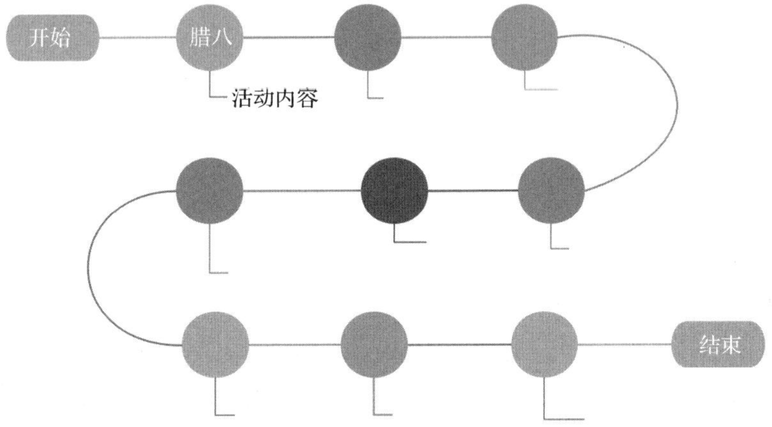

2. 小组内成员合作完善时间轴，推选代表全班交流。

3. 小组代表汇报交流，学生结合时间轴，完整地说一说老北京是怎样过春节的。

4. 学生再读课文，找找哪些部分写得详细，完成下列思维导图。

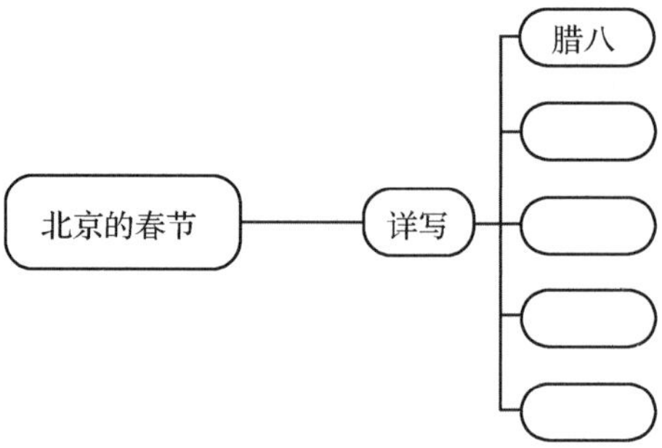

（三）最具特色的美食

1. 出示“腊八”片段，圈画关键词句，师生共学老舍如何围绕重点展开描述。明确作者着力介绍腊八粥和泡腊八蒜的传统，用腊八粥的原料丰盛和腊八蒜的色味俱佳、家家常见，营造出一种富足的节日气氛。

2. 小组合作共学剩余部分，明确作者围绕重点展开描述的方法，学习如何确定文章的重点（表6-23）。

表6-23　详写部分的写作秘诀

时间	作者展开描述的角度与方法	作者选择重点的理由
腊八		
除夕		
腊月二十三		
正月初一		
元宵		

3. 小组代表交流。要求：表述清楚，紧扣主题，依据合理。

（四）品品老北京的“京味儿”

1. 找找“杂拌儿”“零七八碎儿”“玩意儿”这样的“京味儿”词语，读一读，说说这些语言的特点。明确“京味儿”语言词尾喜加儿化音、喜用象声词的特点。

2. 画出“京味儿”句子，练习朗读，进一步体会“京味儿”语言的特点，感受老舍先生笔下语言与内容之间的契合。

任务三　制作姑苏风俗画信集（1课时）

【学习情境】

经过前期的探究，我们知道，原来中国有这么丰富多彩的风俗。其实我们的家乡苏州同样也有多姿多彩的风俗，如“纪念百花生日”“玄墓探梅”“端午竞渡、夺标”“冬至九九歌”……同学们，相信你通过本课学习，一定能成为一名地道的苏州风俗“百事通”，然后通过画信这种有趣自由的方式来跟大家分享你心目中最为心仪的苏州风俗。

【教学过程】

课前准备：

结合前期学习经验，搜集有关姑苏的风俗资料，选出你觉得最有特色的风俗，从“实物”“活动”两个维度进行整理，完成表6-24。

表6-24　最有特色的姑苏风俗

节日	相关风俗（实物、活动）	你选择的理由

课堂实践活动：

（一）绘制姑苏风俗长卷

1．小组成员分享交流自己整理出的最有特色的风俗，从“实物”“活动”两个维度进行介绍。小组根据成员交流，将同样的内容进行合并优化，确定内容后制作风俗小卡片。要求：风俗名称规范、吸引人，风俗介绍内容扼要、突出特色。

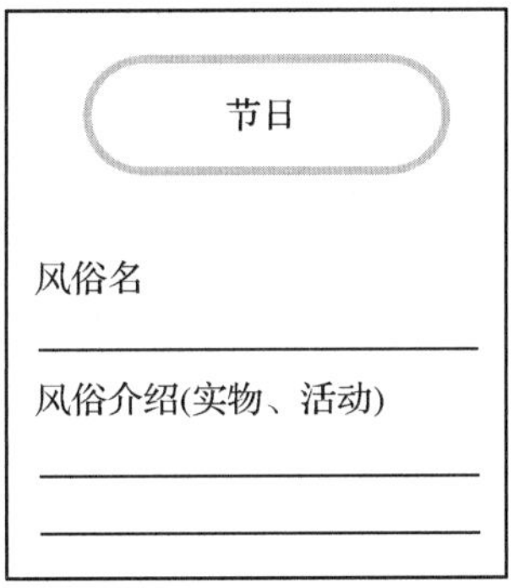

2．班级共贴姑苏风俗长卷图。提示学生：按什么顺序贴比较合适？

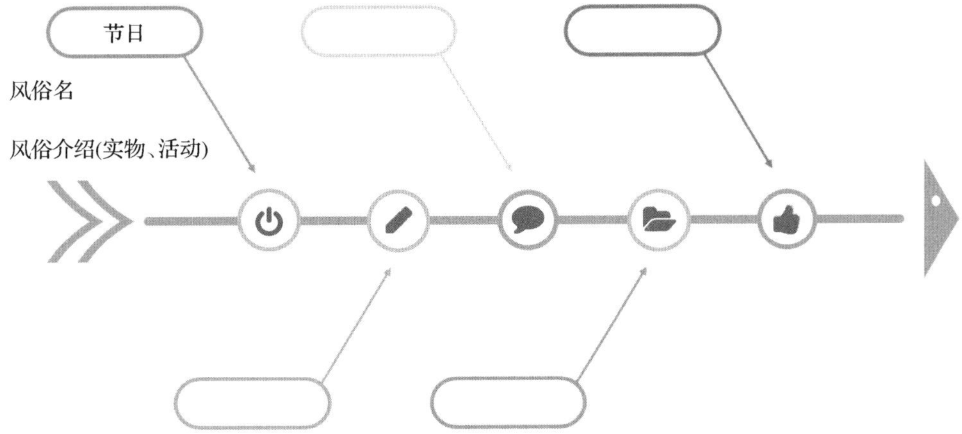

3. 快速阅读材料:《江苏地方志——苏州风俗“春之篇”“夏之篇”“秋之篇”“冬之篇”》,摘录你感兴趣和需要的风俗资料,进一步修改自己的卡片,重新贴至姑苏风俗长卷。

4. 学生观看制作完成的姑苏风俗长卷,谈谈观后感受。

（二）制作风俗画信集

1. 简要介绍画信。出示画信介绍小短片,展示优秀画信作品。出示风俗小人偶,解说画信诀窍:

（1）画不好没关系。

（2）无须临摹范本,不打草稿,直接画。

（3）提倡使用毛笔和墨,轮廓线必须认真,要慢慢画。

（4）仔仔细细观察,但尽量画大。

（5）要写真诚的话语。

（6）画好后一定要寄出去或者送人,静心等待别人的回馈,但没有回馈也没关系。

2. 组内分享,你准备选择哪个风俗进行画信？你准备把画信送给/寄给谁？

3. 小组成员一起制作画信。画完后,互相评价一下谁的画信更符合要求。

4. 将 2 个四人小组合成一个大组,小组成员将自己画信依次展示。根据组员的画信,讨论如何将画信汇编成集。

讨论议题参考:

（1）画信集的封面使用哪种材料？如何绘制？

（2）组员的画信以什么方式装帧？（要求既方便一起展示,又方便独立寄赠。）

（3）如果进行发布,怎样的呈现方式最适合？最容易出彩？

5. 小组制作画信集。教师布置展示台,摆放各组画信集。师生共同评选出“最佳封面设计奖”“最佳装帧奖”“最佳展示奖”“最受期待奖”。

（撰写:苏州市平直实验小学校　王　飞）

后 记

《任务群思想下小学语文单元整体设计与课堂实施(下册)》一书终于即将由苏州大学出版社正式出版。与当下诸多围绕“语文学习任务群”展开研究的书籍相比,这本书在“求同”的基础上,明显带有一些“求异”的价值追求。

本书充分体现了苏州市姑苏区小语团队围绕“语文学习任务群”而展开的教学改革实践。书中所呈现出来的单元整体设计与课堂实施,始终紧紧追随着《义务教育语文课程标准(2022 年版)》中的重要思想:以核心素养发展为目的,以学习任务群为载体,以内容整合为手段,以学科实践为主线,以过程性和发展性评价为方式,凸显了新一轮课程改革中的语文课程要素。另外,本书的另一大亮点就是书中所使用的教材文本,均取材于当下的统编版小学语文教材。团队成员将教材内容与六大语文学习任务群的特征相结合,实现了在统编版语文教材语境下的突破性实践,使本书既符合新一轮课程改革,尤其是语文学习任务群的价值追求,又兼具在当下语文教材使用背景下的实践意义。

摩挲着案头的书稿,我们要衷心感谢江苏省教育学会名誉会长、义务教育语文课程标准修订组核心成员陆志平先生,江苏省语文整合教学研究所所长戴晓娥女士,苏州市教育科学研究院院长丁杰女士,苏州市小学语文教研员许红琴女士,他们为这一项目的开展提供了学术层面的保障;要感谢徐州市教育科学研究院刘春女士、徐州市鼓楼区教师发展中心查晓红女士、常州市武进区星河实验小学教育集团姜静波女士、常州市新北区小学语文教研员薛辉先生、常州市武进区星河实验小学教育集团孟亦萍女士、常州市解放路小学蒋琳女士,他们承担了各任务群的导师工作,给予了这一项目实践层面的指导;当然,还要感谢姑苏区小学语文“教学评一体化”研究项目组的各位骨干教师,他们在日常的行政、教学工作之外,为项目的实施与开展付出了许多心血与智慧,他们做出的努力使这个项目真正在姑苏教育的热土上生根、发芽、开花、结果。

需要感谢的人还有很多,需要走的路也还有很长。《任务群思想下小学语文单元整体设计与课堂实施(下册)》的出版只是姑苏区小学语文团队在语文学习任务群探索道路上的一个小站。我们完全相信,在《义务教育课程方案(2022 年版)》以及《义务教育语文课程标准(2022 年版)》的实施背景下,在各位专家、学者、导师的专业引领下,姑苏区小学语文人定将在课改之路上走得更远、更扎实、更有力量!

小学语文“教学评一体化”研究项目组
2023 年 9 月